智能治理导论
人工智能驱动的治理现代化

Introduction to
Intelligent Governance

孟天广 ◎ 主编

清华大学出版社
北京

内 容 简 介

伴随着第四次工业革命走向纵深，以人工智能为代表的新兴科技正深刻影响着人类社会的生产方式、生活方式和治理方式。当前正是我国全面推进中国式现代化建设的关键时期，人工智能成为加速推动我国治理体系和治理能力现代化的科技驱动力。本书聚焦于人工智能与多元治理场景相结合的产物——智能治理，从理论体系、应用场景、伦理治理、治理模式等多维度展开论述，构建了以"智能－智治－智效"为核心的智能治理理论体系，呈现人工智能在城市治理、政府治理、社会治理、社区治理等领域的赋能、赋权和赋智作用，探究了智能伦理治理的核心关切和治理逻辑，并在全球智能治理体系比较分析的基础上，建构出中国式智能治理体系，助力推进人工智能驱动的国家治理现代化。

本书封面贴有清华大学出版社防伪标签，无标签者不得销售。
版权所有，侵权必究。举报：010-62782989，beiqinquan@tup.tsinghua.edu.cn。

图书在版编目（CIP）数据

智能治理导论：人工智能驱动的治理现代化 / 孟天广主编．—北京：清华大学出版社，2023.7
（清华终身学习系列出版物）
ISBN 978-7-302-63862-9

Ⅰ．①智⋯ Ⅱ．①孟⋯ Ⅲ．①人工智能－应用－社会管理－现代化管理－研究－中国 Ⅳ．① D63

中国国家版本馆 CIP 数据核字 (2023) 第 111322 号

责任编辑：刘志彬
封面设计：汉风唐韵
版式设计：方加青
责任校对：王荣静
责任印制：沈　露

出版发行：清华大学出版社
　　　网　　址：http://www.tup.com.cn，http://www.wqbook.com
　　　地　　址：北京清华大学学研大厦A座　　邮　编：100084
　　　社 总 机：010-83470000　　邮　购：010-62786544
　　　投稿与读者服务：010-62776969，c-service@tup.tsinghua.edu.cn
　　　质 量 反 馈：010-62772015，zhiliang@tup.tsinghua.edu.cn
印 装 者：小森印刷霸州有限公司
经　　销：全国新华书店
开　　本：170mm×240mm　　印　张：14.5　　字　数：230 千字
版　　次：2023 年 9 月第 1 版　　印　次：2023 年 9 月第 1 次印刷
定　　价：69.00元

产品编号：092736-01

丛书编委会

主 编

宗 燕

副主编

唐 玲

委员（按姓氏笔画排序）

王爱义　刘志彬　孙　茗　李思源　吴志勇　张　磊
张玉坤　武为民　林兆广　周远强　钟宜钧　徐学军

本书编委会

主　编

孟天广　清华大学社会科学学院副院长、长聘教授，清华大学计算社会科学与国家治理实验室副主任，清华大学数据治理研究中心执行主任

撰稿人（排名不分前后）

张小劲　清华大学社会科学学院长聘教授，清华大学数据治理研究中心主任

赵　娟　北京化工大学文法学院副教授，清华大学数据治理研究中心兼职研究员

赵金旭　山东大学法学院（威海）研究员

马　超　对外经贸大学法学院讲师

张　楠　中国传媒大学政府与公共事务学院讲师，清华大学数据治理研究中心兼职研究员

戴思源　中国人民公安大学国家安全学院讲师

严　宇　北京师范大学政府管理学院讲师

常多粉　清华大学政治学系博士后，清华大学数据治理研究中心项目研究员

李珍珍　清华大学政治学系博士后，清华大学数据治理研究中心项目研究员

郑伟海　清华大学数据治理研究中心数据科学家

刘文清　清华大学数据治理研究中心助理工程师

项目助理（排名不分前后）

杨泽森　暨南大学公共管理学院讲师

王　烨　清华大学政治学系博士生

黄种滨　中国社会科学院社会学所助理研究员

吴培琳　清华大学政治学系博士生

张依萌　美国纽约大学斯坦哈特文化、教育与人类发展学院硕士生

"清华终身学习系列出版物"总序

我们已进入了终身学习时代!

法国著名教育家保罗·朗格朗(Paul Lengrand)1965年在联合国教科文组织主持召开的第三届促进成人教育国际委员会会议上提交了"终身教育议案",重新认识和界定教育,不再将教育等同于学校教育,而视教育为贯穿整个人生的、促进个体"学会学习"的全新概念。1970年,保罗·朗格朗首次出版《终身教育引论》,详细阐述其对终身教育的理解,带来了革命性的终身教育和终身学习的思想,使我们进入终身教育、终身学习时代。终身教育、终身学习思想,它不仅仅是一种思想体系,更是一种教育改革和教育政策制定设计的基本原则,是构建未来教育体系的指针。

进入21世纪以来,国际组织愈发倾向以终身学习(Lifelong Learning)覆盖终身教育(Lifelong Education)。2008年,欧洲大学协会制定并发表《欧洲大学终身学习宪章》,明确提出在大学发展战略中应植入终身学习理念,大学的使命和发展战略中应包含构建终身学习体系的规划,为营造终身学习的文化氛围发挥关键作用。2015年11月,联合国教科文组织发布《教育2030行动纲领》,确立了"确保全纳平等优质的教育,促进终身学习"的宏大目标,标志着全球教育进一步迈向了终身学习的新时代,是否践行终身学习理念,成为衡量一个国家教育现代化水准的一面镜子。

终身学习理念也促进人们对工作、学习及人生的深层次思考。2016年,伦敦商学院(LBS)教授琳达·格拉顿(Lynda Gratton)和安德鲁·斯科特(Andrew Scott)在两人合著的新书《百岁人生:长寿时代的生活与工作》(*The 100-Year Life: Living and Working in an Age of Longevity*)中预言,人类已经进入长寿时代,我们这代人活到100岁将是大概率事件。长寿时代,我们的人生格局将会发生巨大改变。传统的学校学习、单位工作、退休养老的三段式人生终将被更多段式的人生格局所取代。所谓更多段式,就是一辈子被分割成4段、5段,甚至7段、8段,乃至更多小阶段。每一小段都有自己不同的主题,各段之间穿插进行，不会再有明确边界。所以，从个人生命周期来说，学习将成为人的一生的习惯及人生的常态，"学生"将是贯穿一生的唯一职业。而多段式人生的学习应该是连接过去、通往未来的终身学习，这将是未来多段式人生节奏中的一种经常出现的状态。

我国党和政府也十分重视终身教育和终身学习，党的十六大、十七大、十八大、十九大都有相关论述。习近平总书记对于终身学习有着一系列重要表述。2013年9月9日在教师节致全国广大教师慰问信中，他特别要求"牢固树立终身学习理念"。2013年9月25日在"教育第一"全球倡议行动一周年纪念活动贺词中，他指出"努力发展全民教育、终身教育，建设学习型社会"。2019年11月召开的中共十九届四中全会明确把"构建服务全民终身学习的教育体系"作为推进国家治理体系和治理能力现代化的重大战略举措，并提出"完善职业技术教育、高等教育、继续教育统筹协调发展机制"。

继续教育既是终身学习理念的倡导者、传播者，也是终身学习的重要载体。美国教育社会学家马丁·特罗认为：高等教育是学校教育和终身学习两个系统的关键节点，必须担负起不可替代的历史重任。因此，发展继续教育是高校应承担的使命和责任，以终身学习理念引领推动高校本科、研究生教育与继续教育统筹协调发展，构建体系完备的人才培养体系，是高等教育综合改革的一个重要趋势和方向。

清华大学继续教育以终身学习理念引领改革和发展，以"广育祖国和人民需要的各类人才"为使命，努力办出特色办出水平。为了更好地总结清华大学继续教育三十多年的创新实践，清华大学继续教育学院启动了"清华终身学习丛书"编写出版工作，该丛书以习近平新时代中国特色社会主义思想为指导，顺应国内外终身学习发展的大趋势，围绕终身学习/继续教育基本理论、创新实践及学科行业新前沿，理论创新与实践应用并重，争取在五年内推出一系列精品图书，助力中国特色、世界一流的继续教育建设。

聚沙成塔、集腋成裘。希望通过这套丛书，倡导终身学习理念，弘扬终身学习文化。

郑 力

清华大学副校长

序言

以智能化推进治理现代化

张小劲

清华大学政治学系长聘教授

21世纪以来,得益于大数据、算力和算法的迅猛发展,人工智能进入蓬勃发展的黄金时期,创新性成果,尤其是具有颠覆性和长尾效应的创新性成果在无数的学术题域、生产领域和生活场域中迭出不穷。随着大规模的应用落地和广域度的业界推广,人工智能已经深度嵌入社会经济发展的多个维度,在交通运输、平台经济、环境保护、政务服务等重点领域,不仅产出了一系列智能化应用场景,形成了百花齐放的迅猛发展态势,而且实际上成为驱动经济高质量发展、治理高水平创新和生活高品质提升的强劲动力。2020年暴发的疫情对人类健康和社会秩序造成了巨大冲击,但也给人工智能的进一步发展提供了历史机遇,推动其快速进入城市治理、社区治理、应急管理、健康监测等经济发展之外的多元治理领域,形塑出技术进步赋能社会发展的全新局面。时至2023年,ChatGPT的问世又以前所未有的巨大冲击向世人展现了人工智能已经达到的高度,更迫使人们想象未来发展的无限可能和奇幻场景。

就中国场景而言,中央政府早就对人工智能既有特殊的重点关注,又有切实的行动措施。2015年以来,人工智能已然成为政治文件和规划文本中的高频词。而最引人注目的是,中央政府以及各地各级政府不仅高度重视人工智能的科研创新、专业应用和技术推广,而且越发强调人工智能的技术进步之于国家治理、政府治理和社会治理的助力作用。早在 2015 年，人工智能即被国务院发布的《国务院关于积极推进"互联网+"行动的指导意见》（国发〔2015〕40号）纳入重点发展任务。2017 年，国务院在《新一代人工智能发展规划》中明确提出，要促进人工智能技术应用，建设智能政务、智慧法庭、智慧城市、智能交通等智能化应用，提升社会治理智能化水平。2020 年中国共产党第十九届中央委员会第五次全体会议审议通过的《中共中央关于制定国民经济和社会发展第十四个五年规划和二〇三五年远景目标的建议》和 2021 年第十三届全国人民代表大会第四次会议通过的《关于国民经济和社会发展第十四个五年规划和 2035 年远景目标纲要的决议》都特别指出，在进一步发展人工智能、突破核心技术的同时，要扩展人工智能应用场景，在交通、能源、制造、教育、医疗、文旅、社区、政务等领域形成应用场景，为经济发展和社会治理提供智能化解决方案。2022 年，国务院印发的《国务院关于加强数字政府建设的指导意见》指出，要将数字技术应用于政府管理服务，构建数字化、智能化的政府运行新形态。2023 年，中共中央、国务院印发了《数字中国建设整体布局规划》，人工智能在其中又占据了极其重要的地位和分量。由此观之，在中国推进国家治理体系和治理能力现代化的全面深化改革进程中，作为首要首重的新兴技术，人工智能的深度嵌入、广泛应用及其引发的连锁变化，将会成为加速推动治理体系和治理能力现代化的关键要素。

在这样的情景中，如何全面认知、深度理解和妥善处理人工智能与国家治理、政府治理、社会治理的关系，无疑将成为摆在政界、业界、学界面前的重大问题，而且是兼具理论化属性、实践性特质和操作性色彩的复合问题。就目前的研究状况，人工智能的快速迭代与多维复合治理难题的快速集聚以及两者叠加而造成的复杂局面，提出了不胜枚举的诸多难题，包括但不限于：前瞻性的理论指引极度缺乏，理论构建滞后于创新实践，创新实践的拓展远未得到必要的实证研究和经验概括，已经显现和尚未暴露的潜在的一系列重大伦理困境与风险管控问题尚未得到有效解答，人工智能与治理的理论体系尚未成型，甚至智能治理的概念界定仍存在诸多争议，工具论、治理论、空间论和新界论多种学说争论不休且相持不下，主体、资源、机制、路径等关键性疑问尚未得到完整的辨析和充分的回答。现有的研究只能说是起步之际与行进之中，研究探索正无有穷期。

正是在这样的背景下，清华大学数据治理研究中心的专项团队在孟天广教授的主持和组织下完成了《智能治理导论：人工智能驱动的治理现代化》一书，从生态演化的理论视角意图对人工智能如何融入多元治理场景展开系统分析，尝试从主体、资源、机制、伦理等维度构建出智能治理的理论架构，细密地梳理人工智能在城市、政府、社会、社区和公共卫生领域赋能治理现代化的重要功用及其深远影响，初步明确运用人工智能开展治理活动所可能面临的伦理问题；同时，还在借鉴国外智能治理实践成果的基础上，力图对有中国特色的人工智能治理体系给出刻画。

就此而论，《智能治理导论：人工智能驱动的治理现代化》一书是清华学者对技术进步与国家治理二者关系展开密切观察和缜密思考的重要成果，从书名即可看出，孟天广教授团队既敏锐地感知和体悟到人工智能之于多元治理的全新意义，因之概括为"智能治理"，强调人工智能的驱动作用；同时，又谦恭地声明和解释目前的研究成果尚属初步的、探索性的，因之标记为有"抛砖引玉"之意的"导论"。但就笔者看来，其文有节制，其意却深远，孟天广教授团队的用心所在值得肯定，用力所向值得赞赏，用功所指值得褒扬，唯其企望未来研究能够持续且深入，是为序。

目录

第一部分 智能治理的理论体系

第一章
智能治理：理念篇 / 2

一、智能革命：社会演化的"颠覆式创新" / 3

二、从"智能革命"到"智能治理" / 8

三、智能治理主体 / 10

四、智能治理资源 / 12

五、智能治理伦理 / 15

第二章
智能治理：原理篇 / 18

一、智能治理的理论迭代 / 19

二、智能治理生态：包容、协同、可持续 / 22

三、智能治理的模型构建 / 24

四、智能治理机制：赋权、赋能、赋智 / 26

第三章

智能治理：技术篇 / 30

一、人工智能技术迭代：第四次工业革命的驱动力 / 32

二、物联网：智能化基础设施 / 35

三、区块链：互联互通汇聚智能 / 39

四、大数据：数据驱动智能 / 42

五、机器学习：算法赋能智慧 / 45

第二部分
智能治理的应用场景

第四章

智能城市 / 52

一、智能城市之眼：城市感知 / 53

二、智能城市之脑：城市大脑 / 59

三、智能城市之脉：智能交通 / 66

第五章
智能政府 / 74

一、智能政府之手：智能政务服务 / 75

二、智能政府之脑：智能决策 / 81

三、智能政府之眼：智能监管 / 84

四、智能政府之耳：智能应急管理 / 86

第六章
智能社会 / 90

一、智能医疗 / 90

二、智能养老 / 95

三、智能教育 / 99

第七章
智能社区 / 105

一、智能小区 / 106

二、智能乡村 / 110

三、智能园区 / 117

第八章

智能公共卫生 / 122

一、智能监测 / 124

二、智能诊断 / 131

三、智能研发 / 136

第三部分 人工智能的伦理治理

第九章

人工智能的伦理关切 / 144

一、智能技术与伦理价值的矛盾 / 145

二、人工智能伦理的核心关切 / 148

三、人工智能伦理问题的治理 / 154

第十章

治理算法：算法风险的伦理原则及其治理逻辑 / 160

一、算法风险：智能时代社会风险演化的新样态 / 161

二、算法伦理：定义算法风险的治理原则 / 165

三、治理价值："权力－权利"的重新分配 / 170

四、治理路径:"技术-社群"的双重约束 / 174

五、算法治理的实践启示 / 178

第四部分
智能治理的中国模式与全球展望

第十一章
智能治理:全球图景 / 182

一、国内外人工智能治理的技术创新 / 183

二、国内外人工智能治理的组织共治 / 185

三、国内外人工智能治理的制度体系 / 187

四、国内外人工智能治理的伦理价值 / 194

五、人工智能治理的实践启示 / 196

第十二章
智能治理:中国模式与未来展望 / 198

一、我国智能治理的政策体系 / 199

二、作为新型基础设施的人工智能 / 202

三、中国特色智能治理体系:智能-智治-智效 / 206

后记 / 212

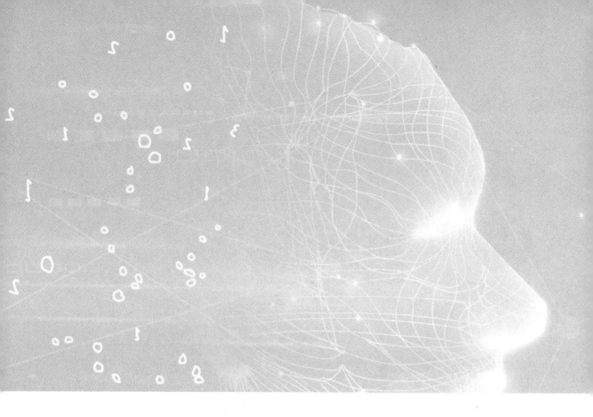

第一部分
智能治理的理论体系

第一章 智能治理：理念篇

伴随着第四次工业革命走向纵深，以人工智能为代表的新兴数字技术正深刻影响着人类社会经济发展和日常生活的各个领域。人工智能聚焦于研究和开发模拟人类智能的技术与产品（包括机器、计算机系统等），从而形成一系列理论、方法、技术和应用系统。[①] 人工智能被研发者们寄予厚望，希望其能够模拟和扩展人的智能、辅助甚至代替人类实现多种功能，包括识别、认知、分析和决策等。目前，常见的人工智能技术与产品包括人脸识别、语音识别、图像识别、多语种翻译、自动驾驶、对话机器人等。

当前正是我国推进国家治理现代化的全面深化改革期，人工智能等新兴数字技术如何加速推动我国治理体系和治理能力现代化进程，引发了社会各界的广泛关注与思考。2017年是我国人工智能领域发展的关键一年，当年的《政府工作报告》

---

① 腾讯研究院，中国信息通信研究院互联网法律研究中心，腾讯 AI Lab，等. 人工智能：国家人工智能战略行动抓手 [M]. 北京：中国人民大学出版社，2017.

和十九大报告都明确提及人工智能。譬如，党的十九大报告提出"加强社会治理制度建设，完善党委领导、政府负责、社会协同、公众参与、法治保障的社会治理体制，提高社会治理社会化、法治化、智能化、专业化水平"。党的二十大报告重视人工智能赋能经济发展的重要作用，强调要构建包括人工智能在内的新一批增长引擎，加快发展数字经济。这意味着人工智能已经引起了国家的高度重视，并且已经上升到国家战略层面。近年来，人工智能的技术和产品已经渗入我国社会经济发展的各个领域，智慧法院、智慧城市、智慧社会、智慧医疗、智慧小区、数字经济等新现象、新概念层出不穷。虽然这些新兴概念在学术界仍然存有争议，但都展现出人工智能与我国社会经济发展的深度融合，人工智能具有极强的普及性和可塑性，其技术和产品具有极高的经济价值与社会价值。

本书聚焦于人工智能与多元治理场景相结合的产物——智能治理。随着大数据、人工智能等新兴技术的加速迭代及其在多样化场景的普及应用，智能治理应运而生。智能治理反映的是机器系统和社会系统的深度融合与发展，在此过程中，机器智能和社会智能共同赋能政府治理和社会经济发展。本章的主要内容是在理论层面阐明新兴技术如何与多样化的治理场景相结合，从概念、主体、资源和伦理关切等维度阐述智能治理的理论体系，回答了智能治理中谁来治理、如何治理以及治理什么等元问题，系统地呈现了人工智能如何推动社会演化和国家治理现代化的未来图景。

一、智能革命：社会演化的"颠覆式创新"

目前，社会大众对人工智能的认知大多始于2016年初的人机大战，当时AlphaGo（阿尔法围棋）战胜了围棋世界冠军、职业九段棋手李世石。这一胜利震惊全球，让社会大众重新认识了人工智能的潜力，引发了社会各界对人工智能产业的关注和投入。因此，2016年也被视为人工智能关键年份之一。

人工智能概念及其相关技术可以追溯到20世纪50年代，甚至要早于80年代末出现的互联网。一般认为，1956年是人工智能元年。那年夏天，约翰·麦卡锡（John McCarthy）、马文·明斯基（Marvin Minsky，人工智能与认知学专家）、克劳德·香农（Claude Shannon）、艾伦·纽厄尔（Allen Newell）、奥利弗·塞弗里奇（Oliver Selfridge）、赫伯特·西蒙（Herbert Simon）等10位科学家聚集在美国汉诺斯小镇达特茅斯学院，讨论当时计算机科学领域尚未解决的问题。麦卡锡给这次会议取名为"人工智能夏季研讨会"（Summer Research Project on Artificial Intelligence）。会上，这些科学家第一次提出"人工智能"的概念，即如何用机器来模仿人类学习以及其他方面的智能。受限于软硬件条件，当时人工智能技术主要体现为在特定领域的具体问题上模拟人类大脑运行，如积木机器人、西洋跳棋等。虽然达特茅斯会议并未在实质意义上作出有关人工智能的任何决定，但参会的各位科学家却在各自领域发挥着关键的引领作用，为人工智能的发展起到了重要的推动作用。图1-1所示为2006年达特茅斯会议50周年，当事人重聚达特茅斯。

图1-1　2006年达特茅斯会议50周年，当事人重聚达特茅斯①

进入21世纪，得益于数据的海量积累、算力的显著提升、算法的优化升级，人工智能终于迎来了蓬勃发展的黄金时期。大数据，指的是海量的、多维度的、结构化或非结构化的数据，可以是语音、图像、视频、文字、数字等数据，也

---

① 左起为摩尔、麦卡锡、明斯基、塞弗里奇、所罗门诺夫。图片出处见：尼克. 人工智能简史[M]. 北京：人民邮电出版社，2017.

可以是购买记录、搜索记录、浏览历史、行车记录等人类行为数据，还可以是天气、地理位置等环境数据。大数据是人工智能的"养料"，没有大数据的"喂养"，人工智能就无法实现算法的优化和智能水平的提升。有人将大数据与人工智能的关系比喻为奶粉和婴儿的关系，奶粉的数量决定婴儿能否成长，奶粉的质量则决定婴儿的智力水平。得益于互联网、移动设备、传感器等设施的普及，全球的数据总量出现剧增。海量数据为人工智能的算法训练和优化提供了重要基础。

算力，即计算能力、运算力，指的是计算机的硬件和软件如何高效地执行算法，实现数据输入到结果输出的转化。例如，制造汽车的工厂中，制造汽车的机器就是算力，机器越好，制造汽车的速度越快。又如，我们使用的电脑，CPU（中央处理器）提供算力快速运行，GPU（图形处理器）提供算力快速处理图形。目前，我们已经有了擅长处理/控制复杂流程的CPU，擅长并行计算的GPU，以及更擅长深度学习模型的FPGA（现场可编程逻辑门阵列）和ASIC（专用集成电路）。随着这些芯片的升级优化，海量数据的处理速度越来越快，效果越来越好，这为人工智能的进一步发展提供了重要支持。

算法广义上可以理解为一种规则，解决的问题是如何将输入转化为输出。回到汽车工厂的例子，工厂的流水线就是算法，能否将流水线设计得合理、高效会直接影响产出。当前，人们讨论算法时经常会提到"机器学习"和"深度学习"。"机器学习"指的是利用算法让机器像人一样从数据中挖掘信息，而"深度学习"作为"机器学习"的一种方法，通过深度神经网络，建立更多参数的复杂模型，从而实现对数据更深入的理解。2016年，AlphaGo正是利用深度神经网络技术战胜了李世石；爆火的ChatGPT依靠深度神经网络技术中的Transformer模型来加强对文本的深度理解，通过文本与人进行交流，并能从事撰写文案、邮件、翻译、代码等工作。近年来，人工智能浪潮的出现，很大程度上得益于"深度学习"的不断优化。

目前，人工智能技术大致可以归类为以下四个领域：视觉技术、语音技术、自然语言处理和规划决策系统。①其中后两者被视为衡量人工智能水平的重要参

---

① 腾讯研究院，中国信息通信研究院互联网法律研究中心，腾讯 AI Lab，等．人工智能：国家人工智能战略行动抓手 [M]．北京：中国人民大学出版社，2017.

照。首先，视觉技术让计算机拥有像人一样的"看"的能力，让计算机像人一样能识别图片、视频等图像资料。视觉技术起源于20世纪60年代，当时的人工智能学家试图让计算机告诉我们，它通过摄像机看到了什么。到了2010年以后，得益于"深度学习"的发展，视觉技术取得了显著进步，并实现了产业化。目前，视觉技术被广泛运用在各类场景，如人脸识别身份验证、图片分类、图像描述生成、物品拍照搜索、智能影像医疗诊断、自动驾驶的视觉输入系统等。其次，语音技术旨在让机器拥有"听"和"说"的能力，从而实现机器与人的语音交流。人类在语音技术方面的探索可以追溯到1920年生成的"Radio Rex"玩具狗。语音技术的突破仍然得益于"深度学习"的出现，得益于深度神经网络在声学模型中的运用，机器的语音识别效果得到了显著提升。百度的小度语音助手、苹果的Siri都是语音技术的典型代表。再次，自然语言处理技术旨在让机器理解人类所表达的意思，并作出合适回应。如果说语音技术是让机器听懂人类语言，那么自然语言处理则更进一步，要求机器理解人类语言所表达的意思，实现更深层次的人机互动。自然语言处理最初被用于机器翻译，即语言之间的翻译转换，现在还被运用在网页搜索、语音交互、对话机器人等领域，最为典型的莫过于ChatGPT和百度发布的"文心一言"。最后，规划决策系统旨在让机器拥有像人一样的规划与决策的能力。棋类游戏一直是人工智能规划决策能力得以应用的重要场景。得益于算力的提升、算法的优化，机器已经在象棋、围棋方面战胜了人类。当前，规划决策系统已经被广泛运用在自动驾驶、机器人控制等领域。

ChatGPT 撰写本书序言

输入：请用中文写一篇1 000字左右关于智能治理的序言

ChatGPT 输出：

随着信息技术的迅猛发展，智能化的治理方式正在逐渐普及和推广。智能治理是指利用计算机、人工智能等先进技术对社会治理进行协同、智能化、高效化的管理。智能治理作为一种新兴的治理方式，其核心在于运用信息化技术、数据分析技术等方法，通过对海量数据的收集、处理、分析，帮助政府和企业更好地了解社会现状和民众需求，提高治理效率和治理水平。

智能治理对于推动社会的可持续发展具有重要的意义。在数字化时代，各行各业都在加速转型，社会变革、经济全球化、信息化、生态环境等问题，给社会治理带来了巨大的挑战。智能治理可以通过信息化技术实现数据共享，提高政府部门的工作效率，同时能够更好地发挥市场机制的作用，提高社会资源的利用效率。此外，智能治理还可以促进民主参与，提高政府的透明度和公信力，促进政府与民众的互动和沟通，构建更加和谐、开放、透明的社会环境。

然而，智能治理在实践中也面临许多挑战。其中最主要的问题在于数据隐私和信息安全的保护。随着人工智能和大数据技术的不断发展，数据越来越成为社会治理的重要资源。但是，数据的收集、处理和利用必须遵循一定的规范与法律，保护数据隐私和信息安全，防止数据滥用和泄露。因此，在智能治理的实践中，必须加强数据安全意识，制定更加完善的法规和规范，确保数据的合法性和安全性。

此外，智能治理还需要更多的技术创新和人才支持。智能治理需要依赖人工智能、大数据、云计算、区块链等先进技术的支持，需要有专业的人才来开发、管理和维护相关系统与平台。因此，政府和企业需要加强技术创新与人才培养，推动智能治理的不断发展和创新。

同时，智能治理也需要更广泛的社会参与和共建。智能治理的推广和应用，需要政府、企业、社会组织和公众等多方共同参与与合作，构建起一个开放、透明、协作的治理体系。在这个过程中，需要加强社会组织和公众的参与与监督，保障公众权益，确保智能治理真正服务于民众的需要，推动社会的可持续发展。

总之，智能治理是数字时代的一种新型治理方式，它将引领未来社会治理的发展方向。在智能治理的推广和应用过程中，我们需要不断地加强技术创新和人才培养，保护数据隐私和信息安全，促进社会参与和共建，推动智能治理在实践中不断创新和进步，为推动社会的可持续发展贡献力量。

二、从"智能革命"到"智能治理"

目前,人工智能技术已被广泛运用于经济发展、国家治理和社会发展等领域,驱动着人类社会迈向智能时代。近年来,如何将人工智能运用到多元治理场景,从而提升后者的智能化水平,日益得到学术界和实务界的广泛关注,有关讨论方兴未艾。

自 2015 年以来,我国对人工智能的关注从强调技术创新转变到强调技术驱动治理创新,创新人工智能的应用领域与场景,在巩固提升其技术机制的基础上,创造性发挥其治理、社会和经济价值。2015 年,国务院出台《国务院关于积极推进"互联网+"行动的指导意见》,首次将人工智能纳入重点任务,推动我国人工智能发展进入新阶段。2017 年 7 月 8 日国务院印发的《新一代人工智能发展规划》提出,在行政管理、司法管理、城市管理、环境保护等治理热点难点领域,要促进人工智能技术应用,建设智能政务、智慧法院、智慧城市、智能交通,从而推动治理现代化。同年 10 月,党的十九大报告提出要加强社会治理创新,提高社会治理智能化水平。《2019 年国务院政府工作报告》提出要深化人工智能等研发应用,并通过打造工业互联网平台,拓展"智能+",赋能制造业转型升级。

2021 年 3 月 13 日公布的《中华人民共和国国民经济和社会发展第十四个五年规划和 2035 年远景目标纲要》(以下简称《纲要》)对人工智能的论述可以归纳为四个方面:首先,要进一步发展人工智能,尤其是要突破核心技术。《纲要》提出"十四五"期间,将通过一批具有前瞻性、战略性的国家重大科技项目,带动产业界逐步突破前沿基础理论和算法,研发专用芯片,构建深度学习框架等开源算法平台,并在学习推理决策、图像图形、语音视频、自然语言处理等领域创新与应用。其次,要打造数字经济新优势,实现人工智能与产业的深度融合。《纲要》提出要以数字化转型整体驱动生产方式、生活方式和治理方式变革,充分发挥我国数据、应用场景的优势,实施"上云用数赋智"行动,促进数字技术与实体经济深度融合。再次,要扩展人工智能应用场景,全面提升社会智能化水平。《纲要》提出,要通过建设重点行业人工智能数据集,发展算法推理训练场景,推进智能医疗装备、智能运载工具、智能识别系统等智能产品制造,推动通用化和行业性人工智能开发平台建设,在智能交通、智慧能源、智能制造、智慧农业及水利、智慧教育、智慧医疗、智慧文旅、智慧社区、智慧家居、智慧政务等领域形成一系列数字化、智能化应用场景。最后，加快构建人工智能的政策法规体系，营造良好数字生态。针对当前社会各界关心的人工智能伦理、法律风险、数据权利等问题，《纲要》提出要构建相关政策法规体系，营造人工智能良性发展的生态环境。由此可见，我国已经充分认识到人工智能正在深刻地、全面地改变人类世界的方方面面，不仅要加快推动人工智能技术的创新发展，建设创新型国家和世界科技强国，还要积极推进人工智能技术与多元治理场景的融合发展，提升国家治理的现代化与智能化水平。

目前，将人工智能运用到多元治理场景中已成为社会各界的共识，但对于如何定义二者相结合的产物——智能治理，却尚未达成统一。不少学者指出智能治理意味着人工智能与多元治理场景的深度融合，将现代科学技术，如移动互联网、物联网、区块链、云计算、大数据和人工智能运用到各类治理难题与痛点中，实现治理的智能化提升。目前人工智能更多被视为一种现代技术手段，被用于提高治理水平、提升公共服务水平；智能治理则被视为传统治理方式与现代技术手段相结合的产物。虽然人工智能是智能治理不可或缺的技术支撑，是智能治理得以出现的必要条件，但将智能治理仅仅视为一种新型技术治理形态则过于狭隘。

本书认为应从生态视角来定义和理解何为智能治理。不同于技术、治理等其他视角，生态视角从生态系统的理念出发，强调技术与治理的深度融合，重视机器系统和社会系统的交互与赋能，从而实现技术促进社会发展、服务于民的根本目标。首先，智能治理强调技术对治理的赋能作用，尤其是如何通过大数据、算力、算法等资源的创新应用精准地把握社情民意、感知社会风险、提升治理效果。① 其次，智能治理还需要打破传统治理领域的限制，构建多元主体协作的新型治理格局，实现体系、制度和机制的创新，尤其是政府、科技企业、公众和社会组织等主体如何明确各自的角色与功能，贡献自身优势和智慧，实现专业知识和技术能力的密切配合，用"众智"达"智

---

① 孟天广，赵娟. 大数据驱动的智能化社会治理：理论建构与治理体系[J]. 电子政务，2018（8）：2-11.

治"。① 最后，对智能治理的理解不能脱离其终极价值关怀——以人为本。这一价值关怀使得智能治理既要利用好人工智能的技术优势，提升社会经济发展水平和大众物质生活水平，又要以人为最终归宿，坚守人工智能服务于人的核心要义，时刻警惕并积极应对人工智能的伦理风险。智能治理生态体系如图 1-2 所示。

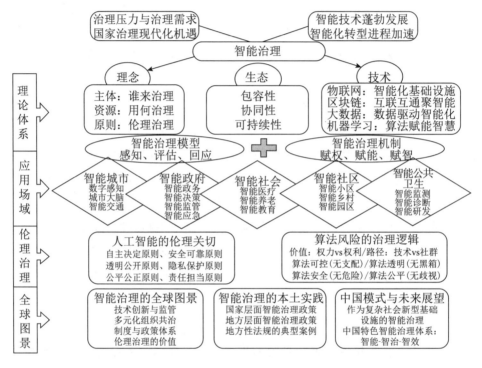

图 1-2　智能治理生态体系

三、智能治理主体

现有对人工智能的讨论多集中于将其视为一种技术革命，这类观点过于狭隘。人工智能时代的到来，"不仅仅是一场技术革命，更是一场决策革命和治理革命，它正在开启一个新的未知空间，可能带来一场社会变革，特别是公共

---

① 孟天广. 政府数字化转型的要素、机制与路径——兼论"技术赋能"与"技术赋权"的双向驱动 [J]. 治理研究，2021（1）：5-14.

治理领域的变革与创新"。① 因此,智能治理不仅将通过人工智能技术来提升治理能力与治理效果,即用前沿技术推动治理革新,还将通过技术重塑多元治理场景中政府、科技企业、社会等主体的定位与关系,从而实现制度创新,乃至新范式的创立。② 智能治理主体包括政府、科技企业、公众和社会组织。

首先,政府在智能治理中处于主导地位,从转变理念与重塑结构角度出发,在人工智能技术与治理相结合过程中发挥引领作用。第一,政府应该打破传统决策过程中自上而下、仅依赖少量信息的方式,充分发挥人工智能技术在感知、汇聚、分析、应用海量数据方面的优势,从而提高决策的科学性与智慧化程度。第二,智能治理的实现不仅依赖于政府对前沿技术的接纳和利用,还需要政府对其组织机构进行改革重塑。传统决策过程依赖于科层制的组织结构,而智能治理则要求政府组织结构更加扁平化。由于智能治理所依赖的数据、所生成的应用通常是跨部门、全周期、全流程的,层级划分严格的传统决策方式并不能适应于智能治理的需求。政府组织结构的扁平化将有利于智能治理的实现与优化。

其次,作为人工智能技术的研发主力,科技企业为智能治理持续提供技术支撑。科技企业作为人工智能技术发展的中坚力量,在推动智能治理过程中提供了技术与智力支持。通过持续创新优化人工智能技术和产品,科技企业能够不断协助政府完善其治理手段与方式,提升智能治理的水平与质量。以北京市海淀区城市大脑为例,海淀区在建设城市大脑的过程中,与我国科技企业深度合作,凭借后者雄厚的技术基础和先进的人工智能技术,创造了国内领先的智能治理模式,其智慧城市整体水平目前已处于国内领先位置。另外,科技企业也应在智能治理过程中承担相应的社会责任,尤其是在数据确权与保护、算法透明与规制中积极与政府、社会组织和个体合作,推动人工智能的良性发展。

再次,智能治理不仅需要政府在方向和制度上的主导、科技企业在技术上的创新优化,还需要公众的参与和监督。一方面,人工智能的目标在于通过模拟人类智能服务于人。由于人工智能的研发与升级十分依赖数据的海量积累与

---

① 高奇琦,陈建林. 大数据公共治理:思维、构成与操作化[J]. 人文杂志,2016(6):103-111.

② 阙天舒,吕俊延. 智能时代下技术革新与政府治理的范式变革——计算式治理的效度与限度[J]. 中国行政管理,2021(2):21-30.

算法的迭代优化，公众积极参与才能保证数据养料的充足，才能汇聚众人智慧推动算法的优化升级。另一方面，海量数据的收集难免会涉及个人信息安全与隐私保护问题，而算法的迭代优化也势必牵连数据的分析与应用方式，这些既是法律问题，也是伦理问题。因此，在智能治理的过程中，公众应该积极与政府、科技企业协同合作，监督确保人工智能技术被合法合理地运用到多元治理场景中，确保人工智能的运用既合乎法律又合乎伦理。

最后，社会组织作为组织化、专业化的社会力量，既能推动智能治理的发展，又能强化社会对其的监督。目前，常见的参与到智能治理中的社会组织包括专业机构（如科研院所、医院）、科技社群（如行业协会）、非营利组织和媒体等。一方面，这些社会组织发挥其专业性优势，与科技企业合作推动人工智能的优化升级及其在各类治理领域的应用。譬如，包括大学、智库在内的社会组织致力于人工智能的基础理论、技术开发和应用场景，为治理智能化提升提供系统化方案。另一方面，这些社会组织还通过发挥其组织优势为政府和公众提供信息，强化对智能治理的监督，促使人工智能更好地发挥正面效应。譬如，行业协会和媒体凭借其专业优势与组织化资源，对智能治理的实践过程开展有效监督，确保人工智能在收集、分析和使用数据时不违背相关法律规定和伦理规则。如2019年3月我国新一代人工智能治理专业委员会成立，成员来自高校、科研院所和企业。[①] 同年6月，该委员会发布《新一代人工智能治理原则——发展负责任的人工智能》，提出和谐友好、公平公正、包容共享、尊重隐私、安全可控、共担责任、开放协作、敏捷治理八项原则，为我国智能治理提供了理论框架和行动指南。[②]

四、智能治理资源

在智能治理的实践中，人工智能借助其资源来实现多元治理场景的数字化和智能化。以往，治理需要的资源包括组织机构、制度机制、人力、物力等方

---

① 科技部部长王志刚宣布成立新一代人工智能治理专业委员会 [EB/OL].[2022-02-09]. https://www.sohu.com/a/297465112_116897.
② 发展负责任的人工智能：我国新一代人工智能治理原则发布 [EB/OL].[2022-02-09]. http：//www.gov.cn/xinwen/2019-06/17/content_5401006.htm.

面。在此基础上,人工智能为多元治理场景带来了四大新资源:数据、算力、算法和智能解决方案。21 世纪以来,人工智能的爆炸式发展得益于数据、算力与算法三方面的显著进步,三者既是人工智能技术得以发展的重要支柱,也是智能治理的三大资源。数据、算力和算法是从人工智能自身的角度,为治理提供的新型治理资源。此外,在人工智能与多元治理场景相结合的具体情境下,人工智能在集合数据、算力和算法的基础上还提供了第四种资源——智能解决方案,即针对某一场景、问题、现象提供智能化的应对方案。

首先,数据作为智能治理的依据,直接影响到人工智能技术运用于治理的范围与成效。第一,作为人工智能的"养料",只有数据充分地积累,才能将人工智能技术充分运用到相应领域。随着信息通信技术和互联网的飞速发展,网络数据和社交媒体数据快速积累,全球数据量技术级增长,《科学》杂志 2008 年提出"大数据"的概念来讨论新信息时代的科学研究。① 大数据改造着人类社会的组织和行为方式,将人类从事经济、社会和政治活动的场域扩展到虚拟空间,重构着政府、企业、社会组织和个体等行为主体的行为模式及其关系。② 因此,只有实现对数据的海量积累、智能分析,才能在治理领域形成智能化的科学决策。本书第二部分将介绍人工智能在城市、政府、社会、社区、公共卫生五个领域的运用都得益于相关领域海量数据的积累、挖掘与分析。第二,数据是促使智能治理不断优化的必要基础。人工智能技术的优化升级离不开数据实时更新,智能治理的改进同样如此。海量的实时数据在推进人工智能技术迭代升级的同时,也将推动人工智能技术在相关治理领域的优化升级,从而提升治理能力与治理效果。

其次,算力是智能治理的支撑,为人工智能技术在治理领域的运用提供强大的计算能力。回顾历史,硬件设施设备的每一次发展都显著推动了人工智能的进步。一方面,从 20 世纪 70 年代计算机的兴起,到 90 年代计算机存储量的增加,再到 2000 年以来互联网、社交媒体、移动设备和传感器的普及,

---

① LAZER D,ALSTYNE M V. Computational social science[J]. Science,2009,323(1):721-723.
② 孟天广,郭凤林. 大数据政治学:新信息时代的政治现象及其探析路径 [J]. 国外理论动态,2015(1):46-56. 孟天广,张小劲. 大数据驱动与政府治理能力提升——理论框架与模式创新 [J]. 北京航空航天大学学报(社会科学版),2018,31(1):18-25.

海量数据的收集与储存成为可能,从而为人工智能技术的发展提供了数据这一"养料"。另一方面,从20世纪90年代计算机运算速度的提升,到互联网大规模服务集群的出现,再到擅长并行计算的GPU芯片,再到更适合深度学习模型的FPGA和ASIC芯片,计算机运算能力的显著提升大大推动了算法的迭代升级。

智能治理的实现与优化同样离不开算力的支撑。一方面,硬件设施设备的更新换代使得我们及时感知、汇聚和存储社会生活各方面的海量数据,例如交通、环境、医疗、人口迁移等。现有大数据的计量单位已经从TB级别上升到PB级别,海量数据在为智能治理提供充分"养料"的同时,也对计算机存储和运算提出了更高要求。另一方面,硬件设施设备的更新换代也使得我们进一步对海量数据进行计算,并在数据分析与算法优化中实现良性互动。随着计算机芯片的快速发展,海量数据的分析挖掘不仅成为可能,其分析效率也在不断提升,为算法优化提供数据支持。

再次,算法作为智能治理的核心,直接影响人工智能技术能否完成特定的治理任务。从计算机学科的专业角度来定义,算法是"一种有限、确定、有效并适合用计算机程序来实现的解决问题的方法,是计算机科学的基础"。[①] 1956年达特茅斯会议到2010年的这段时间里,人工智能技术一直未能普遍推广,其中一个难以克服的瓶颈就是算法不足以完成特定目标。例如在多语种机器翻译领域,此前研发者一直致力于总结人类语言的语法规则、设计语言模型,但翻译的准确度一直难以令人满意。近年来,人工智能技术的广泛运用很大程度上得益于算法的迭代升级,尤其是"深度学习"的开发优化。

智能治理作为一种结合人工智能技术与多元治理场景的新兴领域,算法同样会通过影响人工智能技术的方式影响着治理的效果。我们希望通过将人工智能技术运用到政府、社会等治理场景,借助先进的算法规则应对特定事项、解决特定问题、实现特定目标,从而降低人力投入、完成治理任务、提高治理绩效。例如北京市海淀城市大脑,将人工智能技术运用到城市治理中,为解决城市运行的痛点、难点、堵点提供智能化解决方案。以渣土车治理为例,海淀城市大脑在感知、收集相关数据的基础上,利用不断迭代升级的算法对数据进行分析、

---

① SEDGEWICK R, WANE K. 算法[M]. 谢路云,译. 4版. 北京:人民邮电出版社,2021.

建模，从而实现对渣土车的精准识别，目前识别准确率已经从最初的不到60%提高到95%以上。①

最后，智能解决方案将人工智能的数据、算力和算法与治理的问题、对象和目标相结合，为多元治理场景提供具象化、定制化的应用方案，由此来实现对治理问题的智能化解决。目前，智能解决方案已经被运用在城市管理、风险监测、营商环境等领域，从问题发现、趋势研判、应对解决的全流程提供全闭环的解决路径。典型的智能解决方案如城市大脑（本书第四章会具体介绍）、城市治理及公共决策风险防范感知系统（城感通）与营商环境监测系统（商情通）。城感通以新闻媒体、微博、公众号、论坛、短视频等能够反映民情民意的新媒体大数据为基础，融合人工智能技术和城市（区域）治理评价指标体系，协助相关部门进行风险防范和辅助决策。商情通聚焦城市的营商环境和经济发展动态，通过汇聚和分析经济发展的相关数据，呈现城市经济运行状况、企业经营状况、就业薪资情况等，为城市优化经济环境、吸引资金和人力等要素、提升经济活力提供数据支撑。

五、智能治理伦理

作为新兴治理模式，智能治理不仅要探究人工智能如何服务于治理现代化，还要思考如何防范智能治理的伦理问题和社会后果。换言之，智能治理既要将人工智能应用于多元治理场景，又要对人工智能进行伦理治理。② 有关人工智能伦理的研究既包括对技术本身的研究，也包括在符合人类价值的前提下对人、机和环境之间的关系研究。③ 本书将从人工智能的伦理维度详细阐述当前社会各界对相关伦理问题的理论思考与治理原则。

随着人工智能在人类社会各个领域的应用推广，人工智能的价值日益得到社会认可，但相关伦理思考也引发了广泛关注。近年来人工智能伦理热点事件

---

① 海淀城市大脑利用AI解决渣土车顽疾，百度助力打造智慧城市样板 [EB/OL].[2021-12-20]. https://baijiahao.baidu.com/s?id=1694392459621573464&wfr=spider&for=pc.
② 清华大学数据治理研究中心. 人工智能伦理与治理研究报告 [R].2021.
③ 刘伟，赵路. 对人工智能若干伦理问题的思考 [J]. 科学与社会，2018（1）：40-48.

引发了社会各界的广泛讨论，譬如某智能音箱诱导使用者自杀①、智能头环监控小学生上课走神②、困在算法系统里的外卖骑手③、自动驾驶安全事故责任划分等。各类伦理事件引发了国内外社会的广泛思考，各类人工智能伦理原则或倡议相继被提出，构成了智能伦理治理的"软法"体系。本书将目前提出的主要伦理原则归纳为六大类型：自主决定、安全可靠、透明公开、隐私保护、公平公正、责任担当。自主决定原则关心人类自主性，始终坚持人工智能为人所用的原则，强调智能治理中人类必须保持自主性，不能本末倒置，使人类受机器所支配。安全可靠原则聚焦人工智能在各类治理场景运用过程中的安全性，不会危害人类安全。透明公开原则强调智能治理的公开透明，尤其是要让社会了解智能治理过程中数据收集、算法计算的过程。隐私保护原则强调个人隐私信息在被运用到治理过程中时要保护得当。公平公正原则强调治理对象在治理过程中要被平等对待，没有歧视。责任担当原则关注智能治理过程中，尤其是人类利益遭受损害时，责任该如何判定的问题。

针对智能治理所引发的伦理问题，世界主要国家和地区已经纷纷采取出台相关国家政策、发布伦理准则、倡导行业自律、立法和制定标准等多种措施。④中国、美国、欧盟、日本等人工智能先进国家和地区先后出台人工智能战略发展规划，以推动人工智能伦理的有序治理；OECD（经济合作与发展组织）成员国2019年签署并发布全球首个AI原则——"负责任地管理可信AI原则"，联合国亦为建立AI伦理的国际对话做出了诸多尝试和努力。

然而，目前国际社会对人工智能的前景认知日益呈现出两极化倾向：一方面，对其可能极大促进经济社会发展的预期兴奋不已；另一方面，对其可能带来的破坏民生等危害与风险愈益担忧。美国是积极派的典型代表，欧盟则更为谨慎，重视智能伦理问题。而我国则采取发展和监管均衡推进的路径，既大力

---

① 郭肖. 亚马逊智能音箱劝主人自杀：活着会给地球造成负担 [EB/OL]. （2019-12-22）[2021-12-30]. https://www.guancha.cn/politics/2019_12_22_529162.shtml.
② 小学生监测头环引争议 智能产品进校园缘何饱受争议 [EB/OL]. （2019-11-11）[2021-12-30]. https://baijiahao.baidu.com/s?id=1649869206702624757&wfr=spider&for=pc.
③ "外卖骑手，系统之困"事件回顾：其中是否也有传播之"困"？[EB/OL]. （2020-09-16）. https://www.prnasia.com/blog/archives/22935.
④ 陈磊, 王柏村, 黄思翰, 等. 人工智能伦理准则与治理体系：发展现状和战略建议 [J]. 科技管理研究, 2021, 41（6）：193-200.

发展人工智能，提升创新能力和综合实力，又强调人工智能服务于民的根本属性，加大伦理监督力度。

美国在人工智能技术发展与创新、产业布局与投资等方面持续占据全球领先地位，因此美国更加强调技术创新和伦理治理之间的平衡。整体而言，美国对人工智能伦理通过设立专门机构、多元主体协同、战略顶层设计、政策配套支持等方式进行监管与治理，以期为人工智能的创新与伦理树立权衡边界。

欧盟自2015年即开始积极探索人工智能伦理治理的有效措施，其人工智能监管与伦理治理在全球较为领先。尽管欧盟人工智能技术未能在全球占据领先地位，但其希望通过战略规划、产业政策、伦理框架治理机制等系列制度的构建来推进人工智能伦理治理。

我国日益重视人工智能伦理及其治理，相关治理工作稳步推进、成效明显。目前，我国已经出台了一系列关于人工智能治理的政策文件①，均提出了人工智能安全和伦理等方面的要求，主要关注人工智能伦理道德、安全监管、评估评价、监测预警等方面，加强人工智能技术在网络安全中的深度应用。

思考题：

1. 什么是智能治理？为什么人工智能能与治理实践相结合？
2. 智能治理是一个全新的治理体系吗？
3. 智能治理的边界在哪里？有哪些伦理要求？

---

① 人工智能安全标准化白皮书（2019版）[R/OL].[2021-12-20]. http：//www.cesi.cn/images/editor/20191101/20191101115151443.pdf.

第二章 **智能治理：原理篇**

伴随着社会经济的持续发展，我国进入社会转型期和改革深化期。改革开放以来，以市场化、城镇化、数字化为核心的"三化叠加"快速现代化进程正深刻地改变人们的生产和生活方式。随着利益诉求和价值观念多元化，社会风险和矛盾冲突时有发生，如何提高政府治理水平、提升公共服务质量、促进经济高质量发展、推动发展成果共享、创新社会治理能力与机制成为我国政治、经济和社会各领域面临的迫切任务，也成为政府、市场、社会和学界共同关注的话题。

目前，人工智能被寄予厚望，被认为能够通过新兴智能技术在多元治理场景下的应用来提高治理能力和提升治理效果。以社会治理为例，2016年，习近平总书记指出加强和创新社会治理要"更加注重民主法治、科技创新，提高社会治理社会化、法治化、智能化、专业化水平，提高预测预警预防各类风险能力"。[①] 社会大转型与智能时代的重叠，在向中

---

① 习近平就加强和创新社会治理作出重要指示 [EB/OL].[2022-02-15]. http://china.cnr.cn/news/20161013/t20161013_523193669.shtml?ivk_sa=1024320u.

国社会治理实践提出巨大挑战的同时,也为社会治理的制度优化和治理创新准备了新条件。面对复杂社会问题、多重社会风险和多元化参与主体,社会治理创新迫切要求构建由政府、科技企业、公众和社会组织广泛参与的综合治理体系,以应对大数据环境下公共空间与私人领域、在线表达与线下参与、线上互动与政治沟通的日益整合和互相影响。①

十八届三中全会明确提出"推进国家治理体系和治理能力现代化"的深化改革总目标。中央关于国家治理现代化的论说,不仅涉及政府治理、经济治理和社会治理等多个领域和场景,而且提出要提升治理能力和创新治理技术。②人工智能的飞速发展为多元治理场景的创新带来了新的机遇。譬如,在政府治理领域,人工智能不仅能赋能政府自身治理,优化政府内部运作,还能加强政府对经济和社会领域的治理能力,改善政府公共服务的水平和质量,构建新时期良性互动的政商和政社关系。

一、智能治理的理论迭代

作为新概念,智能治理的出现主要得益于21世纪以来人工智能的快速发展。尤其是在新冠病毒感染疫情的背景下,大量人工智能技术被运用于防控工作中,进一步推动了人工智能与社会治理的深度结合。虽然智能治理的概念提出较晚、历史较短,但适当脱离这一新兴用词,从其核心内容来追溯其历史就会发现,针对智能治理的核心内涵(即技术驱动社会治理创新)已有大量讨论,积累了丰富的理论成果和实践经验。目前有关数字治理的相关理论主要有六种代表性观点:工具论、数据论、平台论、治理论、赛博论和系统论。③虽然这些观点所涉及的技术并非严格意义上的人工智能④,但可在广义上将其

---

① 孟天广,赵娟.大数据驱动的智能化社会治理:理论建构与治理体系[J].电子政务,2018(8):2-11.
② 孟天广.政府数字化转型的要素、机制与路径——兼论"技术赋能"与"技术赋权"的双向驱动[J].治理研究,2021(1):5-14.
③ 孟天广,张小劲,等.中国数字政府发展研究报告(2021)[M].北京:经济科学出版社,2021.
④ 通常情况下所说的人工智能主要分为四类:视觉技术、语音技术、自然语言处理和规划决策系统。

视为人工智能，或者是人工智能的基础技术。以这些观点为基础，本书将智能治理的相关理论归纳为四种代表性观点：资源论、主体论、平台论和系统论。

（一）资源论

资源论的观点强调人工智能作为技术对治理的赋能作用，其核心主张是大数据、物联网、区块链等智能技术的不断升级推动治理手段的创新，从而提高治理的效率和效果。这一观点与数字政府理论中的工具论和数据论具有相似之处。工具论强调用技术优化治理，其核心主张是技术升级不断改变治理的手段和平台。工具论起源于"电子政务"（e-government），后者指的是政府部门将信息与通信技术（ICT）应用于政府事务之中，以改变政府内部与外部之间的关系，使政府的效率、效力和服务能力等各个方面的水平得到全面提高，创造出更加优秀的政府。数据论强调将数据，尤其是大数据，用于国家治理。数据的价值使得其成为各类治理场景非常重要的治理资源。2015年国务院出台《促进大数据发展行动纲要》，明确了大数据在推动经济转型发展、重塑国家竞争优势、提升政府治理能力方面的作用，并对相关工作做出部署。大数据提升国家治理能力的案例比比皆是。在新冠疫情防控中，大数据表现得十分抢眼，譬如健康码。2020年3月，中共中央、国务院出台的《关于构建更加完善的要素市场化配置体制机制的意见》更是将数据作为生产要素之一，被正式纳入国家定义的要素市场化配置。

（二）主体论

主体论聚焦智能治理中的参与主体及其互动关系，一方面主张社会多元主体的共同参与，认为政府、社会组织、私人组织以及公民，都可作为治理的主体；另一方面，强调要搭建多主体的协作格局，强化主体间合作。这一观点在政府治理和社会治理领域尤其具有启示作用，呼吁从以政府为最主要行动者、以科层制为主要组织特征的传统管理模式[①]转变为政企社多元主体共同参与和协同治理的格局。

---

① PETERS B J, PIERRE H. Governance without government? Rethinking public administration[J]. Journal of public administration research and theory, 1998, 8（2）：223-243.

从主体论的角度出发，智能治理强调主体的多元化，强调治理主体力求基于平等协商而达成共识，强调治理主体的自主性和自愿性，强调治理主体之间的多边关系，强调以公共领域作为治理边界。例如，技术赋权是主体论视角下的热点议题，指的是个人通过数字化渠道，获取信息、参与表达和采取行动，完成自我增权。人工智能革命带来了信息自由，普通人在公共议题上拥有了选择、制作和传播信息的能力，个人既是信息的接收者，也是信息的传播者；既是政府公共服务的享用者，也是优化政务服务的反馈者。通过技术赋能，政府具有更多数字化能力，而个人也能够参与到公共议题设置中，形成个人自下而上与政府自上而下的良性互动。

（三）平台论

平台论聚焦智能治理所需的数据共享和服务平台。"平台"起源于电子商务领域，它本身不生产产品，但是可以促成双方或多方之间的交易，连接各种各样的用户和资源。淘宝在线购物平台、网约车平台、微信即时通信平台，都是人们非常熟悉的平台。随着数字技术对政府治理的影响不断加深，平台化趋势也由商务领域扩散至政务领域。在电子政务建设的大背景之下，历经几十年发展，各级政府部门建设了众多数据共享与服务平台。

2018年6月，国务院办公厅印发《进一步深化"互联网+政务服务"推进政务服务"一网、一门、一次"改革实施方案》；2018年7月，国务院印发《关于加快推进全国一体化在线政务服务平台建设的指导意见》。两份重磅文件接连出台，标志着我国迈入政务平台建设的新阶段。政务平台建设，由以往强调纵向业务系统的建设转为强调横向联通的能力，由条块分割转为全局化部署、平台化协作的整体性运作。实践中，平台化建设已经有不少成功案例，譬如上海市"一网通办"、浙江省"基层治理四平台"。

平台的含义是多重的。第一，它是一种技术实现，通过"上云"技术，实现IT（互联网技术）成本、管理、安全的集约化；通过数据融合，形成以资源形式体现的数据平台，全面服务数据创新；共性的技术、服务、工具会以平台和服务的方式交付。第二，它是一种组织结构和治理模式，如"基层治理四平台"显示的，平台可以整合政府条块职能，还可以促进政府职能部门、村（社）、网格等多元力量联动。

(四)系统论

前述三种观点,大体上可分为两派:一派侧重于技术,从技术进步的视角出发,专注探究技术为治理带来的种种可能性及种种利弊;另一派侧重于治理,探讨数字时代治理内涵及治理模式的变化趋势。实际上,解密智能治理,应结合两派观点,将技术论与主体论融合起来构建系统论,将每一秒都在迭代创新的人工智能与讲究传承和稳定的治理体系结合起来。

第一,治理内容的系统化。智能治理是一场全方位、系统性的治理转型,它涉及的不是某个单一领域,而是包括政治、经济、社会等多个领域,数字中国建设是数字政府、数字经济、数字社会"三位一体"的综合体系。第二,治理主体的多元化。治理理论的核心主张是治理主体的多元化和平等化。智能治理对经典治理理论的超越之处在于,它指出了政府在数字化转型进程中发挥的必要作用。在智能治理综合体系中,智慧政府是重中之重。与此同时,政府要以更加积极和开放的心态,与科技企业、社会组织、个人等其他治理主体建立合作关系,为多主体合作搭建平台,实现社会共治。同时,应该认识到单靠智能技术无法彻底解决所有治理问题,还需要借鉴治理理论的思想精髓,通过友好沟通、平等协商、民主决策等方式协调各主体之间的关系。第三,治理技术的数字化。毫无疑问,智能治理不能脱离技术。对此,工具论提供了有益的分析,深度剖析了智能技术为治理变革带来的可能性,并且紧密追踪技术进步的潮流,提出技术驱动之下,治理变革呈现出平台化、智慧化、生态化等新的趋势,不断丰富智能治理的内涵。智能技术影响治理制度,治理制度也反过来影响智能技术,而且二者同时发生于特定的治理生态系统之中,智能技术影响治理生态,也受治理生态塑造。因此,从系统论出发解析智能治理,应调和"技术决定论"和"社会决定论"两种立场,既看到智能技术是如何影响治理模式变迁的,也看到治理模式变迁对于释放智能技术潜力的反作用力。

二、智能治理生态:包容、协同、可持续

当前,人工智能被很多人视为一种现代技术手段,被用于提高社会治理水平、提升公共服务水平,而智能治理则被视为传统治理方式与现代技术手段相结合的产物。本书认为虽然人工智能是智能治理不可或缺的技术支撑,是智能

治理得以出现的必要条件，但将智能治理仅仅视为一种新型技术治理形态则过于狭隘。本书认为智能治理是人工智能与社会治理深度融合渗透的生态系统，是社会治理的未来形态。

智能治理生态具有三大特性。

第一，包容性。智能治理生态是一场全方位、系统化的治理转型，包容性极强。运用前沿人工智能技术，我们可以精准识别千千万万个各不相同的个体，这就是一种兼收并蓄；同时通过集中式存储、处理与运算，我们可以发现数据背后的洞见，这是更高层次的包容。包容还体现在数字技术的运用更能实现"开辟式创新"，运用数字赋能可以催生新产业、新业态、新模式，甚至催生新的需求，形成一种包容式、开拓式的创新和增长。目前，人工智能已经涉及城市、政府、经济、社会等多个领域和应用场景，譬如本书所论述的城市大脑、智能政务服务、智慧医疗、智能教育等，都展现了人工智能已经全方位地影响着人类社会。

第二，协同性。社会治理是一项庞大而复杂的系统工程，对政府内部机构和外部组织的协同合作要求不断提升。社会治理的协同合作包括两个维度，一是政府内部负责各项公共事务机构之间的协作；二是政府与外部主体如市场主体、社会组织、网络社群、研究机构等组织之间的协作。智能治理生态主张政府、科技企业、公众和社会组织等主体的协同共治。其中，政府在智能治理中处于主导地位，从转变理念与重塑业务流程角度出发，在人工智能技术与社会治理相结合过程中发挥引领作用；科技企业作为人工智能技术发展的中坚力量，在推动智能治理过程中提供了技术与智力支持；公众和社会组织等社会主体积极参与并监督智能治理全过程。

第三，可持续性。智能治理生态一旦形成，就具有自我生长的能力。一方面，随着数据的海量积累、算力的更新提升、算法的迭代优化，智能治理的资源越发丰富，技术智能化的根基越发深厚。得益于智能技术的不断迭代升级，社会治理的技术工具和解决方法越发多元和完善，最终在技术驱动下持续优化。另一方面，智能治理生态将政府、科技企业、公众和社会组织联系起来，通过数字化方式形成有机互动、协同演化的格局。这在客观上会促进智能城市、智能政府、智能社会形成一个整体，并不断交叉与正反馈，使得智能时代具有一种可持续的自我生长能力。

三、智能治理的模型构建

智能治理意指运用人工智能推动多种治理场景数字化、系统化和智能化。具言之，智能治理旨在利用人工智能强大的数据采集和分析能力，结合治理理论和互联网技术，将复杂的社会运行体系映射在多维、动态的数据体系之中，实现对社会运行规律、社会偏好（诉求）变化趋势及规律、政府回应机制及效果差异等，进行实时、数量化、可视化的观测，不断积累社会运行的数据特征，以应对各类社会风险、提升治理有效性。

实现智能治理，可从社情民意感知、社会风险评估和政府诊断回应三个层面构建智能社会治理的体系与实现路径。大数据所呈现的社会治理诉求，在特定的数据处理技术辅助下，可有效转化为政府精准化治理、诊断式回应及动态式评估的能力。首先，在智能治理体系中采集和挖掘政务热线、社交媒体、问政平台和公众搜索行为等海量网络民情民意相关数据；其次，构建适合我国国情的社会治理风险监测和评估体系，以此评估各地社会风险的状况及演变，开展社会治理预测预警；最后，以丰富的国内外社会治理知识库为基础，基于自动匹配探求地方政府回应社会风险的模式，为优化社会治理提供决策依据。

（一）社情民意感知

近年来，随着互联网、移动客户端、人工智能应用的普及，网民数量急剧增长、各种社交平台及公众网络使用习惯不断成熟，网络成为公众诉求表达和政治参与的重要工具，为民情数据的收集提供了绝佳的场域和机会。通过特定数据挖掘和信息处理技术，可检测和评估特定地区的公共议题关注热度、变化趋势以及讨论角度、态度情感等问题，帮助社会治理参与主体更好地把握公众诉求，提升公众知情度和政策支持度。特定主题事件信息来源（如论坛、博客、新闻、微博、微信等）具有多样性和异构性。首先，针对民情主题事件，根据政府的政策知识库建立对应的事件分类体系，构建各个主题下的事件类别和子类别，明确各个类别的事件应该包含的实体、关键词和事件要素；其次，根据已构建的事件分类体系对事件进行抽取，包括事件的时间、地点、人物、主要内容等；再次，通过机器学习方法将事件抽取分为民情事件识别与抽取、事件要素识别与抽取两个部分依次进行处理；最后，将抽取结果进行融合，得到最终的结构化事件数据。

（二）社会风险评估

当前，我国正处在快速转型时期，社会安全与稳定呈现新特点，涉及人口、资源、环境、公共卫生、效率、公平等因素的社会矛盾日显严重。在此背景下，建立行之有效的社会治理风险动态评估系统显得尤为紧迫。通过人工智能对数据进行数据解析、关联关系挖掘和可视化展示，可实时监测和评估社会风险状况，并通过不断检验、改进评估系统的准确性和稳定性，构建一个有效的社会治理感知辅助系统，实现政府、市场、社会多方协同的社会治理结构。社会风险评估需要建立一个多指标综合监测体系，内容涉及经济、社会、民生等方面，需将社会风险客观现状的指标按内在联系有机地统一为整体。以社会风险硬性指标为主，以公众主观感知为辅，对社会风险程度作出综合监测与评定。因而，设计社会风险指数的分级指标体系要反映经济状况、社会稳定、民生保障三个方面。譬如经济风险维度主要由恩格尔系数、工资待遇、居民收入增长率、通货膨胀率、失业率、社会收入分配的不公平程度等指标构成；社会风险维度主要由刑事案件、治安案件、群体性事件、安全责任事故、网络舆情事件等指标构成；民生保障维度主要由社会保障、教育环境、医疗资源、住房、交通出行、食品药品安全等指标组成。除上述硬性指标外，社会治理风险的软性指标（主观感受）可通过对网络社交媒体、问政平台和公众搜索行为等海量网络数据挖掘来获得不同地域跨群体的丰富民情民意信息。

（三）政府诊断回应

现阶段，建立回应型政府成为全球治理变革的重要方向。借助人工智能技术，社会治理以多元化治理和协商性决策为理念，以解决公共问题、社会问题为根本目的，对公众诉求进行实质性回应的一系列制度或实践正在形成。在智能治理系统中，回应型政府这一政治学中的经典议题得以借助技术进步而更具实践意义。中国各级政府回应方式的多样性及其效果差异为探讨社会治理创新模式提供了可行性。借助构建以国内外不同地区各领域社会治理案例、资料和政策为基础的知识库，利用大数据的文本分析、回归分析和预测分析等方法，将政府政策或行为与民情民意数据库相关联，可以发现地方政府回应社会治理需求的多样化模式，再借助智能匹配方法为社会治理政策需求者提供可比性区域的社会治理知识集合，为政策学习和扩散创造条件。地方政府回应公共议题和社会治理风险还可以借助建设各类在线政府或数据治理来实现。基于已发现的公众热点诉求、政策关注度或社会风险等，借助大数据技术有效的分类分级分析、预测预警、智能应答或自助式服务，以提升政府回应的时效性、精准性。更进一步，基于对公众关注政策热点的系统分析可以为政府决策的议程设置、科学决策和吸纳公民参与提供丰富的机会，强化地方政府政策响应和应对社会风险的能力。基于海量的政府回应资料开展大数据分析，有助于智能治理系统发现差异化的社会治理模式和开展动态化社会治理评估，优化社会治理。

四、智能治理机制：赋权、赋能、赋智

当前，人工智能正深刻地影响着社会结构、社会互动模式，改变着社会变迁的进程。信息通信技术及其应用扩散为人类社会积累了海量人们互动及行为的数字化痕迹，进而为利用大数据、人工智能开展数据分析以理解社会运行提供了可行性。现阶段存在三个机制用以提升社会治理能力和效果：技术赋能政府、技术赋权社会和技术赋智群体。

第一，智能治理重构政府治理能力，促使政府形成一种集数据驱动、技术嵌入、社会协同为关键机制的新型治理能力。一是政府智能化转型拓展了政府治理的领域。在人工智能浪潮的推动下，数字空间逐渐成为现实世界的"镜像"，数字社会与现实社会日益融为一体，国家治理不再局限于物理世界，而是拓展到数字空间，要求治理主体全面掌握数字空间与物理空间的经济、社会运行规律，实现线上线下充分联动、协同共治。政府智能化转型还丰富了政府的治理工具。运用人工智能，可从更宽领域、更长时段、更精细度对公共事务和政策过程进行分析，更加准确、及时、深入地把握多元诉求，预测研判社会发展趋势及潜在社会风险，提升政府决策、监管和服务能力。二是赋能政府自身治理。有学者指出人工智能对于政府内部运作与政府本身治理具有重要意义，认为数字技术可以改善政府的决策流程，优化政府的决策目标，提升政府决策的质量，明晰政府决策的效果，便利政府施政评估。三是赋能政府的经济与社会治

理，通过制度创新、平台创新、技术创新、人力资源体系创新实现政府治理创新。① 这一视角强调智能技术对政府作为治理主体的"对外"施政行为的影响，认为数字技术可以改善政府提供公共服务的水平和质量，大大便利政府履行监管和审批职能，提高政府应对和处理社会危机与自然灾害的反应速度和敏感程度②，尤其在全面深化改革的当下，可以为展开"精准扶贫"、推行"精准施政"、实施"精准激励"提供坚实的数据基础和技术路径。

第二，智能治理对个人和组织发挥着显著的"赋权"功能。依靠人工智能，个人和组织通过获得信息、参与表达和采取行动等社会实践方式，在提升自身参与能力的同时，提升参与社会公共事务的能力。技术赋权社会主要体现在三个维度。一是智能技术赋权公民参与，实现普通人的信息崛起和话语平权，提升普通人的话语权和影响力。② 在 21 世纪初，建立于互联网之上的论坛和博客首先成为个人独立于传统媒介之外分享信息的开放平台。互联网无边界、去中心的特点，有助于人们自由表达权利的行使。随着诸如 5G（第五代移动通信技术）等移动互联网技术延伸到普通人的日常生活之中，数字鸿沟导致的社会分割将逐渐减少。个人意见可以即时同各地的话题参与者互动，并汇聚成网络舆论，形成强大的现实影响力。二是智能技术赋权社会组织，促进了组织内部自治能力提升，提高了社会组织在社会治理中发挥积极价值的能力。人工智能在虚拟社群构建中发挥着重要作用③，为虚拟社群的"组织化"、边界确立、资源动员和集体行动能力塑造发挥着支撑作用，组织功能从要素集聚和组织赋权转变为资源整合与组织赋能，以平台化支撑和虚拟自组织方式参与社会治理。譬如，丁未发现稀有血型人群利用新媒体技术的平台所组建成的网络自组织，不仅一定程度上保障了加入者的生命，同时也使组织起到了维护弱者生活权利的重要作用。④ 三是智能技术驱动政社协同，推动建立个人、组织与政府三者

---

① 孟天广. 政府数字化转型的要素、机制与路径——兼论"技术赋能"与"技术赋权"的双向驱动 [J]. 治理研究，2021（1）：5-14.

② 张林. 自媒体时代社会话语生态变迁：生成模式、主体形式与权力结构 [J]. 理论导刊，2019（12）：68-72.

③ 振锋，张弛. 城市社区治理中的虚拟社群参与——基于对城市更新中虚拟社群的考察 [J]. 治理研究，2020（4）：77-87.

④ 丁未. 新媒体赋权：理论建构与个案分析——以中国稀有血型群体网络自组织为例 [J]. 开放时代，2011（1）：124-145.

协作共治的社会治理新局面。① 人工智能技术有利于组织实现对个人和政府机构的交流与合作，形成个人、组织与政府三者协作共治的社会治理新局面。在现代社会中，作为社会治理的主体，无论是在市场之外的非营利社会组织，还是在市场中的以企业为代表的经济组织，这些组织既是实施政府职能的重要力量，又是建立市场经济体制必备的支撑体系。② 人工智能的发展对内加强社会组织力量的同时，对外也有利于其同个人与政府之间沟通协作力量的建设。

第三，智能治理赋予集体智慧，形成政府、科技企业、公众和社会组织众智共治局面，实现"1+1＞2"的治理效果。技术赋智集体主要体现在三个维度：一是智能治理重视个体智慧，以开放、平等、包容的方式吸纳个体智慧，集思广益。数据是智能治理智慧来源的基石。在社会治理过程中，人人均为数据的生产者，"用数据说话、用数据决策、用数据管理、用数据创新"是政府提升治理能力的有效工具和必然选择。智能治理强调以公众的诉求为关切点，增强政府对民众的回应性。对个体的情感、态度和诉求等"民情数据"的把握，就成为智能治理的首要突破口和创新着力点。二是智能治理强化集体协作，明确个体职责，发挥个体优势，形成优势互补的集体协作模式，发挥集体智慧。政府将人工智能引入社会治理领域，以技术驱动治理创新，借助大数据分析方法实现对社情民意的感知和对社会风险的研判，从而提升智能治理的回应度和精准度。科技企业为智能治理提供治理资源，凭借其海量数据积累、算例的增加、算法的优化，为感知、识别、决策、回应社情民意等方面提供技术支持。公众和社会组织积极参与智能治理，为解决治理难题贡献数据和对策建议。三是智能治理优化集体智慧，以数据动态积累、算法迭代升级推动治理方案优化，以"变"应对复杂多变的治理问题。人工智能的一大显著优势在于其不断迭代优化的特点，这也是智能治理可持续的重要来源。数据的动态积累为算法持续提供养料，供给社会治理的相关信息；算法持续优化，极大释放了数据的治理价值；在此基础上，针对社会治理场景的智能解决方案被提出，并随着数据积累和算法优化而持续升级，应对多样化的社会治理问题。可以说，我国社会转

---

① 孟天广. 政府数字化转型的要素、机制与路径——兼论"技术赋能"与"技术赋权"的双向驱动 [J]. 治理研究，2021（1）：5-14.
② 叶林."陌生人"城市社会背景下的枢纽型组织发展 [J]. 中国行政管理，2013（11）：84-88.

型过程中，社会治理问题层出不穷，而得益于人工智能的智能治理体系也会"以变应变"，以治理问题的优化解决推动集体智慧的积累提升。

思考题：

1. 如何从系统论或生态论的角度看待和理解智能治理？
2. 智能治理应该具有哪些特性？
3. 智能治理如何做到赋权、赋能、赋智的统一？

第三章 智能治理：技术篇

第四次工业革命是智能治理的科技驱动力量。正如马克思所说，"手推磨产生的是封建主的社会，蒸汽机产生的是工业资本家的社会"。科学技术作为第一生产力，它影响并最终决定着人类社会的发展形态。熊彼特也认为，生产技术革新会带来生产方式的变革，同时也是治理变革的根本动力，尤其是某些"颠覆性"技术创新[①]，甚至会带来治理体系的"范式变迁"。[②] 而人工智能恰恰是 21 世纪最具"颠覆性"的技术之一，美国、日本、欧盟等国家和地区都将人工智能作为国家战略竞争的关键性领域进行通盘规划。那么，什么是人工智能技术呢？人工智能技术有哪些特征、类型和表现？它又是如何影响智能治理的？本章将对智能治理相关的人工智能技术进行介绍。

要对人工智能进行准确的概念界定，并非易事。"人工智能之父"马文·明斯基就认为人工智能是一门高度复杂的交叉

---

① 熊彼特. 经济发展理论：对利润、资本、信贷、信息和经济周期的考察 [M]. 北京：商务印书馆，1991.

② 库恩. 科学革命的结构 [M]. 北京：北京大学出版社，2012.

型学科，它涵盖的范围极为广泛。可以说，所有模拟、延伸和扩展人类智能的理论、方法、技术等都属于人工智能。1956年的达特茅斯会议被认为是人工智能的起点。然而，那时科学家们对人工智能的研究还仅限于对人类大脑功能的模拟。也就是说，只是着眼于解决某些领域的具体问题，如证明几何定理、编制西洋跳棋程序、制造积木机器人等。1950年，被称为"计算机科学之父"的艾伦·图灵发表了一篇名为"计算机器与智能"的论文，分析和预言了机器具备像人一样思考的可能性，并提出了著名的"图灵测试"，以此作为人工智能的判断标准："如果一台机器能够与人类展开对话，而且能不被识别出其机器的身份，那么就可以称这台机器具有智能。"图灵测试是人工智能哲学方面的一个严肃命题，也可以看成人工智能概念的一种界定方法或判断依据。

"时至今日，人工智能概念的内涵已经被大大扩展，它涵盖了计算机科学、统计学、脑神经学、社会科学等诸多领域，人工智能已经形成一门交叉学科。人们希望通过对人工智能的研究，将它用于模拟和扩展人的智能，辅助甚至代替人们实现多种功能，包括识别、认知、分析、决策等。"① 所以，人工智能概念的外延也得到了极大的扩展。人工智能所涵盖的范围其实覆盖了软硬件的基础设施层面、数据库的存储层面、海量数据的累积层面、算法的数理逻辑层面等不同的维度。在技术类型上，人工智能可以分为计算机视觉、计算机听觉、自然语言处理和智能规划决策四类。

为了阐释清楚人工智能的概念，本章从不同层面对其进行介绍。第一节介绍与智能治理密切相关的人工智能技术——计算机视觉技术、计算机听觉技术、自然语言处理技术。第二节介绍基础设施创新，呈现传统互联网到移动互联网再到物联网的迭代更新如何强化人工智能的感知能力。第三节介绍数据存储创新，通过分析区块链"去中心化"和"分布式"存储结构的改变，展示其如何推动人工智能发展，为其打破"数据孤岛"、实现数据确权。第四节介绍人工智能的运算燃料——大数据，通过分析大数据环境下社会运行逻辑的改变，介绍人工智能发展的资源基础。第五节介绍算法赋能，通过分析有监督机器学习、无监督机器学习、深度学习、强化学习等不同算法的本质，介绍人工智能技术发展的数理逻辑。

---

① 孟天广. 政治科学视角下的大数据方法与因果推论[J]. 政治学研究，2018（3）：29-38.

一、人工智能技术迭代：第四次工业革命的驱动力

（一）计算机视觉技术

计算机视觉的历史可以追溯到1966年，人工智能学家马文·明斯基曾与其学生一起研究过：如何通过编程的方法，让计算机能够识别出摄像头里的信息？这被认为是计算机视觉最早的任务描述。人类能够看到并理解事物，是因为人类的眼睛可以立体地观察事物，因此，要想让计算机理解它所看到的图像，必须将事物的三维结构从二维的图像中恢复出来，这就是所谓的"三维重构"。同时，人类之所以能够识别事物，是因为人类已经有了相关的先验知识，如果给机器也建立一个类似的知识库，让机器看到图像并与库里的储备知识进行匹配，就可以让机器识别乃至理解它所看到的知识，这就是所谓的"先验知识库"。

20世纪90年代，GPU、DSP（数字信号处理）等图像处理硬件技术有了飞速发展；并且随着不同的算法，如各种图片统计技术和局部特征描述符等的引入，在"先验知识库"的方法中，事物的形状、颜色、表面纹理等，受到视角和观察环境的影响，在不同的视角、光线和遮挡的情况下，会产生相应的变化，通过局部特征的识别来判断事物，从而对事物建立局部特征索引，帮助计算机精准地识别。进入20世纪后，传统互联网、移动互联网以及物联网的迅速发展，带来了海量视频数据，加之机器学习方法的广泛应用，计算机视觉技术发展迅速，以往许多基于规则的处理方式，逐渐被机器学习替代，它会自动从海量的视频数据中归纳出物体的特征，然后进行识别和判断。这时候涌现出大量应用创新，如相机人脸检测、安防人脸识别、车牌识别和人脸对比识别等。通过数据的累积，还诞生了许多测评数据集，如人脸识别和人脸对比识别的平台FDDB（人脸检测数据集和基准）和LFW（野外标记的面孔）等，其中，最有影响力的是ImageNet。到了2010年，借助深度学习的赋能，计算机视觉技术有了爆发性发展，实现了产业化，通过深度神经网络，各类视觉相关任务和识别精度得到了大幅度提升。

计算机视觉技术从易到难依次是图像处理、图像识别检验、图像分析理解、图像描述生成、图像问答等。图像处理以大量训练数据为基础，通过神经网络训练出一个端到端的解决方案，实现去噪声、去模糊、超分辨率处理、滤镜处

理等几个典型的任务。图像识别检验包括图像预处理、图像分割、特征提取和判断匹配,可以用来处理分类问题、定位问题、检测问题、分割问题等。图像分析理解本质上是图像与文本的交互,可以执行基于文本的图像搜索、图像描述生成、图像问答等任务。图像描述生成是根据从图像中识别出的物体,基于规则模板产生描述性文本。图像问答是分别对图像与文本获取数字化表示,然后分类得到答案。照片自动分类、以图搜图、图像描述生成等功能,都可以作为人类视觉的辅助工具。在这些能力的基础上,展望未来,计算机视觉有望进入自主理解,甚至分析决策的高级阶段,从而真正赋予机器"看"的能力。

(二)计算机听觉技术

1920 年,"Radio Rex"玩具狗就可以实现最早的语音识别,当有人喊"Rex"的时候,这只狗就能从底座上弹出来,但它并不是真正的语言识别技术,只是一个能够感受语音震动的弹簧。当这个弹簧感受到 500 赫兹声音时会自动释放,而 500 赫兹恰是人们喊出"Rex"中元音时的第一个共振峰。1952 年,AT & T 贝尔实验室开发了一款名为 Audery 的语音识别系统,能够识别 10 个英文数字发音,正确率高达 98%,这成为第一个真正基于计算机的语音识别系统。20 世纪 80 年代,计算机语音技术发展迅速,原因有三:一是全球性电子传播业务已经积累了大量文本,这些文本可以作为机读语料用于模型训练和统计;二是研究的重点逐渐转向大词汇量、非特定人的语音识别;三是在算法上,基于统计的思路逐渐代替了传统的基于匹配的思路,其中关键的进展是隐马尔可夫链(HMM)的理论和应用都趋于完善。这个时期,工业领域出现了大量相关应用,如得州仪器研发了 Speak & Spell 语音学习机,语音识别服务商 SpeechWorks 成立。

20 世纪 90 年代,计算机语音识别技术基本成熟,主流的高斯混合 - 隐马尔可夫模型(GMM-HMM)框架逐渐趋于稳定,但识别效果离真实情况还有一定距离。在 80 年代末、90 年代初的神经网络技术热潮中,神经网络技术也被广泛应用到语音识别中,出现了多层感知 - 隐马尔可夫模型(MLP-HMM)这样的混合模型,但是性能上无法超越 GMM-HMM 模型框架。深度学习的发展促进了语音识别技术的突破性发展。随着深度神经网络(DNN)被广泛应用到语音的声学建模中,人们逐渐在因素识别任务和大词汇量连续语音识别任务上取得突破，基于 GMM-HMM 的语音识别框架被基于 DNN-HMM 的语音识别系统所取代，并且随着系统的持续改进，又出现了深层卷积神经网络和引入长短期记忆（LSTM）模块的循环神经网络（RNN），识别效果进一步优化。

一个完整的语音处理系统包括前端的信息处理、中间的语音语义识别和对话管理，以及后端的语音合成。首先，前端的语音处理涵盖几个模块，包括说话人声检测、回声消除、唤醒词识别、麦克风阵列处理、语音增强等技术。其次，语音的识别过程包括特征提取、模型自适应、声学模拟、语言模型、动态解码等多个过程。最后，语音合成包括文本分析、语言学分析、音长估计、发音参数估计等。通过梳理计算机听觉技术的发展脉络，可以发现语音技术呈现如下发展规律：从小词汇量到大词汇量再到超大词汇量，从限定语境到弹性语境再到任务语境，从安静环境到近场环境再到远场嘈杂环境，从朗读环境到口语环境再到任意对话环境，从单语种到多语种再到混合语种。

（三）自然语言处理技术

对机器而言，能否自然地与人类进行交流，理解表达人们的意思并作出合适的回应，被认为是衡量其智能程度的一个重要参照。20 世纪 50 年代，为了处理大量的机器翻译任务，出现了两种不同的自然语言处理方法：一是基于规则方法的符号派；二是基于概率方法的随机派。早期，受制于数据和算力，随机派无法发挥出全部潜能，符号派的研究略占上风。这体现在了翻译上，人们认为机器翻译的过程是在解读密码，试图通过查询字典来实现逐词翻译。1966 年，美国科学院语言自动处理咨询委员会（ALPAC）发布了一篇题为《语言与机器》的研究报告，全面否定了机器翻译的可能性，认为机器翻译不足以克服现有困难，难以投入实践。1976 年，加拿大蒙特利尔大学与加拿大联邦政府翻译局联合开发了名为 TAUM-METEO 的机器翻译系统，提供天气预报服务。20 世纪 90 年代，自然语言处理进入发展繁荣期，随着大量网络文本资源的产生，以及被网络发展激发出的、以网页搜索为代表的基于自然语言的信息检索和抽取需求，人们对自然语言处理的热情空前高涨。2010 年之后，基于大数据和浅层、深度学习技术，自然语言处理效果得到了进一步优化。IBM（国际商业机器公司）研发的 Watson 系统参加综艺问答节目 *Jeopardy*，比赛中 Watson 没有网，但是依靠 4 TB 磁盘内 200 万页结构化和非结构化的信息，成功战胜了人类选手，展示了自然语言处理技术的实力。

自然语言处理的几个环节，包括知识的获取与表达、自然语言理解、自然语言生成等，也相应出现了知识图谱、对话管理、机器翻译等研究方向，与前述的处理环节形成多对多的映射关系。

首先，知识图谱是基于语义层面的对知识进行组织后得到的结构化结果，可以用来回答简单的事实类问题，包括语言知识图谱（词义上下位、同义词等）、常识知识图谱（鸟会飞但兔子不会）、实体关系图谱等。知识图谱的建构过程其实是获取知识、表示知识、应用知识的过程。

其次，语义理解是自然语言处理中最大的难题。该问题的关键在于如何从形式与语义的多对多映射关系中，根据当前语境找到一种最合适的映射。第一，消除歧义，包括词语的歧义、句子的歧义、短语的歧义等。第二，实现上下文的关联性，包括指代消解、省略恢复等。第三，意图识别，包括名词与内容的意图识别、闲聊与问答的意图识别等。第四，情感识别，包括显性与隐性的情感识别、基于经验常识的经验识别等。

再次，对话管理包括三种情形，分别是闲聊、问答和任务驱动型对话。其中，闲聊是开放域的、存在情感联系和聊天个性的对话；问答是基于问答模型和信息检索的对话，一般是单一轮次；任务驱动型对话包括槽位填充、智能决策，一般是多轮次的。

最后，传统的自然语言生成一直是用于机器翻译，其思路是先将完整的一句话打散成若干个词组，对这些词组分别进行翻译，然后再按照语言进行调序，形成一句通顺的译文。20 世纪 90 年代出现了"编码器 - 解码器"的神经机器翻译结构，并引入注意力机制，使翻译得到了系统性的提高。

二、物联网：智能化基础设施

（一）从传统互联网到物联网

计算机运算力的不断提升，尤其是芯片技术的不断创新突破，使电脑 CPU 的运算速度不断提高，而后又诞生了擅长并行计算的 GPU。这不但为更前沿的算法模型，如 FPGA 和 ASIC 等提供基础，而且为计算机间的相互链接，尤其是从传统互联网发展到移动互联网,进而过渡到物联网提供基础。

如图 3-1 所示,信息技术演化的发展路径分为两条:一是实现人与人通信的电信网(telecommunication network),二是实现物与物通信的近场通信网(near field communication network)。早期这两条发展路径并行推进,互不影响。

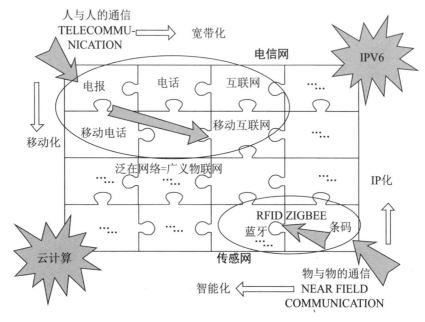

图 3-1 信息技术演化的两条路径及物联网的形成

一方面,电信网已经有近百年的发展史,从早期的电报、电话,到互联网出现后的网络宽带,再到移动电话和移动互联网到来后出现的移动交流媒介,电信网已经形成一套科学、完整、可控可管的信息通信网络体系,并沿着宽带化和移动化两个维度不断向纵深发展。宽带化是指通信从电路交换转变为分组交换,从电报、电话到互联网,逐步实现宽带化的通信,实现传输容量上的自由通信。移动化是指通信技术载体,也逐步从传统的电报、广播、电视和固定电话等,转向移动电话、智能手机,并实现基于移动互联网的随时随地的自由沟通。

另一方面,传感网的发展相对缓慢,在成熟度上弱于电信网,但是近年来在硬件基础不断完善的情况下,也正在加速发展,并呈现出 IP(网际互连协议)化和智能化两大趋势。所谓 IP 化,是指未来所有物品都将被设定一个标识,实现"IP末梢感知和识别",尤其是通过"可以给每一粒沙子都设定一个IP地址"的IPV6(互联网协议第6版)等技术,实现随时随地了解万事万物的信息。所谓智能化,是指物品要自主实现信息的自由交换、智能感知和沟通互动,这是万物互联的最终目标和真正意义。近年来在数据资源不断累积,尤其是云计算、区块链、人工智能等数据传输和处理技术的创新推动下,这一目标正在加速实现。

近年来,两条路径逐渐趋于融合,于是就出现了物联网形成和演化的两种模式。一种是电信网主导的模式,就是由传统的电信运营商主导,借助通信产业多年累积的强大的技术基础、产业基础和人力资源基础,实现海量信息的计算分析,并能保证信息安全、个人隐私保护等深层问题的可防可控。另一种是传感网主导的模式,即是通过新兴的传感网产业化发展,初步实现与电信网的融合,但是由于受到传感器发展瓶颈的制约,传感网络尚不成熟,此种模式发展相对滞后。

(二)物联网的概念及特征

物联网(Internet of Things),直译为"各种事物间的互联网络",简单而言,就是在物体上植入微型感应芯片使之智能化,借助网络实现物与物的"交流",甚至实现人与物的"对话"。更准确地说,物联网是"通过传感设备按照约定的协议,把各种网络连接起来,进行信息交换和通信,以实现智能化识别、定位、跟踪、监控和管理的一种网络"。狭义而言,物联网是物品与物品之间的互联互通,自动实现物品的识别与管理;广义而言,物联网又是物理空间、信息空间与社会空间的互联互通,最终实现物与物、物与人甚至是整个社会环境与人的信息交互,即万物都可以实现数字化和网络化。物联网的出现是互联网后信息技术的又一重大突破,它将网络从人与人之间的信息交互,扩展到物与物、人与物的信息交互,将大大提高社会信息化水平。在国际社会上,物联网被普遍认为是继计算机、传统互联网与移动互联网之后,世界信息产业发展的新一代集成性代表。

1995年,比尔·盖茨出版《未来之路》一书,提出了Internet of Things的概念,认为未来越来越多的事物会连入网络,进而通过网络进行控制。1998年,美国麻省理工学院(MIT)创造性地提出了当时被称作EPC(产品电子代码)

系统的"物联网"的构想；进而在1999年，该校的凯文·阿什顿（Kevin Ashton）教授最早提出了物联网的概念，他认为"物联网是将所有物品通过射频识别等信息传感设备与互联网相连接起来，从而实现智能化识别与管理的网络"。2003年，美国《技术评论》杂志将传感网看成未来改变人们生活的十大技术之首。恰在同年，《卫报》《科学美国人》《波士顿环球报》等主流媒体开始使用"物联网"的概念，来代替传统传感网的概念进行报道，传感网的概念逐渐被取代。2005年11月17日，在突尼斯举行的信息社会世界峰会上，国际电信联盟发布了《ITU互联网报告2005：物联网》，从官方层面正式给物联网（IoT）授予了一个合法的身份。

（三）物联网与人工智能的关系

物联网是互联网不断发展的产物，是未来的互联网，能为人工智能的发展提供基础设施。

第一，物联网为人工智能的发展提供了基础的物质载体。物联网打破传统互联网物理基础设施和IT基础设施分开的思维方式，将机场、公路、建筑与数据中心、个人电脑、宽带等融为一体，形成钢筋混凝土、电缆与芯片等合而为一的基础设施，这好比是为人工智能发展打造了新的成长土壤。

第二，物联网为人工智能的发展带来了丰富的大数据资源。物联网不但构建了人工智能发展的基础设施环境，而且带来了更为丰富的大数据资源，无处不在的传感器、实时产生的海量数据资源为人工智能的发展提供了"动力"和"燃料"。

第三，物联网拓展了人工智能应用的空间。物联网本身也是由多种功能的技术集合而成，其中许多技术都离不开人工智能的支持，所以其本身的发展也为人工智能发展提供了需求和应用空间。例如，物联网的感知与标识技术，就需要借助传感器、二维码、RFID（射频识别）标识等人工智能技术，实现对外部事物数据的采集和识别，进而借助神经网络分析、深度学习、强化学习等实现对外在事物的管理和服务。

第四，物联网本身具有智能化特性。物联网的网络化、物联化、互联化、自动化和感知化等特性，使其本身呈现出智能化特征。物联网使整个物理空间的物体普遍连接，使人们可以随时随地、不间断地掌握物联网世界中物与人的信息状态，突破了传统互联网条件下人们获取、传播、分析和使用信息的空间限制，赋予人与人、人与物、物与物的沟通和感知的新时空与新形态，使人类拥有了对客观世界更透彻的感知能力、认知能力和处理能力。所以，物联网本身也是人工智能技术发展的成果和体现。

从现实的情况来看，物联网通过信息资源聚合的总体框架结构，促进大数据分析、机器学习等人工智能技术在各类治理领域产生广泛影响。例如，在煤矿物联网系统、电子商务系统、交通定位系统、环境监测系统、温室大棚智能监测系统、林业火警防范系统等不同领域中，人工智能技术被广泛应用。

三、区块链：互联互通汇聚智能

区块链是新科技革命中一项"颠覆性"技术，它正在对政府治理产生着深远影响。首先是科研机构的呐喊：《经济学人》杂志认为区块链将引发互联网上信息治理的革命，高盛集团将区块链列为新科技革命的七大新兴技术之一；麦肯锡认为区块链是"继蒸汽机、电力、信息和互联网科技之后，目前最具有触发第五轮颠覆性科技革命潜能的核心技术"。[①] 其次，各国政府纷纷出台政策，推动区块链技术发展。2016年，英国政府发布《分布式账本技术：超越区块链》报告，将区块链政府建设提高至国家战略。同年，我国国务院发布《"十三五"国家信息化规划》，将区块链技术确定为战略性前沿技术、颠覆性技术。我国工业和信息化部发布《中国区块链技术和应用发展白皮书（2016）》；贵阳市发布《贵阳区块链发展和应用》白皮书。截至目前，美国、澳大利亚、爱沙尼亚、瑞士、新加坡等国已经将区块链应用到投票选举、供应链管理、身份认证、政府管理、税收、数字货币、支付、土地交易、金融监管等诸多领域。

（一）区块链的概念和特征

张成岗将区块链概括成"一串使用密码学方法相关联产生的数据块，是分布式的存储、点对点传输、共识机制、加密算法等计算机技术的新型应用模

---

① 高芳. 美英两国区块链发展现状及对我国的启示 [J]. 情报工程，2017（2）：13-19.

式"①。唐·塔普斯科特②、长铗③、王鹏④等对区块链的概念有类似的理解。不同学者对区块链理解的侧重点不同，但都包含三个核心特点：第一，区块链本质上是一种新的数据库存储形式。如：罗航就认为区块链是一个建立在共识模式基础上的数据库⑤；唐·塔普斯科特也认为"区块链本质上是比现有方案更靠谱的数据库，是一种让关键利益相关者（买家、卖家、托管人、监管者）保持共享及不可删除记录的数据库"⑥。第二，区块链的根本目的，是用"分布式账本"替代第三方担保（所谓的"中心"），建立信任关系。正如霍学文所言，"区块链是在信息不对称的情况下，无须相互担保信任或第三方核发信用证书，采用基于互联网大数据的加密算法创设的节点普遍通过即为成立的节点信任机制。"⑦第三，区块链是不同层面技术的组合。Alfonso等认为区块链至少包含四项核心技术：① P2P（对等网络）网络链接；②透明和分布式账本；③分类账本的同步复制；④分布式矿工核实打码。⑧费尔顿也认为区块链是一串技术的组合，它至少包括：①分布式账本；②去中心的数据存储；③智能合约；④ TCP/IP 模型（互联网模型）里点对点的传输协议。⑨

区块链来源于对信任问题的探索。在信息不对称情况下，理性个体间难以建立信任关系，从而出现"拜占庭将军难题"，使市场上的多方利益受损。信任问题的传统解决方案是第三方担保，即银行、政府、支付宝等被社会广泛信任的"中心化"机构，为信息不对称的两方理性个体做担保，但这种模式却存

---

① 张成岗. 区块链时代：技术发展、社会变革与风险挑战 [J]. 学术前沿，2018（12）：33-43.
② 塔普斯科特 D，塔普斯科特 A. 区块链革命：比特币底层技术如何改变货币、商业和世界 [M]. 北京：中信出版社，2016：9.
③ 长铗，韩锋. 区块链：从数字货币到信用社会 [M]. 北京：中信出版社，2016：9.
④ 王鹏，丁艺. 应用区块链技术促进政府治理模式创新 [J]. 电子政务，2017（4）：58-66.
⑤ 罗航，成欢. 透视区块链技术在经济和金融领域的应用 [J]. 西华大学学报（哲学社会科学版），2018（2）：66-70.
⑥ 塔普斯科特 D，塔普斯科特 A. 区块链革命：比特币底层技术如何改变货币、商业和世界 [M]. 北京：中信出版社，2016：29.
⑦ 塔普斯科特 D，塔普斯科特 A. 区块链革命：比特币底层技术如何改变货币、商业和世界 [M]. 北京：中信出版社，2016：12.
⑧ PANARELLO A, TAPAS N, MERLINO G, et al. Blockchain and IoT integration: a systematic survey[J]. Sensors, 2018, 18（8）：2575.
⑨ 纳拉亚南，贝努，费尔顿，等. 区块链技术驱动金融：数字货币与智能合约技术 [M]. 北京：中信出版社，2016：8.

在天然缺陷。一方面，第三方担保会产生交易成本，尤其在跨国交易、小额支付等情况下，交易成本挤压微薄的利润空间，导致交易无法达成；另一方面，"中心化"的第三方担保者，会无偿占有交易双方信息，这又带来隐私安全问题。为弥补第三方担保的缺陷，2008年，中本聪（Satoshi Nakamoto）提出基于区块链技术来解决互联网上的信任问题。

（二）区块链对人工智能的影响

区块链的主要创新点是解决了传统互联网的两个固有难题，即"数据孤岛"问题和"数据确权"问题，这为人工智能的发展提供了底层的数据存储基础。

1. 区块链打破了制约人工智能发展的"数据孤岛"

1969年，美国国防部建立阿帕网（ARPANET），标志着互联网的诞生。自那时起，"开放、平等、协作、快速、分享"等理念就是互联网追求的目标。然而，基于TCP/IP协议的传统互联网，并不能实现上述目标，反而逐渐走向其反面。原因是TCP/IP协议只能实现电脑之间的互联，而电脑产生的数据，则是由市场主体分别存储在自己的数据库里。在数据日益成为核心资产的情况下，作为理性经济人的市场主体，没有动力将数据分享给他人，导致数据在单位内部不断聚集，而在单位之间却很难流通，形成"数据孤岛"。尤其是具有第三方担保资质的大型互联网企业、政府等组织，在富者越富的"马太效应"下，会聚集海量数据，而广大中小企业或公民个体则占有很少数据。最终，数据集中在少数人手中，大多数人无法获益，互联网走向其初衷的反面。区块链本质上是用"分布式账本"的形式，实现底层数据库之间的互联互通，它会从根本上解决TCP/IP协议难以解决的"数据孤岛"问题，也就推动传统互联网和人工智能发展到新的阶段。

2. 区块链为人工智能解决"数据确权"问题

基于TCP/IP协议的传统互联网，只能实现信息的传播，不能实现信息（或数据）的产权界定。在TCP/IP协议下，信息可以被无限复制，复制后的信息与原来的信息没有任何差异。这虽然方便了信息在不同主体间自由传播，但也使信息（或数据）变成无竞争性、无排他性的公共产品。一方面，这是"数据孤岛"问题产生的根源。因为作为理性经济人的市场主体，只有人为制造信息的排他性和竞争性，如设置密码，甚至独占信息、避免网上传播，才能最大限度保证数据产权归自己所有。另一方面，这导致数据产权错位，也是隐私保护问题产生的根源。个体是数据的产生者，理应拥有自己数据的占有、使用、收益和处置权，但在"中心化"（第三方担保）的 TCP/IP 模式下，银行、维萨（Visa）、支付宝、微信等互联网企业，无偿占有大量数据，而企业逐利化本性与隐私保护公益性目的间存在张力，导致隐私保护问题日益严峻。区块链从技术上解决了"数据确权"问题：①通过竞争机制下的"矿工"，为信息打上"时间戳"，使前后传播的信息间产生异质性；②通过"智能合约"自动实现信息在不同主体间传播时的产权流动；③通过"分布式账本"，即多方主体相互制约、相互监督的形式保证这个过程的实现。

3. 区块链本身离不开人工智能技术支持

智能合约是区块链的又一重要创新，也是人工智能的体现。计算机科学家、加密大师尼克·萨博在 1994 年发表的《智能合约》论文是智能合约的开山之作。尼克·萨博认为，智能合约本质上是在人、机器和财产之间形成关系的一种公认工具，是一种形成关系和达成共识的协定。简言之，智能合约是一套以数字形式定义的承诺，承诺控制着数字资产，包含了合约参与者约定的权利和义务，并由计算机系统自动执行。与传统合约（如法律合约）相比，智能合约具有客观、成本低、自动判断触发条件等优点，却仅仅应用于自动售货机等少数情景，原因是缺乏支持可编程合约的数字系统的技术。区块链分布式技术解决了该问题，去中心化、不可篡改、过程透明性、可追踪等优点天然适合于智能合约。可以说，区块链的分布式技术使智能合约的应用发扬光大；同样，也可以说智能合约成为区块链的核心特征之一。

四、大数据：数据驱动智能

2008 年 9 月 4 日，《自然》（*Nature*）刊登了一个名为"big data"的专辑，首次提出大数据（big data）概念，该专辑对如何研究 PB 级容量的大数据流，以及目前正在制定的、用以最为充分地利用海量数据的最新策略进行了探讨。2011 年 5 月，EMC（易安信，全球最大的外置存储硬盘供应商）举办了主题为"云计算相遇大数据"的大会。紧随其后，IBM、麦肯锡等众多国外机构发布了"大数据"的相关研究报告。2011年6月,麦肯锡全球研究所发布研究报告——《大数据的下一个前沿:创新、竞争和生产力》,首次提出"大数据时代"来临。此后,联合国、世界经济论坛也纷纷关注信息时代海量数据给社会经济发展所带来的冲击。2012年5月,联合国"全球脉冲"(Global Pulse)发布《大数据开发:机遇与挑战》(Big Data for Development: Challenges & Opportunities)报告,阐述了大数据带来的机遇、主要挑战和大数据应用。2011年、2012年达沃斯世界经济论坛将大数据作为专题讨论的主题之一,发布了《大数据、大影响:国际发展新的可能性》(Big Data, Big Impact: New Possibilities for International Development)等系列报告。

我国政府高度重视大数据的发展。2012年,中国科学院院长白春礼院士呼吁我国应制定国家大数据战略。同年3月,科技部发布《"十二五"国家科技计划信息技术领域2013年度备选项目征集指南》,其中的"先进计算"板块已明确提出发展"面向大数据的先进存储结构及关键技术"。同时,国家"973计划"、"863计划"、国家自然科学基金等也分别设立了针对大数据的研究计划和专项。各地政府也高度重视大数据在经济、社会发展中的重要作用。2013年,上海市提出了《上海推进大数据研究与发展三年行动计划》,重庆市提出了《重庆市人民政府关于印发重庆市大数据行动计划的通知》。2014年,广东省成立大数据管理局负责研究拟定并组织实施大数据战略、规划和政策措施,引导和推动大数据研究和应用工作。贵州、河南和承德等省市也都推出了各自的大数据发展规划。经历近10年的发展,大数据已经在我国数字经济、数字政府、数字社会等不同领域产生重要影响,并初步形成数字生态的治理格局。

(一)大数据的概念及特征

对于什么是大数据,目前业界并没有公认的说法。Dumbill采用IBM公司的观点,认为大数据具有"3V"特点,即规模性(volume)、多样性(variety)、实时性(velocity)。以IDC(互联网数据中心)为代表的业界认为大数据具备"4V"特点,即在3V的基础上增加价值性(value)。NetApp公司认为大数据应包括A、B、C三大要素,即分析(analytic)、带宽(bandwidth)和内容(content)。所谓分析,指通过对大数据进行实时分析产生新的业务模式,帮助用户获得洞见，从而更好地为客户服务。所谓带宽，指快速有效地传播、消化和处理海量数据；所谓内容，它既包括结构化、半结构化数据与非结构化数据，又包括对数据的存储、传输、恢复、备份、复制与安全管理等不同工作，还包括对数据分析、挖掘、运算和使用等不同方面。正如 Gartner 所言，大数据需要新的处理模式才能具有更强的决策力、洞察发现力和流程优化能力，满足对海量、高增长和多样化信息资产的分析需求。

2010年，Apache 和 Hadoop 等组织将大数据定义为"普通的计算机软件无法在可接受的时间范围内捕捉、管理、处理的规模庞大的数据集"。在此基础上，2015年，全球著名咨询机构麦肯锡公司认为，"大数据是无法在一定时间内，用传统的数据软件工具对其内容进行采集、存储、管理和分析的数据集合"，其原因是大数据有两方面的基本特征：①符合大数据标准的范围，随时间推移、技术进步而不断扩大；②不同类别大数据间的标准存在差异。

大数据包括如下特征：①海量化数据，即数据体量巨大且规模完整，随着数据处理技术的提高、网络宽带数量的成倍增加、社交网络技术的迅速发展等，数据的产生量和存储量成倍增加，数据规模从 TB 级别跃升至 PB 级别。②多样化数据，即随着物联网、社交网络、智能终端等的普及应用，网络日志、视频、图片等多样化的数据类型不断累积。③高速化处理，数据流的处理速度不断增快，尤其是数据规模的无限扩张，既为数据高速化处理提出更高要求，也为其发展带来了新机遇。④低密度价值。大数据的规模大并不意味着价值高，相反，其往往呈现出不确定性和多样性。2014年，IBM 发表了《践行大数据承诺：大数据项目的实施应用》白皮书，认为大数据除了上述四个特征外，还具有数据流间的关联性、数据易变性、数据精确化、数据有效性等不同特征。

（二）大数据对人工智能发展的影响

第一，大数据数量的累积为人工智能的发展提供了基本的原料和素材。从人工智能的发展来看，数据的爆炸功不可没，海量的训练数据是人工智能发展的重要燃料，数据的规模和丰富度对算法训练尤为重要。如果把人工智能看成一个婴儿，那么某一领域专业、深度、海量的数据就是喂养这个婴儿的奶粉。奶粉的数量决定了婴儿能否长大，而奶粉的质量则决定了婴儿的智力发育水平。

第二，不同类型的大数据为不同领域人工智能的发展提供了新的需求和创新可能。随着数据的数量和质量不断发展，数据包含的信息量越来越大，维度越来越多，从简单的文本、图像和声音数据，到动作、姿态、轨迹等人类行为数据，再到地理位置、天气等环境数据。数据规模越来越大，数据形式越来越丰富。这促使不同类型的人工智能技术不断丰富，如针对视频数据发展出了计算机视觉技术、针对音频数据发展出了计算机听觉技术、针对网络文本数据发展出了自然语言处理技术等。

第三，大数据带来了人工智能方法论革命。伴随着信息技术和互联网的飞速发展，尤其是 Web 2.0 时代网络数据和社交数据的空前膨胀，传统的数据存储、管理和分析能力已经难以顺应新信息时代的客观要求。2009 年，由英国 e-Science 计划前首席科学家 Tony Hey 等编著的《第四范式：数据密集型科学发现》（*The Fourth Paradigm: Data-Intensive Scientific Discovery*）一书正式出版。按照他们的论证，人类社会的科学发展先后经历了四种"范式"：几千年前的科学以记录和描述自然现象为主，可称为"实验科学"即第一范式；文艺复兴之后，科学家们开始利用模型归纳总结过去记录的现象，发展出"理论科学"即第二范式；过去数十年间，计算机的出现催生了"计算科学"即第三范式，可以对复杂现象进行模拟仿真，推演出越来越多复杂的现象；而在今天以及未来，科学的发展趋势是，随着数据量的高速增长，计算机将不仅能做模拟仿真，还能快速处理海量数据，通过分析、总结、归纳得到理论发现，这就是"数据密集型科学"，即第四范式。①

五、机器学习：算法赋能智慧

机器学习是人工智能发展的数理逻辑层面，它为人工智能的发展提供了基本的算法模型和数理逻辑根基。本节首先对机器学习的来源和演化路径进行了

---

① 孟天广，郭凤林. 大数据政治学：新信息时代的政治现象及其探析路径 [J]. 国外理论动态，2015（1）：46-56.

梳理，对神经网络算法和浅层学习算法的内存逻辑进行了介绍。在此基础上，本书对机器学习的概念进行界定，并对其不同类型进行简要介绍。

（一）机器学习的两条演化路径

17世纪中期，莱布尼茨、霍布斯和笛卡尔等数学家，就提出了形式符号系统假说，这为机器学习打下了数理基础。19世纪初，查尔斯·巴贝奇设计了第一台机械式可编程计算机，也就是所谓的"分析机"，这成为机器学习发展的最初形式。20世纪初，乔治·布尔在思维规律方面的研究，弗雷格在概念文字方面的研究，波特兰·罗素与怀特海在数学原理方面的研究，带来人类思维和语言文字在数理逻辑表达上的重大突破，使机器学习呼之欲出。1936年，图灵发表了一篇论文《论数字计算在决断难题中的应用》，提出将人们数学运算的过程进行抽象，并交给一个机器进行运算的思想，这成为1946年第一台通用计算机ENIAC（埃尼阿克）诞生的基础。之后，机器学习逐渐形成了神经网络算法和浅层学习算法两种不同类型。

1. 神经网络算法

20世纪40年代，McCulloch和Pitts发表了《神经活动中内在思想的逻辑演算》，被认为是神经网络研究的第一篇论文。同期，神经心理学家Hebb在《行为的组织》一书中提出了"Hebb规则"的学习机制。1958年，Rosenblatt在计算机上模拟实现了一种叫作"感知机"（perception）的模型，该模型可以完成一些简单的视觉处理任务，这后来成为神经网络的雏形，也成为支持向量机的基础，为最终实现快速有效的分类奠定了基础。1969年，Minsky等人论证了感知机在解决XOR（异或）问题上的能力有限，这一缺陷浇灭了人们对神经网络的热情，此后10年，神经网络研究进入"冷静时期"。1974年，Werbos证明了在神经网络中多加一层，并且利用"向后传播"（back-propagation, BP）算法可以有效解决XOR问题，但因当时处于神经网络研究的低潮期，这一成果没有受到足够关注。

1982年和1984年，物理学家Hopfield分别发表两篇有关神经网络的论文，提出了一种新的神经网络，引起巨大反响。该神经网络可以有效解决一大类模式识别的问题，还可以给出一类组合优化问题的近似解。1985年，Rumelhart、Hinton等许多网络学者成功实现了使用"向后传播"算法来训练神经网络，并且在很长一段时间内作为神经网络分析的专用算法。1995年，Yann Le Cun等人受生物视觉模型的启发，改进了卷积神经网络（convolutional neural network, CNN），这个网络模拟了视觉皮层中的细胞，其中有小部分细胞对特定部分的视觉区域敏感，个体神经细胞在特定方向的边缘存在时才能作出反应，以类似的方式能够执行图片分类任务（通过寻找低层次的简单特征，如边缘和曲线等，进而运用一系列的卷积层建立更为抽象的概念）。2001年，Hochreiter等人发现使用BP算法时，在神经网络单元饱和之后会发生梯度损失，即模型训练超过一定迭代次数后容易产生过度拟合，就是训练集和测试集数据分布不一致。也就是说，机器非常复杂地记住了每个具体的情景，但是却没有抽象出通用的规则。神经网络再次陷入低潮。

2006年，Hinton和他的学生在Science杂志上发表了一篇论文，掀起了深度学习的浪潮。深度学习可以发现大数据中的复杂结构，因此大大提升了神经网络的效果。Hinton的思想包括两个方面：一是多层次的人工神经网络具有优秀的特征学习能力；二是"梯度消失"的问题可以通过使用无监督的机器学习算法逐层预训练，再使用反向传播算法调优解决。

2. 浅层学习算法

1984年，Breiman和Friedman提出决策树算法，作为一个预测模型，该算法代表的是对象属相和对象值之间的一种映射关系。1986年，基于符号主义的决策树由昆兰提出。1995年，Vapnik和Cortes提出支持向量机（support vector machine, SVM），用一个分类超平面将样本分开，从而达到分类效果。这种监督学习的方法，可以广泛地应用于统计分类和回归分析。1997年，Freund和Schapire提出了另一个坚实的机器学习模型AdaBoost，该算法的特点在于组合弱分类器，形成强分类器，目前已经在脸部识别和监测方法方面得到广泛运用。2001年，Breiman提出"随机森林"的概念，试图将多个决策树组合成随机森林，从而实现学习过程加快和准确度的提高。在此方法的影响下，SVM在许多之前由神经网络占据的任务中获得了更好的效果，神经网络已经无力和SVM竞争。深度神经网络因其需要大量训练成本、调参复杂度高等问题而备受诟病，而SVM因其简单性而占据了一席之地，在文本处理、图像梳理、网页搜索、金融征信等领域被广泛应用。

（二）机器学习的概念和类型

机器学习，是指利用算法使计算机能够像人一样从数据中挖掘出信息。机器学习的典型类型可以分为四类。

第一类是有监督学习。有监督的机器学习基于已有的数据标签对数据进行预测，输入的是带有标签的数据——"训练数据"，而输出的也是带有标签的数据结果。有监督学习会基于输入数据建立一个学习过程和预测模型，并将预测结果与"训练数据"中的实际结果进行比对，不断优化模型，从而使模型预测结果达到一定程度的准确率。

第二类是无监督学习。给定数据，机器在数据中挖掘信息，数据在输入时是没有维度标签的历史数据，输出的则是聚类后的数据。由于所使用的输入数据没有被标记，无监督学习让计算机去学习如何对数据进行分析，在数据中自发寻找规律，尤其是数据呈现出的某种聚集性或聚类。这种聚集性不同于有监督学习中的分类，因为聚类并不等同于分类，前者是将相似的事物放在一起，而后者是给事物打上标签。

第三类是深度学习。相比于其他机器学习方法，深度学习使用了更多的参数、模型，因此更加复杂，但也使得机器学习的模型对数据的理解更加深入、智能。传统机器学习是分步骤来进行的，但是每一步的最优解，难以带来结果的最优。同时，传统机器学习采用人工特征抽取的方法，通过人工特征抽取来实现机器学习的线性组合，这是一种费时费力且需要专业知识的方法，计算的精准度却很大程度上依赖于研究者的经验和运气。而深度学习则是从原始特征出发，自动学习高级特征组合，整个过程是"端到端"的，直接保证输出的是最优解，但中间的隐层是一个"黑箱"，研究者往往难以知道机器提取了什么样的特征。

第四类是强化学习。它输入的是历史的状态、动作和对应奖励，要求输出的是当前状态下的最佳动作。与无监督机器学习和有监督机器学习不同的是，强化学习是一个动态的学习过程，没有明确的学习目标，对结果也没有精确的衡量标准。强化学习是一个序列决策问题，就是计算机连续选择一些行为，在没有任何维度标签告诉计算机应该怎么做的情况下，计算机先尝试性地做出一些行为，然后得到一个结果，通过判断这个结果是对还是错，从而对之前的行为进行反馈。许多控制决策类的问题都是强化学习问题，如让无人机实现稳定飞行、通过按键操作在电脑游戏中赢得比分优势等。

思考题：

1. 人工智能有哪些主要的技术和应用场景？
2. 人工智能、物联网、区块链、大数据和机器学习之间存在何种关系？
3. 本章所提及的人工智能技术如何赋能各类治理场景？

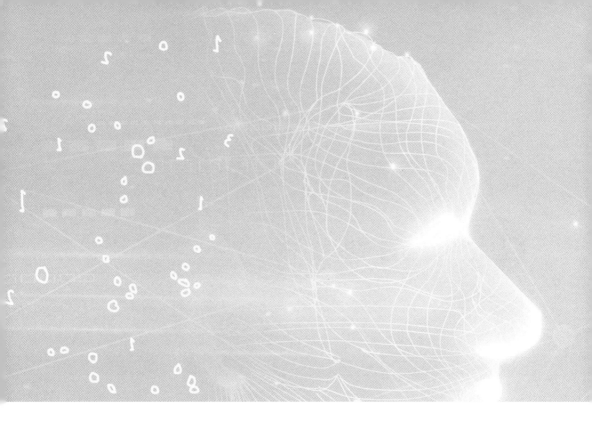

第二部分
智能治理的应用场景

第四章 智能城市

人类社会经历数千年历史,城市作为其中重要的发展载体而得以延续。在人类历史发展的各个阶段,政治、经济、文化和国际交流中心大都集中于城市。21世纪,城市化(亦称城镇化)进一步成为全球经济增长和社会变迁的核心驱动力。尤其是我国的城镇化进程,伴随着全球化、市场化、信息化、网络化以及数字化的交错与重叠,呈现出更为复杂的宏观图景与发展态势。

迅速扩张的人类需求与城市自身承载力之间形成了巨大的张力。交通拥堵、环境污染、老龄化加剧、城市治安问题等一系列"城市病",为城市的可持续发展带来诸多挑战。智能城市(intelligent city),则成为医治"城市病"的一个良方妙药。智能城市是利用人类、集体和技术资本来增强城市群的发展和繁荣的发展模式。[①] 智能城市,旨在运用先进数字技术,全面感知整个城市运行系统中的各主体需求、各要素状况、各层次

---

① ANGELIDOU M. Smart city policies: a spatial approach [J].Cities, 2014, 41: S3-S11.

第四章 智能城市

关系等，及时预测系统内外部环境、机会、威胁与风险，并予以精准回应、准确研判，以形成感知高效化、决策专业化、回应靶向化、数据穿透化的全方位智能城市生态系统。

智能城市的核心是技术与城市治理业务的有机融合，重点是技术、业务和数据三者的整合。[①] 数字技术与城市治理场景的结合，形成了智能交通、智能社区、智能医院、智能教育等诸多智能城市新形态。概言之，智能城市可认为包含两类场域，一是城市侧智能感知，经由互联网、物联网、知识谱图等技术全面感知城市整体运行状态；二是治理侧智能大脑，政府建设"城市大脑"，对城市运行的各领域进行问题诊断、点位预警、风险研判等。在城市智能感知的公共场域中，城市交通最为突出，如何感知并定位交通拥堵，如何能进一步运用智能技术解决交通问题等，是智能城市感知能力和决策水平的重要体现。因此，本章将依循"智能城市之眼：城市感知""智能城市之脑：城市大脑""智能城市之脉：智能交通"的逻辑顺序展开。

一、智能城市之眼：城市感知

随着互联网、大数据、物联网、传感器等的迅速普及与推广应用，各类软件或智能终端设备上所积攒的海量数据经由数字技术工具的处理和分析，可以实现特定时空范围的城市智能感知，亦可称之为"以用户为中心的感知""群智感知"。通过利用移动智能设备中的传感器、社交网络以及个人设备使用行为对参与者周围的物理环境、社会环境或者个人状态进行自主式采集、传输和分析，并作出智能化决策，这对未来实现智慧城市、普适计算以及物联网等重大概念具有重要的意义。[②]

（一）搜索指数感知

搜索引擎是智能感知城市的一个典型工具。搜索引擎利用知识图谱技术，

[①] 李文钊. 双层嵌套治理界面建构：城市治理数字化转型的方向与路径 [J]. 电子政务，2020（7）：31-42.

[②] 于瑞云，王鹏飞，白志宏，等. 参与式感知：以人为中心的智能感知与计算 [J]. 计算机研究与发展，2017，54（3）：457-473.

将用户出于个人偏好、兴趣或需求的信息，在搜索引擎上予以全面呈现，用户花费一定时间、精力和注意力，进行了解和吸收。知识图谱中所包含的知识库及实体间的相互关系越紧密，对某一事物的认知就越全面。因而，用户在搜索引擎上的每一次搜索，都是辅导人工智能进行深度学习的过程。

谷歌、百度等搜索引擎公司每天都会产生海量搜索和定位的请求数据。请求数据通过知识图谱，将代表真实世界的"实体"相互连接形成语义网络。① 对搜索请求所呈现出的语义网络进行分析，则可以形成特定时空范围内的"群智感知"的城市运行全景。互联网、大数据等数字技术在重塑城市居民生活方式的同时，使网络数字痕迹的采集和分析成为可能，将网民海量的搜索行为数据进行汇聚及分析，可以发现人们想什么（what people think about），并反映出特定城市居民在某段时间内对城市治理多元议题的关注程度如何。

中国互联网络信息中心（CNNIC）的统计报告显示，截至 2021 年 6 月，我国搜索引擎用户规模达 7.95 亿，较 2020 年 12 月增长 2 567 万，占网民整体的 78.7%；而百度搜索引擎在其中占据较大市场份额，用户规模达 5.58 亿，占比约 70%。学术界早已发现分析用户搜索行为痕迹数据对智能城市治理的实践价值。有学者对我国 2011—2017 年的 2 亿余条关键词百度指数进行分析发现，从全国层面而言，7 年间，我国公众对文化娱乐类议题关注度最高，财政金融类、司法类议题次之，再次为就业、教育、公共交通等民生类议题。2011—2017 年公共关注的十大议题略有差异（图 4-1）。从地区差异来看，各议题在不同时间段内具有地域分布和程度差异。2011—2017 年北京和广东最为关注各类政策议题。北京市民对公共交通议题关注度居全国之首；广东则对文化娱乐、社会治安、社会保障、经济发展、卫生和住房拆迁等议题更为关注。金融、就业与劳动、企业事务、社会救济、司法等议题于 2011—2012 年在北京的公共关注度最高；新疆对民族事务的关注度除 2012 年外一直处于前五位，在 2017 年则一跃成为全国公共关注度最高的省份。②

---

① SINGHAL A. Introducing the knowledge Graph: things, not strings[EB/OL].（2012-05-16）. https://www.blog.google products/search introducing-knowledge-graph-things-not.
② 孟天广，赵娟. 大数据时代网络搜索行为与公共关注度：基于 2011-2017 年百度指数的动态分析[J]. 学海，2019（3）：41-48.

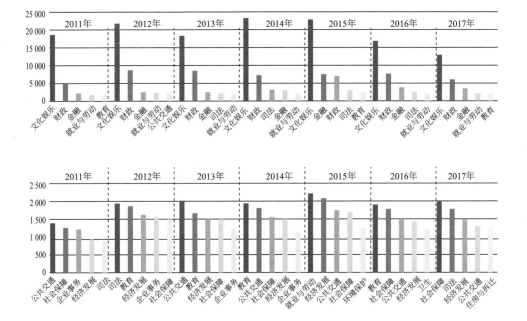

图 4-1　2011—2017 年公共关注度前十议题（基于搜索指数）

资料来源：孟天广，赵娟. 大数据时代网络搜索行为与公共关注度：基于 2011—2017 年百度指数的动态分析 [J]. 学海，2019（3）：41-48.

在城市治理具体领域，运用百度指数亦可对旅游景区游客量、城镇空间结构、城市网络特征、城市互联网影响力、投资者关注度对股市波动的影响等进行感知与预测。当掌握了特定时空范围内反映特定议题的关键词百度指数后，即可感知城市的各类特征，感知"以用户为中心"的城市运行态势，在此基础上，为城市决策者针对特定领域采取针对性政策提供依据。如百度商业智能实验室与新华社合作开发的"幸福城市评价"，则是基于搜索大数据的一个具体应用。

基于搜索大数据的幸福城市评价

从 2018 年起，百度商业智能实验室和新华社《瞭望》周刊社合作研发和持续优化基于大数据与人工智能的幸福城市评价体系。这一评价体系源于 2007 年中国最具幸福感城市调查推选活动，现已连续举办 14 届，全国累计超过 10 亿人次参与调查。2020 年，百度城市幸福感指数设计 "9+X" 框架，依托于百度大脑面向智慧城市建设打造解决方案——百度城市大脑

> 提供核心技术能力，结合搜索大数据、百度地图大数据等百度系产品的大数据能力。
>
> 城市幸福感指数框架 9+X 结构，其中"9"包括居民收入、生活品质、生态环境、医疗健康、生活安全感、城市吸引力、教育、就业、交通等 9 个一级指数，含 100 余个细分指标，力求覆盖居民衣食住行各维度和细分群体。以"生活品质"指数为例，它覆盖了"文体休闲水平""人均绿地占有度"等多个二级指标，每个二级指标进一步细分为更多三级指标。2020 年，这一指数框架新增 X 指数，用于覆盖年度时事热点。如 2020 年的 X 指数是基于"新冠肺炎疫情"事件研发"大数据抗疫指数"。它结合百度地图迁徙大数据、城市出行强度、复工复产指数以及城市居民新冠肺炎疫情关注度、城市人均确诊病例数等多指标综合计算而得，从居民关切、病例传播、复工复产和城市活跃度恢复等角度，建立了基于新冠肺炎疫情的城市幸福感分析指数。
>
> 相对于传统统计方法，百度城市幸福感指数具有科学性、创新性和全面性。科学性体现在：通过统计模型分析证明，百度大数据指数和城市居民主观幸福感具有很强的显著相关性；依托人工智能技术，百度设计的用于衡量幸福感的多种指标别具创新性；而整个指标的计算，依托大数据处理技术，实现了全样本数据计算，处理数据量达到了 PB 级别，力图覆盖每一个细分群体，因此亦具全面性。
>
> ——节选自中国新闻网

（二）数字孪生城市

2019 年暴发的新冠病毒感染疫情，使人们直观感受到了数字化、智能化之于城市治理的重大意义。当物理空间中的一切活动由于疫情而不得不中止时，城市应通过何种方式才能保持正常运行？智能城市通过大数据、区块链、人工智能等数字技术在城市物理空间、社会空间深度渗透与应用，为实现精细化、专业化、精准化的城市治理新形态提供实现路径。然何为数字孪生？数字孪生是在虚拟数字空间中构建与城市物理空间实际运行相同的数字副本。数字孪生城市是实现智能城市的必经阶段，智能城市是数字孪生城市建设应达的目标，即经由数字孪生、数字感知、三维空间交互（物理空间－社会空间－数字空间）和城市运行可视化，从而实现城市治理智能化。

数字孪生城市集成了人工智能、机器学习等技术，将数据、算法和决策分析结合在一起，建立物理对象的虚拟映射，在虚拟模型中实时监控实际物理对象的虚拟映射，在虚拟模型中实时监控实际物理对象的变化，通过对多维数据的复杂处理与异常分析，及时预测潜在风险，以实现针对物理对象的科学、有效、及时的管理与控制。①

数字孪生为数字感知、智能治理提供重要设施、基础能力和实现手段。数字时代的城市治理，首先要将城市物理空间环境、城市运行态势和人类社会生产活动等映射在数字空间中，然后对城市运行问题与风险等进行实时感知和动态评估。在城市决策中枢系统中，通过数字孪生感知来自城市实际运行环境中的多源信息，利用强大的海量数据采集和分析能力，结合城市治理场景和人工智能等技术，进而实现对城市运行规律与问题、民众偏好变化态势及走向、城市政府回应机制及效果等实时地、量化地、可视化地观测。不断积累的城市运行多源数据可以应对各类城市治理风险、提升城市治理有效性。

2018年4月20日，雄安新区在规划之初，便提出建设数字孪生城市。《河北雄安新区规划纲要》指出，"坚持数字城市与现实城市同步规划、同步建设，适度超前布局智能基础设施，推动全域智能化应用服务实时可控，建立健全大数据资产管理体系，打造具有深度学习能力、全球领先的数字城市"，为建设绿色智能新城奠定理念基础。2021年1月5日，深圳市人民政府发布的《深圳市人民政府关于加快智慧城市和数字政府建设的若干意见》明确提出要探索"数字孪生城市"，指出"依托地理信息系统（GIS）、建筑信息模型（BIM）、城市信息模型（CIM）等数字化手段，开展全域高精度三维城市建模，加强国土空间等数据治理，构建可视化城市空间数字平台，链接智慧泛在的城市神经网络，提升城市可感知、可判断、快速反应的能力"。打造数字孪生城市，已成为实现智慧城市的标配。目前，数字孪生在大型工厂的生产制造、智慧园区运营与管理、智能驾驶与道路交通、智能医疗与人体镜像、智能教育与校园传感等多个应用场景的先行先试，已取得突破性进展与初步成效。未来，数字孪

---

① 高志华.基于数字孪生的智慧城市建设发展研究[J].中国信息化，2021（2）：99-100.

生在整个城市治理中的系统应用与价值赋能，须进一步大力助推发展。

（三）数字人感城市

在城市层面，不仅要对城市地上建筑、基础设施，地表交通、能源运行和资源环境，以及地下管道等各类设施等进行数字化映射和感知，而且城市级政府要充分汇聚、融合并利用网络舆情数据、民生服务数据、市场监管数据、社会治安数据、地理信息数据、气象灾害数据、灾难事故数据、司法犯罪数据、热线电话数据等多源数据，实时感知城市运行状态和民情民意动态，建立城市运行风险评估系统和研判机制，精准化、智能化地回应社会诉求，将治理端口前移，回应和化解城市治理风险。①

基于此，从客观与主观的维度，可将智能城市区分为物感城市与人感城市两类。数字孪生城市即为物感城市，其典型特点是依托物体来感知城市运行，以物为中心，通过传感器、摄像头等接收器感知城市的客观世界和物理空间。物感城市主要关心物的位置和物的移动，具有强技术依赖性；然而，传感器、摄像头等接收器无法对数据进行处理，需要依托智能城市运营中心的城市大脑开发大量的算法来处理所收集的诸多数据信号，运营成本相对较高。同时，物感城市通常采取中心化结构建立数字孪生平台来运行城市大脑或进行智能城市建设。

物感城市仅仅感知城市的物理空间，无法理解市民的主观世界，无法得知市民的偏好、诉求、价值，并感知市民的获得感、安全感、幸福感。而人感城市则落实"以人民为中心"的理念，强调市民参与，通过感知市民的主观世界、社会空间，帮助政府进一步理解城市的复杂性，发现城市治理的难点、痛点、堵点，进而评估城市的治理效果。在人感城市的运行过程中，市民为城市提供数据、资料与资源，每个人可作为一个传感器，每一条诉求表达渠道（如政务热线、领导留言板、政务App）则是神经元。人感城市的运行成本极低，通过成本社会化的方式，市民个人自主自愿共享、贡献智慧。与此同时，人感城市采取扁平化结构，利用基层政府的敏捷性，可以更好地理解城市空间、解决城市问题。

物感城市与人感城市的运行体系有所差异。物感城市数据来源较多，如交

---

① 赵娟，孟天广.数字政府的纵向治理逻辑：分层体系与协同治理[J].学海，2021（2）：90-99.

通、环境、垃圾分类等监测均属于物感城市运行范畴。以 12345 市民热线数据为代表的城市治理,则反映的是以人感城市为内核的建设路径。如北京市的"接诉即办"、浙江省和江苏省的"市长直通车"、广东省的"粤省心"等创新改革与应用。人感城市治理中的议程设置、任务优先性和得失成败等,均以"民诉""民情""民意"为依归。人感城市治理也充分利用市民反馈的人感数据来识别社会空间中人群行为运行规律与变化趋势,以及主观空间中人群诉求分布与情感取向,并根据数据分析结果进行精准回应、靶向治理。

人感城市可分成两类:一是人的情绪感知,二是人的行为感知。后者在物感城市运行的技术空间中也可监测到,但仅凭技术手段难以理解行为背后的意义,需要在人感城市运行的社会空间中予以全面感知、系统诠释并有效运用。智能城市建设应该走向"物感城市 + 人感城市"的发展路径,既理解城市的客观世界存在与物理空间运行,也理解市民的主观社会变化和社会空间发展,将二者结合才能更好地理解城市社会空间、城市复杂性,并提供城市复杂系统的有效解决方案。

二、智能城市之脑:城市大脑

城市各领域、各层级治理智能化的过程,是城市管理者提升决策质量和执行能力的过程。智能化时代,城市治理通过人工智能"大脑"来进行跨领域、跨层级、跨系统的整体协同、统筹规划,可有效整合政府内部纵横数据及资源,以及政府外部先进技术和能力,高效应对城市治理多元领域可能出现的复杂状况。人工智能"大脑"的迭代发展,承载着现有社会文明发展的所有记忆,体现着人类文明的进化潜力与演变进程。作为全球人工智能领域排头兵的软硬一体 AI(人工智能)大生产平台,百度大脑的听觉、视觉、自然语言处理、知识图谱等 AI 技术国际领先,且在城市大脑场景中得以深度应用。

(一)智能大脑:城市的智能引擎

智能大脑的核心 AI 技术及其应用主要体现在以下五个方面:一是听觉技术,将声音与文字信息进行相互转换,主要包括语音识别、语音合成、语音唤醒三大能力。二是视觉技术,智能大脑视觉处理技术可智能识别图像类别、内容和含义,输出视频内容分析、封面选取、对比检索、内容审核等。三是自然语言处理,可让计算机处理并生成人类语言,使其具备人类的思考和理解能力,可进行情感倾向分析、评论观点抽取等语言处理、智能写作、文本审核、机器翻译等。四是知识图谱,搜索引擎、信息流、电子地图和对话式人工智能操作系统已大规模应用于基于事实的知识图谱。五是深度学习。百度早在 2012 年即上线了语音识别和图像识别能力,2016 年,自主研发、功能完备的飞桨 PaddlePaddle 深度学习平台对外开放,四大领先技术——便捷的深度学习框架、超大规模模型训练、高性能推理引擎、产业级开源模型库,使不同层次的深度学习开发者需求得以满足,具备支持工业级应用的强大能力。智能大脑核心 AI 技术示意图如图 4-2 所示。

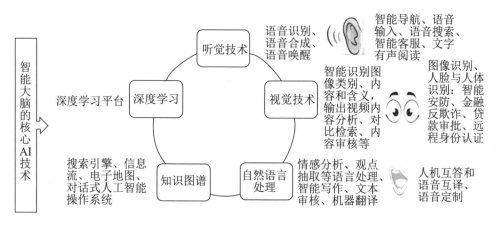

图 4-2　智能大脑核心 AI 技术示意图

听觉、视觉和语言是公众对智能大脑应用最为熟悉的场域。

大脑的"听",主要体现为语音识别。当前语音识别准确率已达 98%,应用场景较为广泛,可用于智能导航、语音输入、语音搜索、智能客服、文字有声阅读等场景。如当前各城市均开设了 12345 政务服务热线,通过接线员人工接听与记录民众诉求。将"大脑"应用于政务热线领域,可实时记录民众诉求,显示在电脑屏幕上。与此同时,在知识库、案例库中搜索,即可让接线员给予最合理的回复。其间,只需让大脑不断学习即可。

大脑的"说",主要体现在人机互答和语音翻译方面。运用声学模型、语言模型和语音资料库,智能大脑可学习如何进行人机交互,可模仿具有特定特征的人类声音，只要学习录制 9 句语音即可实现语音定制。此外，基于神经网络翻译模型技术，大脑已学习积累了 28 种语言互译，满足方言、民族地区的应用场景。

大脑的"看"，包括图像识别、人脸与人体识别、视频技术、AR（增强现实）与 VR（虚拟现实）等多场景方案。如当前在智能安防、金融反欺诈、贷款审批、远程身份认证、智能交通等场景具有有效作用，尤其对城市的公共安全治理大有裨益。对重点人物的脸进行识别后上传至系统特定关注区域，当该人脸出现后，大脑即产生预警，将信息同步至辖区公安部门，大大提升犯罪追踪中的警力配置效率和效果。

百度大脑是全球首家将 GPU 芯片大规模用于人工智能和深度学习领域，并规模化商用 ARM（Acorn RISC Machine）服务器的公司。其打造了全球最大规模的 GPU 和 FPGA 混合异构计算集合，数十万台服务器合为一体构成了百度大脑的实体。基于超强的大脑计算能力，百度搜索 10 余年积累的全网 Web 数据、搜索数据，以及百亿级数量的图像、视频、定位数据的处理分析、深度学习和认知思维能力，构成了世界上最大规模的模拟人脑工作的深度神经网络。

百度于 2010 年开始人工智能布局，"百度大脑"于 2014 年首次被外界所知，2016 年乌镇世界互联网大会予以正式推出。彼时，百度大脑已经过 2 年沉淀，确定核心技术方向，并与超过 3 万家企业展开合作。如今，百度大脑已依托其 AI 技术多年积累的集成实践发展至 7.0 阶段。2021 年 8 月举办的百度世界大会介绍，百度大脑 7.0 具备"融合创新"和"降低门槛"两大显著特点。融合创新主要体现在"知识与深度学习融合创新、跨模态多技术融合创新、技术与场景融合创新、软硬一体融合创新"四个方面，"融合创新"使 AI 能力越来越强，亦愈加复杂；"降低门槛"主要是通过百度大脑的核心基座——深度学习平台飞桨，让开发者更容易获得 AI 能力。飞桨平台是百度自主研发，国内最早开源开放、功能丰富的产业级深度学习平台。总之，百度大脑迭代发展的过程，可理解为婴童社会化的过程，在人机交互进程中听觉、视觉等技能迅速进化，核心技术愈益增强。百度大脑进化阶段如图 4-3 所示。

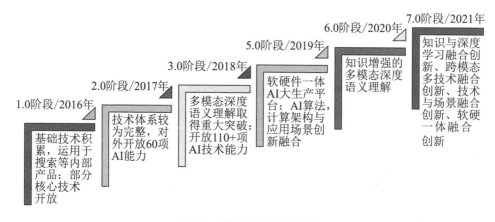

图 4-3　百度大脑进化阶段

（二）城市大脑：城市的操作系统

城市治理涉及民生服务、经济治理、政府监管等众多领域，各领域产生的海量数据成为感知城市运行现状和风险的风向标。自 2016 年开始，以浙江杭州为代表的"城市大脑"的开发，开启了我国智能城市建设的新征程，人工智能技术应用于城市建设的"智能化""社会化""专业化"水平和成效得以凸显。

城市大脑以数据要素为核心，以城市治理的业务需求为应用牵引，以新型基础设施（以下简称"新基建"）和数字技术为驱动，为城市运行痛点、难点、堵点的现代化治理提供了集聚化、一体化、智能化解决方案。城市大脑将散落在各层级、各系统、各领域中的智能场景应用在整体上予以协同，可谓智能城市整体实现的关键路径。

城市大脑是城市渐进发展进程中的技术集成创新成果和数字基础设施，是城市治理实现智能化、整体化的新工具、新路径、新平台及新手段。城市大脑正在重新定义着城市治理的新模式。它具有类人脑的整体性、有机性、系统性、逻辑性、进化性和智能性特征，通过嵌入智能大脑的核心技术，结合大数据、物联网、人工智能等对城市治理各细分领域的"看"和"听"，经由思维分析以"说"的形式将结果予以输出和反馈，在城市运行过程中发挥着中枢性和协调性作用。一方面，城市大脑可以对传统城市治理手段形成有效补充，为政府在城市治理中的决策提供智能辅助作用；另一方面，当城市大脑的技术底座、数据融合、数字人才等条件较为成熟时，城市大脑或可代替人类主体进行更加科学、高效和快速的决策，从而为真正实现智能城市治理提供重要支撑。

城市由人、物及其双向交互场景与关系所构成。城市居民、企业及政府主体在城市中协同共生，各主体间的互动行为所产生的多源异构数据，可通过在数字空间分析和感知不同业务领域的治理状态，以及不同主体的行为方向，指导城市层级政府精确研判、统一调度、协同指挥，实现公共资源的高效调配和城市事件的精准处置。

城市大脑通常以地级市平台为主要建设层级，上联省级大数据平台，下通区县业务系统，在上下互通的整体协同中，推动城市治理、产业发展和改革创新的高水平互动。城市大脑的建设应由多元主体共建、共治、共享，统筹政府各部门、科技和公共服务企业以及社会资本等各方力量统一参与设计、实施与运营。

2020年出台的《杭州城市大脑赋能城市治理促进条例》对城市大脑的内部结构进行了界定。作为链接数字空间与物理空间的承载，城市大脑由中枢、系统与平台、数字驾驶舱与应用场景等构成。中枢是城市大脑赋能城市治理的核心系统，各系统与平台数据通过中枢协同机制互联互通，实现业务协同、数据协同、政企协同，提升城市运行协同能力；系统与平台是对接中枢实现数据线上线下双向融合的数字系统；数字驾驶舱是通过中枢数据协同后形成的智能化、精细化、可视化的数字界面；应用场景是依托中枢，通过线上业务连接和数据协同计算，实现流程简化、优化的综合系统。

城市大脑建设应聚焦城市治理领域中的痛点、难点和堵点，以权责明晰、协同作战的共同治理新途径，发挥"大脑"的协同智能作用，促进部门共建和壁垒消弭，使数据共享形成联动，为切实解决城市治理难题、提升城市治理质量、提高公共服务水平提供智能化解决方案。如北京市海淀城市大脑，立足中关村科学城，发挥其科技企业集聚、技术基础雄厚、人工智能产业链完善的资源优势，打造与全国科创中心核心区相匹配的智能治理模式，成为探索应用新技术、提升城市治理与服务水平的标杆。自2013年启动智慧海淀建设以来，其智慧城市整体水平在全国居于领先地位。2017年后建立以信息流为核心的"大城管"机制，积累了机制创新和技术应用结合的创新路径与经验。

海淀城市大脑

海淀城市大脑以需求为牵引、业务为驱动、信息流为主线,以"三融五跨"为核心方法论,创造并开放城市级场景,在场景中将需求、业务、数据、技术和创新合伙人予以整合,聚焦城市治理领域,以遍布海淀全域的城市感知网络为硬件基础,以城市大数据为核心资源,以物联网、云计算、大数据、人工智能等新一代信息技术应用为支撑,实时对城市治理过程进行全域感知互联与分析响应。通过"组织+规划+项目+创新+场景"五要素联动,初步探索出了数据打通融合、场景开放创新的新路子,形成了城市大脑的"海淀模式"。海淀城市大脑整体框架如图4-4所示。

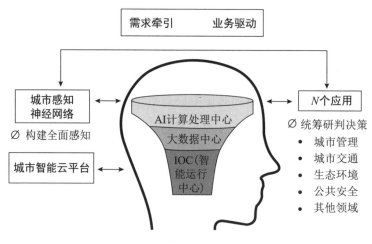

图4-4 海淀城市大脑整体框架

在组织上,成立由业务部门牵头的专门机构。政府侧组建城市大脑专班办公室,在全区高度集聚共享、集约高效,统筹论证需求和建设方式,从业务痛点、难点出发,协同业务需求。企业侧组建区属国有企业控股的建设运营平台公司,股东有百度、联通等龙头企业,在政府主导下发挥企业能动性;组建科技产业联盟,吸纳80多家高科技企业,促进产业转化;组建高端智库和执行单元"城市大脑研究中心",为城市大脑建设提供全方位支撑。

在规划上，海淀城市大脑搭建"1+1+2+N"总体框架——1张城市感知神经网络、1个城市智能云平台、2个中心（大数据中心、AI计算中心）、N个业务场景应用，目前已应用于城市管理、城市交通、公共安全、生态环境等领域。城市智能运营指挥中心（IOCC）也已上线运营，将陆续衍生至产业发展、民生普惠等领域。

在项目上，建立立项审批、并联评审、统招分签机制。按需求牵引、业务驱动、场景封装、动态演进模式，实行"统筹建设、管运协同、纵横联动、权责清晰"的管理机制。项目贯彻"五统一"模式，统一"设计、建设、监理、验收、运维"。业务部门提出业务需求，城市大脑研究中心对业务单位、专班提供服务保障支撑，"四轮驱动"协同组织，吸纳辖区高科技企业和专业机构作为创新合伙人，调研分析业务需求、论证封装；大脑专班组织审议，形成项目立项建议书，报区政府立项审批后组织初设，在专班平台上进行技评、财评，组织项目统招分签后，各业务需求单位作为主责单位负责具体建设实施。

在创新上，海淀创新并做实"合伙人"机制，多元主体共建、共治、共享。共建方面，强化城市大脑建设的组织领导，以城市大脑"一个大局、一张蓝图、一盘棋"思想，全面统筹牵动政府部门、科技企业、公服企业、电信运营商和社会资本多方共建，以业务应用需求为引领，统一设计、实施、运营。共治方面，先期聚焦城市治理领域，从解决"大城市病"入手，走出政企合作"合伙人"新路子，充分发挥"大城管"作用，推动政府、科技企业、公服企业"握手"，开辟权责明晰、协同作战的共治新途径。共享方面，打破部门壁垒，形成管理力量联动、科技手段共用、数据资源共享局面，提升环境质量、服务水平、科技品质和人文特色，切实解决城市治理难题，逐步解决城市发展不充分、不均衡问题。

在场景上，坚持"场景、业务、技术、数据"融合，建立场景开放建设机制。业务场景应用驱动是海淀城市大脑最大特点，非传统智慧城市和信息化系统建设的技术产品驱动。如"渣土车治理"场景，集结7个政府部门、14家高科技企业，打破渣土车治理业务、流程、数据、系统的烟囱壁垒，初步实现渣土车违法行为"看得清、逮得着、罚得了、管得住"。

> 用新场景助力产业化转化方面，芯视界（北京）科技有限公司量子点光谱传感芯片技术走出实验室，在南沙河布设29套"零接触式"监测点位，成为海淀水体环保监测创新示范，并在全市推广应用。
>
> ——节选自"海淀城市大脑专班办公室"提供材料

三、智能城市之脉：智能交通

交通是国民经济的基础性、先导性行业，是城市运行中的一个重要垂直应用场景。随着城镇化进程的加速，城市人口规模愈加庞大，交通问题是每个大城市所规避不了的难题。限行交通灯和停车标志控制车流等方式，无法根据实际交通流量动态实时地调整间隔时间、调节交通拥堵情况。[①] 可以说，城市交通是实现智能城市须首要解决的问题。智能交通所体现的人工智能场景应用先行经验，为改善整个城市的智能生态提供了样本。各地政府对智能交通领域给予了极大关注与投资。百度地图联合多家权威机构发布的《2020年度中国城市交通报告》显示，从投资千万级项目来看，2020年城市智能交通市场投资规模同比增幅23%。[②] 智能交通管理和自动驾驶[③]，将为未来的城市交通铺就智能之路。

（一）智能交通管理

智能交通管理依托城市大脑数据及技术能力支持，为交通指挥类平台、交通信号控制、电子警察、卡口、交通信息采集与发布等提供了智能化感知和预测手段。《2022年度中国城市交通报告》显示，2022年度全国百城交通拥堵排名前五位城市为重庆、北京、上海、杭州、长春。[②] 早晚高峰期，这5个城市通勤实际速度仅为24～26 km/h。因而，缓解交通拥堵，成为智能交通管

[①] 梁晓崚.车路协同：智能交通领域的升维谋划[J].人民论坛·学术前沿，2021（4）：56-65.
[②] 百度地图《2022年度中国城市交通报告》[EB/OL].[2022-07-03]. http://jiaotong.baidu.com/cms/reports/traffic/2022/百度地图《2020年度中国城市交通报告》.pdf.
[③] 自动驾驶有异于辅助驾驶，二者对驾驶员的要求与响应规范具有显著差异。当前商用辅助驾驶车辆为L2级别，要求驾驶员随时保持可介入驾驶的状态；而自动驾驶为L3级别，除可实现辅助驾驶的所有基本功能外，还可允许驾驶员从交通情况和控制车辆中解放注意力去做其他事情。

理最为迫切的需求。2021年8月18日的"AI这时代 星辰大海——百度世界2021"大会上，百度展示了其AI智能信控系统在河北保定的显著落地成效。百度在保定84个路口部署了AI智能信控系统，形成的一条条"绿波带"，使车辆行程时间平均缩短约20%。目前，百度ACE智能交通引擎正在深耕智能网联、智慧交管、智慧高速、智慧停车多条赛道，相关成果已在北京、广州、上海、重庆等30多个城市落地。

此外，通过城市大脑整合各类交通监测数据，可实时分析区域交通流数据、及时掌握交通动态、精准感知交通事件、准确分析交通事故原因、及时调整交通运行状态、降低交通拥堵率、提高城市通行效率。基于城市大脑的基础数据，将全市的停车场信息全部接入大脑后，可实现全市停车场的智能管理，如开放时间、车辆收费信息等，车辆行驶至特定区域附近，即可通过服务系统查询到有余位的停车场，并获得可用推荐。通过摄像头识别车牌号码，并接入系统后开始计费，当车辆驶离后，系统自动停止计费，并经系统将所产生的费用推送给车主。

交通违法的现场执法亦可经由智能管理而变得更为高效。智能交通的实施，为交通违法行为态势监测、违法预警、违法行为和区域分析的实时化和精准化与智能化提供实现手段，可推动交通管理从现场执法为主到非现场执法为主的转变。如北京市海淀支队交通违法的非现场执法比例达86%，处于全国领先地位；非现场的违法停车抓拍数，连续两年占北京市总量的50%以上[①]，显著提高了汽车套牌查处等的工作效率。

成都智慧交通体系

成都市交通运行协调中心（TOCC）建立交通运行决策数字化、管理精准化、公众出行智慧化的交通治理体系，城市交通实现精细化运营，交通效率、满意度大获提升。成都市TOCC是国内首家采用阿里云数据中台作为大数据底座的交通运行协调中心，成都TOCC与阿里云共同设计、筹建了一个庞大、深入、宽广、高效的智慧赋能交通体系，运用人工智能、大数据等前沿新技术，完成运行监测、应急协同、辅助决策、信息发布四

---

① 数据来源于海淀城市大脑专班于2021年5月提供的材料《关于推广海淀（中关村科学城）城市大脑建设做法与经验的情况报告》。

大板块功能，推动交通运输治理体系和治理能力数字化，解决"大城市病"的交通问题，改变交通运输行业的整体面貌，铸就"道路安全畅通、运输衔接高效、出行便捷舒适"的成都大交通新格局。

成都 TOCC 共分三期建设：一期工程于 2019 年 4 月开工，主要完成"一中心两平台"总体建构搭建。1 个数据中心，负责全市交通海量大数据的采集、存储、清洗加工和共享交换，采用阿里飞天云平台作为大数据底座，配置服务器 131 台，网络设备 29 台，存储能力达 1 350T。1 个支撑平台，包括 290 平方米的监控指挥中心、24 条专用网络链路。1 个应用平台，设计了 19 类 69 项交通运行监测功能，6 项预警预测功能，2 个应急协同试点和 5 类 35 项辅助决策指标分析。截至 2020 年底，成都 TOCC 已完成数据中心和支撑平台建设，并完成地面公交、出租、轨道、长途客运监测等应用功能开发，基本实现成都交通行业已有数据全接入，涵盖航空、公路、客货运输、轨道、公交、出租、网约车、共享单车、交管等 14 大类，累计接入结构化数据 700 亿条，视频图像 9.01 万路，日均新增 GPS（全球定位系统）数据 2.76 亿条、订单数据 1 200 万条。成都 TOCC 一期一次性接入交通数据的深度、广度、规模在国内同类平台中遥遥领先。成都市交通运行协调中心如图 4-5 所示。

图 4-5　成都市交通运行协调中心

成都东站是成都客流量最大的客运站之一，也是全面数字化的"智慧车站"。通过成都市 TOCC，可动态查看成都东站铁路、公路、地铁、公交、出租汽车等交通方式的各类信息，并以全息3D形式实时显示东站周边各类交通工具定位；可直观了解东站地铁、公交线路等公共交通在四环内的通达辐射率，也可融合剖析公交、巡游出租汽车、网约车等出行分担率，并清晰显示出站乘客的市域内目的地及来源地。此外，成都市TOCC能够以视频分析引擎为技术底座，自动计算每分钟内东西广场客流走向及出租汽车供需情况。

成都双流国际机场出租汽车投诉率以前居高不下，依靠传统的人盯人、人盯车执法模式，较难对出租汽车拒载、议价、绕道等违规行为进行取证。现在通过成都市TOCC，机场接入了出租汽车智慧治理场景，全过程留痕，真正做到公平、公正。系统应用以来，成都双流国际机场出租汽车投诉率下降了90%。

基于TOCC，成都市在国内首次推出针对巡游出租汽车的"司机小秘书"App，可以帮助司机实时掌握交通枢纽及重点区域的供求情况、候客时长等，提升出租汽车巡游效率和驾驶员营运收入。出租汽车司机陈菊花说："使用'司机小秘书'App之前，判断机场、客运站、热门商圈等地的乘车人数全靠经验，把握不准就很容易跑空车。现在通过这个App，我可以清楚地了解到这些地方排队的空车有多少，需要等待多长时间，更好地判断哪些地方容易拉到客人，每个月可以多挣600元。"

——节选自"阿里云"提供材料

（二）智能运输管理

智能运输管理包含智能公交系统、智能出租车及智能货车运输系统等。在智能公交方面，主要是通过App、电子站牌、车内显示屏等，为乘客提供出行与到站信息，通过公交全路线的车路协同，提升城市公交系统打造公共交通车路联动能力。国内目前已启动智能公交示范工程，通过与手机端、智能站牌与调度系统互联互通，将出行信息、候车信息与公交调度相融合，使公交线路更符合出行需求、发车间隔更合理、到站信息更准确，极大地改善了乘车体验，提升了公交客运量。

在智能出租方面，结合车路协同，自动驾驶乘用车可自如应对复杂城市场景，智能出租亦可应用于移动安防、道路设备巡检、高精度地图采集、交通数据采集等场景。北京、长沙、重庆、广州、沧州、阳泉等城市已率先开展 Robotaxi 车辆应用示范。在长沙，民众通过手机 App，即可预约试乘。截至 2022 年 11 月，无人驾驶出租车品牌——萝卜快跑在长沙自动驾驶里程达 100 多万公里，安全载人服务超过 10 万人次。①

在智能货运方面，百度提出结合全国最大的干线物流场景打造顶尖自动驾驶物流方案，旨在通过国内唯一实现自动驾驶编队行驶能力的高速物流方案，以及全国最大的自营干线物流车队（2 400 辆）和商用车租赁服务平台（50 万+卡车司机），为物流运输提供安全化、高效化的智能货运解决方案。

四川智慧高速项目

成都绕城高速全长 85 公里，是四川省内拥堵率最高、通行车辆最多、高速管理问题最复杂的高速路段。2019 年开始，四川高速集团与阿里云合作开展智慧高速项目，以成都绕城高速为试点，在全线设置了 800 多路高清摄像头，全天 24 小时"紧盯"全线高速公路主线、服务区和收费站，将数据实时传送回后台。同时，在后台系统引入了达摩院"城市大脑"团队 30 多套人工智能算法和高德的实时路况分析功能，使后台系统能够对数据进行高速处理、分析。系统若发现异常交通行为，则自动定位并将信息快速传递给公安交警、交通执法人员和高速路公司维护管理人员，使其能及时、主动响应，高效、准确解决各类突发事件。此外，系统还可自动分析拥堵程度，并发现道路潜在风险，及时通知管理人员介入处理，有效避免拥堵。据四川高速公路建设开发集团有限公司人员介绍，截至 2020 年，成都绕城高速的年平均拥堵率已下降 15%，交通事故数减少 20%，同时运营工作量下降 20%。

四川高路交通信息工程有限公司项目主管杨婉懿介绍，长期以来，在高速事故处理中，常有车主因情绪激动而难以清楚描述事故所在地，往往需要工作人员通过视频摄像头再三确认。以前公司运营人员需清楚每个摄像头的具体位置，学习通过视频内容判断哪里发生了拥堵或事故。如今工

---

① 长沙无人驾驶出租车传来新消息！[EB/OL]https://www.thepaper.cn/news Detail_forward_20659443.

作模式发生了很大变化,通过"智慧眼",工作人员不仅可实时了解道路拥堵程度,而且几秒钟就能知道事故地点。成都绕城智慧高速实时云图如图4-6所示。

图4-6　成都绕城智慧高速实时云图

成都第二绕城高速位于成都平原与周边丘陵地带交会处,常年受雨雾天气影响,特别是冬季多发的大雾、团雾天气,对道路通行产生严重影响。针对该情况,试点建立了平安智慧高速调度指挥系统,实现了交通运输与公安、气象、应急、通信等部门的信息共享。通过在沿线布设气象监测设备,并引入天气预报系统,能精确掌握道路沿线气象情况,分时间段预报未来24小时天气情况。通过调度系统,能直观掌握沿线的天气情况,并提前发布预警、提前组织管控,提升通行保障能力。同时,还可对全线的监控点位进行视频分析。通过该系统的应用,异常事件监测预警能力、调度指挥能力及信息发布能力明显提升,单次发现事件时间比人工轮巡平均减少15分钟,事故处理工单一键下发,较传统事故处置方式时间节省约10分钟,预计每年节约运营管理费用约450万元。

——节选自"阿里云"提供材料

(三)自动驾驶

自动驾驶,是开启未来智能交通的重要领域。自动驾驶技术的研发和自动驾驶汽车的推广,将会重新定义交通系统中乘客与汽车、汽车与汽车以及汽车与城市基础设施的互联互动。

2016年多部门联合印发的《"互联网+"人工智能三年行动实施方案》强调，要"推进无人驾驶汽车的技术研发、应用与生态建设，发展智能汽车芯片和车载智能操作系统、高精度地图及定位、智能感知、智能决策与控制等重点技术，实现无人驾驶汽车技术和产品的逐步成熟"，至今我国自动驾驶及其相应政策已经历初始阶段、测试与示范阶段、应用探索阶段，逐步向规模应用阶段发展。截至2020年底，国内已有27个城市发布自动驾驶测试政策，开放测试道路里程已超3 000公里，开放自动驾驶路测牌照409张。[①] 百度Apollo成为自动驾驶行业的"头雁"，截至2021年上半年，百度Apollo自动驾驶出行服务已累计接待乘客超过40万人次，获得336张自动驾驶测试牌照，测试里程超过1 400万公里，自动驾驶专利数量超过2 900件，在北京、广州、长沙、沧州四城开放载人服务。

无人驾驶主要依托AI芯片、视觉计算系统、雷达、监控装置和全球定位系统等智能技术。初级阶段主要借助摄像机与传感设备进行车道偏离预警，智能巡航自动控制与前方车辆间距离，自动加减速等。目前逐步实现仅设置目的地，车辆即可自动分析路线并进行监控，汽车内部智能化，用智能语音指挥地图导航、控制车载系统，通过蓝牙拨打电话，满足便利性等个性需求，使乘客充分享受在封闭空间内进行工作、娱乐和休息的自由。

谷歌、特斯拉等作为智能驾驶的引领者，已实现无人驾驶汽车的真实测试。早在2010年，谷歌公司便高调宣布正在开发自动驾驶汽车，意欲通过改变汽车使用方式来预防交通事故，将驾驶人从大量的驾驶时间中解放出来。2012年5月8日，美国内华达州允许无人驾驶汽车上路3个月，经过几十万公里的测试，机动车驾驶管理处为谷歌的无人驾驶汽车颁发了一张合法车牌。[②] 谷歌自动驾驶研发团队曾粗略估算，如果道路上所有的汽车都是能够相互协调配合的自动驾驶汽车，即使不减少车的数量，只是对行车路线实现规划和协调的话，每个人平均通勤的时间也至少可以缩短20%。[③] 作为我国最早实现无人车真实

---

① 百度地图《2020年度中国城市交通报告》[EB/OL].[2021-05-03]. http://jiaotong.baidu.com/cms/reports/traffic/2020annualtrafficreport/百度地图《2020年度中国城市交通报告》.pdf.
② 刘韩. 人工智能简史[M]. 北京：人民邮电出版社，2018：41.
③ 吴军. 智能时代：大数据与智能革命重新定义未来[M]. 北京：中信出版社，2016：321.

测试的企业，百度在2016年世界互联网大会上于乌镇进行了无人车公开测试和试运营。百度在人工智能领域具有举足轻重的地位，截至2022年，百度在全球人工智能专利申请量超过2.4万件，在中国人工智能专利申请量近1.8万件，在自动驾驶领域也已产生专利347件。①

交通拥堵、停车难、交通事故等几乎是世界所有国家共同面临的城市治理问题。自动驾驶将通过车路协同系统的自动调节与动态优化，停车空间的节约与精准驶停能力，以及智能车道偏离警告与盲点疲劳监测等，有效解决上述交通问题，缓解城市交通管理压力。

概言之，城市智能治理的题中之义，在于以数字之"眼"动态感知城市运行，以智能之"脑"实时解决城市问题，以智能之"脉"有效缓解城市压力。实现智能城市的关键意涵与必经路径，在于以下核心问题的妥善处理与有效解决。一是数据共享，即要打通城市治理不同部门和不同层级的"横纵"数据"信息孤岛"，在"纵强横弱"的城市治理网络中真正实现信息共享。二是场景匹配，须考虑将城市治理的所有静态与动态的业务场景数字化、网络化、交互化，实现数字空间、社会空间与物理空间的无缝衔接、精准匹配、动态交互。三是增权赋能，城市治理的最终目标在于通过政府部门的数字能力提升与智慧效果显现，使普通市民真正享有获得感、幸福感、满意感。此间须通过充分激活市民参与、充分重视市民诉求、提升政府数字能力、推广良好治理效果等综合举措予以实现。四是价值孪生。数字孪生可以解决传统城市治理中，由于物理条件、情境和成本限制等带来的难以解决的问题，其通过仿真、监测、优化、评估和预测优势，在动态诊断城市运行问题、实时回应市民急难诉求、精准评估城市运行风险方面，内蕴着价值孪生特征，具有了理论与应用双重价值。

思考题：

1. 数字技术对传统城市治理的更新与迭代作用体现在哪些方面？
2. 物感城市和人感城市的异同点有哪些？
3. 当前城市大脑建设的现实困境有哪些？如何有效破解？

---

① 百度人工智能专利白皮书2022.[EB/OL]. https://www.sgp.jbg.com/baogao/70711.html.

第五章 智能政府

伴随着人工智能技术在政府部门的广泛应用,智能政府成为未来发展趋势。智能政府,是指政府部门通过智能技术赋能信息搜索、数据分析、过程监管、应急处理、自动决策等流程,运用强大的算力和算法,分析政务服务、决策、监管和应急等不同应用场景所积累的海量数据,融合机器智能与社会智能,通过智能化决策辅助等创新机制,生成相应解决方案的政府形式,实现智能治理公共事务,提高行政效率和质量,降低行政成本和风险,提高人民群众获得感和幸福感。

根据政府职能的不同应用场景,本章主要从智能政务服务、智能决策、智能监管和智能应急管理四个领域介绍人工智能技术在政府领域的应用。其中,智能政务服务是将机器学习、深度学习等人工智能技术与政务服务具体办事场景相结合,从而达到迅速匹配民众诉求与政府职能的效果;智能决策是基于自动规划、机器博弈等技术智能生成相应决策方案供政府决策者选择;智能监管是运用实时数据分析、智能监控等技术主动识别异常情况并进行预警;智能应急管理是应用政务大数据、互联网大数据、流式计算等技术自动识别影响公共安全的异常行为并形成应急方案。

一、智能政府之手：智能政务服务

提供优质的政务服务是建设服务型政府的目标。自20世纪90年代进入互联网时代以来，我国信息技术迅速发展，网民数量突增猛涨，中国互联网络信息中心第51次《中国互联网络发展状况统计报告》显示，截至2022年12月，我国网民规模达10.67亿，较2021年12月增长3 549万，互联网普及率达75.6%。[①]目前我国已从互联网大国迈进互联网强国，互联网深刻改变了人们的生产、生活方式，激活了新的经济业态。但是，在企业和群众享受科技创新、电子商务、现代物流等带来的便利时，我国的政务服务却没有跟上互联网的发展，企业和群众仍面临政务服务办事难、办事慢、办事繁等窘境，较低的服务水平、较高的制度性交易成本成为民生堵点、难点和经济社会发展瓶颈之一。如何利用人工智能技术提高政务服务质量、提升政府治理效能，是政务服务改革的"必修课"。

人工智能技术为政务服务智能化提供了技术工具和有效载体，大数据、云计算、人工智能、区块链等技术创新为政务服务提供了技术支撑。同时，人工智能时代利用机器智能前沿技术，深入挖掘数据价值，让数据流动起来，从而为民众和企业提供升级的服务体验，体现了以服务和用户为核心的价值观。

（一）智能政务的技术支撑

智能政务服务主要表现为将人工智能技术应用在政务服务的各个流程，通过整合政务大数据和服务资源，将机器学习、深度学习、自然语言处理、图像识别等人工智能技术与政务服务具体办事场景相结合，将民众诉求与政府职能迅速匹配，提高行政办事效率和质量。智能政务服务包括线上和线下两种服务形式，线上主要表现为网络搜索或客户端等形式，线下主要表现为政务服务大厅等形式。两种形式都能通过大数据、人工智能等技术构建数据的智能运用能力，重塑科学决策、社会治理和公共服务的理念、流程和工具，依托数据的实

---

① 第51次《中国互联网络发展状况统计报告》.[EB/OL].https://www.cnnic.net.cn/n4/2023/0303/c88-10757.html.

时共享，利用人工智能算法提供决策支撑和精准治理的能力。

1. 多种技术自动识别，精确预测民意偏好

人工智能时代给我们的生活带来巨大的改变，包括人与人之间的交流方式、人与机器之间的协同方式以及机器与机器之间的理解方式。在智能政务服务中，人工智能技术能够为自适应用户界面和多模态数据处理提供重要的支持，民意诉求可以通过搜索功能、图像分析或人机交互等智能技术获取。

其中，搜索是许多人工智能经典算法的基础，好的搜索算法依赖于对问题的精巧建模以及精准启发式知识。图像识别基于联合线性插值上采样的稠密神经网络算法的场景文本识别方法，能够高效地识别图片上的中英文文本序列，普遍适用于卡片证照、网络图片、办公图片、营业执照、车牌号码识别等文字识别。人机交互技术则通过手势识别、语音识别、触觉反馈等方式，使人与机器之间的信息传输变得更加人性化、自然化，根据用户知识反馈，为用户提供个性化的界面，并预测用户的答案、目标、偏好和动作等未来行为。

2. 建构服务事项知识图谱，提升办理事项识别准确度

人工智能技术在获取民众的政务服务需求之后，需要运用基于深度学习的政务事项知识自动抽取和构建技术。首先，要判定是否含有与政务服务事项相关的信息。具体而言，基于话题模型来对文档进行建模，在此基础上进行文档的分类和过滤，得到与政务服务相关的文档集合，再进行深层次的知识自动抽取和知识库的构建，形成知识图谱。其次，基于深度学习工具库和自然语言处理工具库，对办事类型和剖面描述信息进行联合深度学习建模，充分利用办事类型和剖面信息之间的相关性，提升定位和识别的准确度。最后，设计并实现办事类型的剖面知识入库流程，添加人工审核的过程，审核后的知识可作为新增的训练数据进一步优化相应的联合抽取模型，实现知识库自动构建的闭环优化。

3. 采取非侵入式系统对接，构建多级联动整合模式

在用智能技术分析民众政务服务需求后，智能政务服务系统采取适合各种条块联动的非侵入式系统对接整合模式，构建多级联动的跨层级、跨部门、跨系统的数据资源交换、管理及应用体系，实现各级业务条线之间业务和系统的整合。

各政府部门在政务服务受理过程中，一方面，通过独立的虚拟人机交互方式，智能识别和提取源系统信息，一键填充至目标系统输入项，提高整合实施

效率，确保整合安全性；另一方面，构建了基于数据总线的分布式数据交换系统，以数据总线为基础的数据交换可以通过设定数据目标地址对数据的流向进行精准控制，并对业务数据进行个性化的合规性检测；也可以通过改变数据流向对数据进行规则转换，持续配合优化，以适应业务的需要。

（二）智能政务服务的应用场景

智能政务服务平台以个人和企业两类服务对象为中心，构建包括网站、微信、App、自助服务终端等多渠道融合、线上线下一体化联动的服务体系，并结合智能办事助手，通过机器替代工作人员与用户交互并处理相关事项，突破人工服务的工作时间限制，在不增加人力资源投入的同时，延长了服务窗口的服务时间。目前，智能政务服务主要包括掌上政务大厅（图5-1）、智能办事助手、政务服务知识库三种产品形式。

图 5-1　掌上政务大厅[①]

掌上政务大厅是以移动终端为服务载体，形成网上政务办理的"单一窗口"，

---

① 图片来源：https://www.sohu.com/a/287647983_100163566。

变"多网服务"为"一网服务",关联"一号"的预约、申报、问答、查询等功能,同时整合各类政务服务资源,形成政务服务"一网"通办的办事模式。例如,政府网站在移动互联网中开展智能移动客户端服务,把政府门户网站上最重要、最实效、与民生关系最密切的信息制作成个性化服务手册推送给民众,方便民众随身携带、随时查阅。百度知道政务问答平台的政务结构卡通过将政务办事指南的信息拆分为结构化数据,引导上海市民通过百度查询上海市公安局发布的权威办事指南,保证政务信息"一键即达",降低大量筛选信息的成本。

智能办事助手是平台以聊天机器人的方式与用户进行自然语言交互,通过结合用户画像和政务服务领域知识向用户生成正确的反馈,既能提供信息咨询类服务,也能对具体事项进行辅助办理。例如,政务热线服务可以基于语音识别与合成、自然语言处理、知识图谱技术,实现政务热线来电的自动化应答、语音转写与分类处理,降低人力成本,提高服务效率。智能小程序聚焦政务民生行业特性,结合用户在服务前、中、后的不同痛点,提供针对性行业组件能力,助力政府机构实现政务信息发布和在线服务,提升政府网上办事效率,让网上办事更加简单便捷。例如,在国家政务服务平台百度智能小程序这款面向群众和企业的移动端在线政务服务平台上,用户只需要输入想要办理的服务事项名称或关键字,即可获得相对应的政务服务。目前,国家政务服务平台百度智能小程序直通30余个国务院部门和32个地方政府的450余万政务服务事项,覆盖了电子证照、教育、生态环境、助残、民政等多领域服务,同时集成了限行指南、个税计算、台风路径、博物馆计划、个人及企业政务服务事项办事指南、地方部门小程序等多项功能。每个服务事项的办理时间、地点、承诺期限、所需材料、办理流程等办事指南一目了然,推动群众办事由"线下跑"向"网上办"转变,逐步解决用户办理事项线上信息不足的难题,助力实现政务服务一键直达。

政务服务知识库是基于政务服务过程中产生的海量复杂数据,通过程序分析、自然语言处理、数据挖掘、机器学习等技术形成的知识库,具有自动学习和模拟能力,并且可通过人工干预进行被动纠错和调整。例如,政务热线服务可以将专业知识与知识图谱技术相结合,通过让人工智能学习知识图谱中的以往经验与专业知识,实现对民众来电诉求的智能化分类与派发,兼顾诉求接收委办单位的并联关系,甚至为诉求接收委办单位提供预处理方案,提高诉求处理效率。2022 年 12345 热线电话渠道受理 3 390.2 万件，同比上升 155.98%，网络渠道受理 4 202.2 万件，同比上升 2 503.79%。网络渠道受理量占比快速上升，由 2021 年的 10.86% 提升至 2022 年的 55.35%，首次超越电话渠道。① 北京 12345 总结沉淀咨询问题为知识库，并将知识库的问答发布到百度知道，百度知道会利用其分发、泛化等能力，将官方权威机构的高频问答做优先展示。

百度知道服务智能政务　促进政务知识库共享

百度知道作为全球最大中文问答平台，致力于提升网络环境政务需求表达量，为政府和群众搭建最高效便捷的桥梁，助力政府智能政务服务的建设和发展。据百度知道 2021 年大数据分析，平均每天有数千万人次搜索政务相关需求，面对庞大的政务需求，百度知道利用用户主动访问、信息分发等优势，将政府的权威政务信息导入百度知道的问答场景中，再利用自身多渠道优势进行分发，将政策文件以问答、结构性卡片、政府官网 H5、百度智能小程序等多种形式进行内容展示和分发，并在用户主动搜索时在搜索第一呈现位展示，让用户用最少的时间精准搜索到相关政务问题，并得到权威、准确的解答，信息高效传递使群众"最多跑一次"。

百度知道满足了用户"查、问、办"三大流程全覆盖。在"查"的流程上，百度通过结构卡片将内容进行最小颗粒度拆解，为民众呈现出最高效、最容易理解的办事指导，如当民众搜索"公积金提取"时，百度知道会结构化呈现公积金"办事事项""办理类型""个人情况"等多样办理指南，以实现民众个性化政务信息获取；在"问"的流程上，百度还结合"地域展示"和"搜索词泛化"的功能，为用户提供便捷、精准的政务问题搜索结果；在"办"的流程上，百度知道可以直链政府官方网站，或联动百度智能小程序完成相关政务服务，实现在线预约、在线查询、办理进度查询、在线填表等服务，为民众实现精准服务连接。

此外，百度知道问答＋链接服务能够保障搜索信息在百度首位呈现，

---

① 2022 年北京 12345 市民服务热线年度数据分析报告 .[EB/OL]https://www.beijing.gov.cn/hudong/jpzt/2022ndsjbg/.

实现了政务官网服务办理进度反馈链接，民众可实时关注自己的政务办理进程，就像看自己的物流信息一样方便，为群众带来网购式政务新体验。目前，百度知道政务服务已经覆盖北京、上海及浙江、福建、湖南、湖北、安徽、云南等地的200余个地级市，咨询事项包含婚姻登记、户籍、社会保险、身份证、房产交易、通行证、旅游等多项热门政务事项；与中国政府网、最高人民法院、国家税务总局、共青团中央等多个权威机构达成合作，让网友更便捷地获得权威知识。除了政务权威机构，百度知道的服务范围还覆盖金融、汽车、手机、出版等40多个头部行业，并已经与5万余家机构达成深度合作。北京·首都之窗如图5-2所示。

图5-2 北京·首都之窗

资料来源：百度知道。

经过16年在问答领域的深耕与沉淀，百度知道在链接信息的基础上做了升级链接服务，2021年孵化了新产品"问一问"，针对用户生活中遇到的各种问题，提供一对一的付费咨询，实时提问，实时解答。而针对政务服务事项办理中遇到的问题，为网友提供了免费的在线咨询，如与上海市公安局和云南一部手机办事通的合作，网友搜索"上海身份证办理"，能看到上海市公安局人口管理办公室提供的身份证办理指南，针对"首次申领""换领""遗失补领""临时身份证"，各自都有详细的办理指南。

> 网友浏览完毕,感觉信息还不够用,期望做更多咨询的时候,可以直接进入"问一问",向上海市公安局发起在线咨询。对于接入第三方平台提供实时在线咨询的服务,对政务机构来说,是一个挑战,也是趋势。国务院办公厅发布的第53号文件明确提出统一政务服务便民热线,提供"7×24小时"全天候人工服务,同时,要优化流程和资源配置,使政务服务便民热线接得更快、分得更准、办得更实,打造便捷、高效、规范、智慧的政务服务"总客服"。百度问一问接入政务相关咨询服务是一个小切口,目标是推动政府机构的互联互通、知识库共享、业务协同等,最终实现智能政务应用场景进入良性循环,以更好的方式服务社会。
>
> ——节选自"百度知识政务服务"项目团队提供资料

二、智能政府之脑:智能决策

信息是决策的依据,而获取真实、有效、全面的信息,快速准确地处理信息和有效的决策程序是政府做好决策的根本保证。智能决策把人工智能技术引入政府决策过程,建立智能决策支持系统。智能决策支持系统于20世纪80年代初被提出,是在传统决策支持系统基础上加上相应的专家系统模式、知识库系统模式等人工智能部件构成的。具体而言,智能决策是指人工智能借助应用大数据、精算超算术、区块链等新一轮技术,全面提升决策信息支持能力,并根据需要自动生成相应的决策方案供决策者选择,为提升政府的决策质量和治理能力提供智力支撑的一种手段。

(一)智能决策的技术支撑

智能决策主要表现为基于已有信息,借助智能技术进行自主判断的能力。根据决策过程的不同需求,智能决策主要应用的智能技术包括数据挖掘与知识发现、自动规划、机器博弈等。

1. 基于大数据挖掘,发现规律性知识

随着计算机、数据库、互联网等信息技术的飞速发展,人类已进入大数据时代,如何从这些数据中归纳提取出高一级的更本质、更有用的规律性信息和

知识，成了人工智能的一个重要研究课题。在这样的背景下，数据挖掘（data mining, DM）与数据库中的知识发现（knowledge discovery in databases, KDD）技术便应运而生，前者主要流行于统计、数据分析、数据库和信息系统等领域，后者则主要流行于人工智能和机器学习等领域。这两个技术广泛应用于企业数据、商业数据、科学实验数据、管理决策数据等，尤其是 Web 数据的挖掘。

2. 结合逻辑与搜索，自动规划求解算法

随着社会发展，规划需要考虑的因素越来越多，设计程序状态空间向量也越来越大，因此机器自动规划成了一个活跃的研究领域。自动规划是智能行为的一个重要特征，基本内容包括规划问题的形式化表示和规划问题的求解算法，目标是寻找从初始状态转移到最终状态的（最优）动作序列。自动规划可以看成逻辑与搜索的结合，主要思想是在知识逻辑表示的基础上，通过搜索状态空间或规划空间取得一个可行解或最优解，目前在生产调度、航空航天、智能交通、城市建设等众多领域都扮演着重要角色。

3. 集成最新技术装备，机器博弈执行决策

机器博弈（computer games）是智能机器人技术、兵棋推演技术、智能决策系统等领域的基础技术，被认为是人工智能领域最具挑战性的研究方向之一。近 20 年，机器博弈技术在计算能力的支持下，经历了知识→大数据→深度学习的发展过程，算法效率大幅提升。其中，机器人作为智能算法的载体，是人工智能技术实现机器像人一样工作的重要工具，能够在机器人智能感知的基础上，模拟人的决策机制，形成决策命令，指挥驱动装置运动，实现各种执行功能。此外，在强大的智能控制技术支持下，机器人集成的新装备越来越多，对机器人控制中心的兼容能力和集成能力的要求也越来越高。

（二）智能决策的应用场景

智能决策主要表现为将智能技术应用在城市运行、宏观经济调控、热线服务等方面。

在城市运行方面，如海淀城市大脑的大数据中心主要是汇聚各应用系统实时产生的城市运行数据，通过时间、空间两个维度构建数据关系，基于时空一张图构建出一个完整的数字孪生城市基础底座，强力支撑城市管理运营。城市智能运营指挥中心是海淀城市大脑的具象化和领导驾驶舱（图 5-3），能够辅

助进行城市运行管理决策,是支撑全区业务工作、调度各类资源的指挥中枢。随着城市大脑的不断发展,各层级、各领域、各区域的数据逐渐被打通,同时在此基础上,实现更有效的数据共享,打破"信息孤岛",在脱敏的条件下,探索向产业和民众开放,为数字产业和人工智能产业的发展提供公共资源保障。

图 5-3　海淀城市大脑"驾驶舱"[①]

在宏观经济调控方面,统计数据是国家经济决策的基础和依据,客观、全面的统计数据有助于政府部门制定切实可行的经济政策。人工智能运用科学和智能的模型对已知的经济发展进行归因分析,结合人类专家的知识和海量数据的计算能力,对数据的各方面特征综合分析,学习某一经济领域专家级别的知识和经验,辅助对当前经济形势的判断。例如,阿里巴巴公司掌握的更多是网民消费信息,而百度汇聚的更多是网民搜索数据,这些零散的数据只能对某些细分的领域决策起到指导作用。政府应该加深同企业合作,借助企业的数据、技术和计算能力,共同进行数据分析和研究,为经济、社会发展献计献策。

在热线服务方面,人工智能将大数据分析方法、专业知识与知识图谱技术相结合,挖掘民众诉求的数据价值,辅助政府决策,提高决策科学性,增强政

---

① 图片来源:海淀城市大脑"驾驶舱"启用,城市治理进入智能化时代 [N/OL]. 北京日报,2021-01-20.https://ie.bjd.com.cn/5b165687a010550e5ddc0e6a/contentApp/5b1a1310e4b03aa54d764015/AP6007f851e4b06627aee32f47.html?contentType=0&isBjh=0&isshare=1.

府治理能力。通过将专业知识与知识图谱技术相结合，运用机器学习和深度学习等算法，将数据分析结果用以辅助决策，从而提高政府科学决策水平，增强政府治理能力，最终完成感知社情民意、识别社会风险、辅助科学决策、实现"未诉先办"的治理目标。例如，自 2019 年以来，北京市政务服务管理局与清华大学数据治理研究中心合作，通过对"12345"政务热线开展大数据分析，从诉求数据中总结群众诉求的特征、规律，将大体量、无规律的诉求文本转化成直观的、具有咨政意义的报告图表，实现了民意诉求的准确识别。

三、智能政府之眼：智能监管

我国各级政府日益聚焦于现代技术与政府监管职能的结合。在中央层面，2018 年 10 月底，国务院常务会议决定要"依托国家政务服务平台建设'互联网＋监管'系统，强化对地方和部门监管工作的监督，实现对监管的'监管'"。国务院近几年召开的"放管服"改革电视电话会议上多次提到加强"互联网＋监管"。例如，2015 年提出"积极运用大数据、云计算、物联网等信息化手段，探索实行'互联网＋监管'模式"；2016 年提出"要与信用监管、智能监管联动，积极运用大数据、云计算、物联网等信息技术，强化线上线下一体化监管"；2017 年提出"用大数据、云计算等现代技术为监管装上'火眼金睛'"；2018 年强调要"推进跨部门联合监管和'互联网＋监管'"；2019 年政府工作报告中提到"互联网＋监管"，目标是"用公正监管管出公平、管出效率、管出活力"。

在地方监管实践层面，江苏和安徽两省率先出台了系统建设方案，对监管事项进行梳理，建立监管事项清单，筹备数据中心等；四川、福建、广西、甘肃、江西、湖北、内蒙古等地也已经启动相关工作。自 2015 年以来，青岛、北京、东莞、广州等地政府相关监管部门已在企业审批、征信、卫生计生、市场监管、质监、烟草、食药监、能源等监管事项上提出建设"互联网＋监管"。这些实践为智能监管提供先行经验。

（一）智能监管的技术支撑

智能监管主要基于智能控制和智能管理两项技术。[1] 其中，智能控制系统

---

[1] 廉师友.人工智能导论 [M].北京：清华大学出版社，2020.

的智能可归纳为以下几方面：有关控制对象及干扰知识的先验智能，在实时监控、辨识及诊断的基础上对系统及环境变化作出正确反应的反应性智能，对系统性能的先验性优化及反应性优化智能，对并行耦合任务或子系统之间的有效管理与协调智能。例如，基于AI的互联网网络管理系统（简称AIMS系统）通过引入机器学习算法，构建了多维度业务指标预测模型，实现了主动异常识别与检测，同时基于多方网络数据，构建"互联网业务数据湖"。在主动发现异常并预警的基础上，行业首创引用AI技术，实现了自动化网络迁移、智能化闭环管理，解决了日常维护中人工操作易出错、验证复杂且无法发现隐性风险、耗时长、效率低等问题。

智能管理是把人工智能技术引入管理领域，建立智能管理系统。智能管理系统是在管理信息系统、办公自动化系统、决策支持系统的功能集成和技术集成的基础上，应用人工智能的专家系统、知识工程、模式识别、神经网络等方法和技术，进行智能化、集成化、协调化设计和实现的新一代的计算机管理系统。例如，基于AI的互联网网络管理系统从主动监控预警、网络割接管理两个方面提供智能化与自动化的支撑手段，主要包括智慧监控、智能割接任务中心、编排中心、决策管理、能力中心、基础管理等功能。

（二）智能监管的应用领域

智能监管主要表现为智能技术应用在环境保护、公共安全、食品认证等方面。在环境保护方面，渣土车监管（图5-4）、河长制监督是先行先试的典型案例。例如，人工智能技术围绕识别分析、数据融合和执法监管展开科研，对重难点技术问题进行攻克，实现了针对渣土车治理的高端技术融合，主要体现在交通和工地管理两方面。此外，数字智能化大大改变了河长的工作方式。例如，河长不再随身携带纸和笔，巡河打开"智慧河长"App，即可用于记录河面漂浮物、沿岸垃圾等异常情况。同时，河道整治有"大脑"，基于知识图谱、机器学习等技术，从岸线管理保护、水污染防治、水生态修复等方面逐步为每一条河流绘制出精准的数字画像，就像建立"电子病历"一样。

图 5-4 渣土车监管[1]

在公共安全方面，人工智能技术可以进行异常行为的监测。例如，通过用电信息来查找群租房现象、进出车情况，监管疑似套牌车，实现监测、研判和跟踪。消防部门通过图上搜索、图上定位，综合判断拥堵情况，自动实现路径的规划。浙江信访局为加快信访信息化服务的社会普及，打造智能客服服务系统和智能派单系统，积累大量数据实时精准分析，对于群众舆情变化和相对集中爆发的问题可以做到提前感知、提前预警。

在食品认证方面，人工智能技术通过机器学习来分析传感器数据并建立数据模型，食品的真实属性可以被准确地预测。[2] 例如，用于食品认证的常用分析传感技术包括质谱法、色谱法、光谱法和分子技术。监管机构需用食品认证技术检查食品样本是否符合食品安全和质量标准，为执法提供技术支持。基于物理化学分析的分析传感技术是食品认证过程中的重要一环，这一技术被用于收集传感数据，进而构建食品的指纹模型，最终确认食品真实性。

四、智能政府之耳：智能应急管理

人工智能时代，政府网络舆情治理是一场超越时空场域的持久战。政民舆情对话的形式，逐步从"物理空间"走向"数字空间"，传导思维形态，从"单

---

[1] 图片来源：https://m.ofweek.com/ai/2020-05/ART-201714-8900-30441579.html.
[2] 郭毅可. 人工智能与未来社会发展 [M]. 北京：科学技术文献出版社，2020.

向度"形态走向"万物互联"的发展格局。在媒介内容平台和社交软件蓬勃发展的当下,要借助算法植入核心价值观,激发民众活力,增强政民舆情治理的价值共识,链接整合更多的社会资源。因此,政府舆情治理的发展处在矛盾转化的关键节点,回归"为谁治理""谁来治理"与"如何治理"的治理初心,剖析人工智能与政府治理的共鸣和冲突,在技术赋能、算法迅猛发展的背景下,革新政府网络舆情治理的观念,才能实现对智慧政府舆情治理"善治"的探索。人工智能时代,政府舆情治理在数据空间上必须兼收并蓄,整合媒介资源与民众的力量,对负面畸形的舆论旋涡进行扭转,发挥媒介减压阀的效能,保障民众获取正确舆情的权益,融通政民关系,高效精准处理海量数据,凝聚群众共识,进而推动智慧治理效能的稳健发展。

(一)智能应急管理的技术支撑

智能应急管理的技术支撑主要表现为应用大数据、人工智能技术等,自动识别影响公共安全的异常行为。网络安全态势感知分析系统利用人工智能分析、大数据分析等技术,实现了对整体网络安全态势的汇总分析和统一呈现的目标。该系统结合人工智能技术和大数据技术,实现了全网包括僵尸网络检测、木马蠕虫恶意程序、流量清洗、重点用户流量监测等网络安全系统日志数据的统一收集、解析与呈现,实现了对多维度安全风险态势的关联理解与感知,结合安全模型、特征知识库,实现多维度系统安全事件的关联分析、风险溯源、未知风险发掘。此外,该系统结合基于安全系统日志的数据挖掘技术、大数据平台技术、数据可视化技术等,实现了对全网安全态势的统一分析和一体化呈现。

基于人工智能技术的业务风控系统用于解决互联网业务中的各类业务风险,如登录注册环节的入侵检测、机器攻击、暴力破解等风险。此外,在垃圾注册、短信轰炸、账号盗用获取利益,营销活动中的刷券、刷单、刷积分、欺诈等风险事件中,可以通过智能风控系统的实时计算与深度学习相结合的技术,进行风险事前预警、事中拦截、风控数据的事后溯源与黑产团伙分析,从而做到风险事件的全链路管控。智能风控系统由事件平台、变量计算平台、智能策略引擎、智能决策引擎、深度学习模型平台、情报库等模块组成,其中含有设备指纹,实时流式计算,风控策略高并发、低延迟、智能化部署和执行,深度学习风控模型,智能化案件串并分析等核心关键技术。

（二）智能应急管理的应用场景

智能应急管理主要应用在消防、旅游、舆情等方面。在消防方面，智能应急管理主要表现为智能消防机器人的应用。随着先进消防技术和自动化技术的发展，智能消防机器人应运而生。智能消防机器人的应用可提高消防员扑救特大恶性火灾的实战能力，对减少财产损失和人员伤亡起到重要的辅助作用，以应对恶劣危险的消防环境中的应急响应，同时防止消防员进入难以进入或不安全的区域。消防机器人属于特种机器人，能够代替消防员进入有毒、浓烟、高温、缺氧、坍塌、狭小空间等高危火灾事故现场，承担现场侦查检验、排烟降温、搜索救人、灭火等任务，起到加强消防员人身安全，并增强救援能力的重大作用。

在旅游方面，智慧全域旅游整体方案的应急管理调度系统的需求之一是构建统一的应急指挥联动救援体系，实现日常运行监管和应急指挥调度。方案整体设计以产业运行监测与应急指挥平台为核心，实现旅游产业数据的整合、交换和共享，通过大数据分析及结果展现，为管理部门提供决策依据，提升管理效能。基于 SaaS（软件运营服务）服务模式，构建省、市、县（区）3 个层级的产业运行监测与应急指挥体系，通过产业运行监测平台实现对景区客流情况、交通拥堵情况、景区酒店投诉、评价情况等相关旅游信息实时监测。

在网络舆情方面，人工智能时代政府网络舆情治理的发展将会有无限可能性。以问题导向为研究思路回应传统政府舆情治理的问题，构筑人工智能时代智慧治理新范式影响深远。城市治理和公共决策风险防范感知系统"城感通"是以能反映民情民意的新媒体大数据为基础，融合人工智能技术和区域治理评价指标体系的应用系统，由上海蜜度信息技术有限公司、微热点大数据研究院、清华大学社会科学学院数据治理研究中心共同研发。[①] 该系统通过人工智能技术实现系统"主动感知"。"城感通"对于新媒体大数据的应用，突破了传统的、局限于负面事件的"舆情"概念，从新角度发现了数据分析、挖掘、应用的新价值；同时系统以人工智能技术为依托，实现突发事件及舆论态势的"主动感知"，为满足新时代政府管理中更丰富、更智能的场景需求提供了支撑。系统以其信息采集及时性，数据处理高效性，算法模型先进性和产品稳定性、创新性、实用性在竞赛现场获得专家组好评。

---

① 上海蜜度信息技术有限公司提供材料。

该系统在功能设计上超越了传统的、仅针对负面事件发现和处置应对的"舆情"概念，注重对区域舆论整体态势的感知；超越了以关键词方案为基础的"被动感知"，转为以新一代人工智能技术为依托的系统"主动感知"。系统紧紧围绕新时代数字政府建设工作，以推动治理体系和治理能力现代化为目标，运用新媒体大数据领域前沿技术，通过"突发事件感知系统""风险防范感知系统""热点发现系统"和"转办督办工作台"四大功能模块，协助各省（区、市）网信部门、政府部门进行风险防范和辅助决策。

城感通可为各省（区、市）智慧城市建设方、融媒体中心、政府企业新基建、网信办、宣传部、大数据局、消防、公安以及市政等相关部门提供一手信源，实现互联网与政务服务的深度融合。

思考题：
1. 什么是智能政府？其与传统政府相比优势表现在哪些方面？
2. 智能技术能够赋能政府的哪些职能？具体表现为哪些形式？
3. 智能治理如何重塑政府内部治理流程？

第六章 智能社会

伴随着计算机视觉技术、听觉技术、自然语言处理的突破，人工智能技术被广泛运用到社会民生领域，带来了诸多积极影响，包括：生活便捷度的提高，生活质量的提升，民众的幸福感、满意度的提升。根据人工智能技术在不同社会场景中的运用，本章从智能医疗、智能养老、智能教育三方面来介绍当前人工智能技术在社会生活中的发展背景、运用现状和未来发展方向。在医疗领域中，人工智能技术的发展直接推动了智能诊断、智能治疗、日常健康管理、医疗服务管理方面的技术进步。在养老领域，智能技术与产品在老年人健康保健和医养照料等方面发挥了积极作用。在教育领域，人工智能已经逐步应用于教学、辅导、自主学习、课堂评价等场景，尤其在新冠病毒感染疫情期间快速发展的在线教育技术，打破了空间束缚，使得教育的应用范围更加广泛。

一、智能医疗

新中国成立后，我国的现代医疗体系经历了从无到有、由弱到强的飞跃过程，在提高人民的健康水平上取得了辉煌成就。然而，我国仍然面对医疗卫生资源总量不足、区域分配不均、供给主体相对单一、政策体制不够完善等问题。近年来，随着大数据、物联网、深度学习和知识图谱技术的快速发展，智能技术的水平得到了很大的提高。在医疗领域，以智能技术驱动的智能医疗极大地提高了医疗服务能力，为上述问题的解决提供了一个新方向。

智能医疗是指运用现代信息、诊疗技术和设备等手段，依托信息化技术平台建立以个人健康档案为核心的区域医疗卫生协作模式，利用先进的信息技术改善疾病预防、诊断和研究，继而实现对人群健康的科学管理，最终让医疗生态圈的各个组成部分受益。[1] 其中，智能技术是智能医疗发展的主要驱动力量。

（一）智能医疗的发展现状

智能医疗的发展主要表现在智能诊断、智能治疗、日常健康管理和医疗服务管理等方面。智能诊断是指利用人工智能的机器学习和计算方法，结合医疗大数据，对于患者的病情作出具有高度准确性的病情诊断，辅助医生进行医疗决策。目前，在诊断癌症（如乳腺癌、肺癌和皮肤癌）上，智能诊断技术的作用尤其突出，大大提高了医生的诊断效率。

人工智能技术在智能医疗领域的另一大运用便是治疗，其中最主要的应用形式便是手术机器人。从自主能力的视角，手术机器人目前可分为两个层级，一是医生控制的机器人，二是全自动的机器人。随着人工智能技术发展，手术机器人正向全自动转型。美国的儿童国家健康系统（Children's National Health System）在2016年开发出的STAR（Smart Tissue Autonomous Robot）即智慧组织自主手术机器人，是全世界第一台全自动机器人。

通过人工智能的算法，向个人提供高质量、智能化与日常化的健康服务也逐渐成为一种可行的选择。早在2008年，谷歌就已经推出流感预测的服务（Google Flu，谷歌流感），通过检测用户在谷歌上的搜索内容就可以有效地追踪到流感爆发的迹象，为社会与个人的公共卫生防护提供参考。智能医疗在日常健康管理上的运用主要体现在传染性疾病的防控、慢性病的护理与监测、

---

[1] 俞思伟，范昊，王菲，等. 基于知识图谱的智能医疗研究 [J]. 医疗卫生装备，2017，38（3）：109-111，126.

遗传疾病的筛查和管控以及日常运动健康状态的监控等多个方面。

部分智能医疗应用产品也被应用在缓解医患矛盾之上,以助力构建现代的医疗服务管理系统。由人工智能技术支持的医疗信息管理系统（hospital information system，HIS）通常会对医院各个部门运行数据（日常医疗信息系统数据,包括院内信息和院外信息）进行整合、分析与应用,实现对医院全流程医疗质量和安全的实时性监测与智能化预警,避免出现医疗事故和医患矛盾。HIS 的使用不仅可以补充医疗服务的力量,还可以更加合理地分配医疗资源和提高就诊效率。

我国智能医疗的发展得到了政府大力支持。2017 年国务院与工业和信息化部相继印发了《新一代人工智能发展规划》和《促进新一代人工智能产业发展三年行动计划（2018—2020 年）》。这两项政策在顶层设计上为智能技术驱动的智能医疗在国内运作提供了重要的政策支持,指明了未来技术运用的发展方向。在 2018 年,国务院办公厅印发的《国务院办公厅关于促进"互联网＋医疗健康"发展的意见》具体界定了智能医疗技术的应用场景,"研发基于人工智能的临床诊疗决策支持系统,开展智能医学影像识别、病理分型和多学科会诊以及多种医疗健康场景下的智能语音技术应用,提高医疗服务效率""开展基于人工智能技术、医疗健康智能设备的移动医疗示范"等。2020 年中央网信办等五部门联合出台了《国家新一代人工智能标准体系建设指南》,对于智能医疗的标准化建设进行规范。总的来说,在国家政策及医疗各领域需求的推动下,我国医疗人工智能行业市场规模得到了快速扩容,中国电子学会统计数据显示,2017—2019 年的复合增长率达到了 31.98%。

鉴于智能医疗技术应用的成熟和国家对于智能医疗产业发展的支持,越来越多的科技企业开始进行智能医疗产品的研发,并提供相关的服务产品。百度在 2018 年成立智慧医疗部门,在 2019 年将之升级为灵医智惠事业部以参与智能医疗产业。同其他国外先进的智能医疗服务团队一样,百度的灵医智惠团队主要依靠自有的核心算法与技术,针对医疗全场景赋能,提供五大解决方案：①临床决策支持系统（CDSS）,提供辅助诊断、治疗方案推荐、医嘱质控、病历内涵质控等多项临床决策支持；②眼底影像分析系统,AI 驱动的眼底疾病解决方案,覆盖多种眼底疾病,提升基层医生阅片能力；③医疗大数据整体解决方案,借助多层级智能病历结构化,全面支持临床、科研、管理等场景下的数据利用需求；④智能诊前助手，通过多轮友好的智能问诊了解患者病情，精准匹配医生与患者，提升就诊效率；⑤慢病管理服务，面向C端的健康管理平台，可实现诊前导诊、疾病预判、诊后用药提醒等闭环服务。

目前，百度研发的临床辅助决策系统在全国范围发展迅速，已经覆盖了我国18个省、自治区、直辖市的1 000多家医疗机构。该系统可以诊断出27个科室的4 000多种常见疾病，TOP3疾病的推荐准确率达95%，并且基于临床辅助决策系统，百度还推出了辅助问诊、辅助诊断、治疗方案推荐、相似病历推荐、医嘱质控等板块，以无缝融入基层医生的工作流程。就诊时，医生只需根据系统所给出的问题向患者提问，并在系统上勾选对应的回答结果，系统在提问结束后将生成诊断推荐，医生参考系统所提供的建议，并结合自己的判断，可给出最终诊断结果。通过前述固定的问诊过程，医生不会有疏忽，不会有遗漏，一切走向标准化。临床决策支持系统的实现机制如图6-1所示。

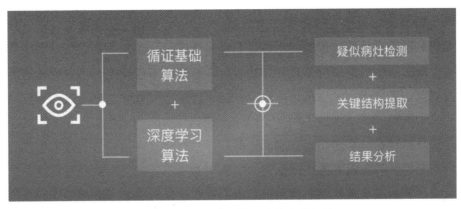

图 6-1　临床决策支持系统的实现机制

虽然智能医疗技术在各个应用领域均取得了不错的进展，并且智能医疗的发展也开始受到国家的政策扶持与指导，但是，智能医疗目前在数据使用、人才培养、行业规范和科研转化等多个方面仍存在发展困境，这在客观上阻碍了智能医疗技术在更大范围的使用和研发。例如，在医疗数据的归属权、使用权、存储权和交易权利上，目前各国大多未进行相应的立法工作，医疗科技公司在相关数据的使用上存在法律风险。国家范围内数据缺乏规范和标准，导致各地数据质量不一，难以进行整合管理；数据壁垒也进一步加重了医疗行业中"数据孤岛"现象。无法在更广的层面进行医疗数据共享，对于推动智能医疗的发展是不利的。智能医疗领域的人才资源仍然比较匮乏。智能医疗行业的研发专家不仅需要跟上人工智能技术的更新步伐，还需要对我国医疗业务流程的专业特征有所了解。然而，我国现有医疗系统尚无对应的课程与专业。此外，国家层面对于产品认证的技术标准仍不健全，多数医疗机构基于对技术风险的担忧，不愿意主动采用人工智能技术。这些因素共同限制了智能医疗技术的市场应用转化。最后，科研成果转化为成熟产品路径过长，其中涉及的知识产权、利益分配、品牌所有权等诸多不确定因素也都会影响智能医疗产品最终投入市场。

（二）智能医疗的发展未来

目前智能医疗的发展主要集中在医学知识图谱、人工智能算法等硬性技术挑战，以及当前社会伦理对于机器诊疗的接受程度上。医学知识图谱为医疗信息系统中海量、异构、动态的医疗大数据的表达、组织、管理及利用提供了一种更为有效的方式，使系统的智能化水平更高，更加接近于人类的认知思维。

医学知识图谱的构建流程大致分为四个步骤，即医学知识表示、医学知识抽取、医学知识融合、医学知识推理。医学知识图谱的建设不仅需要医学大数据的支持，也需要人工智能算法的不断升级与完善。

人工智能算法主要需要在以下五个方面进行升级和完善，即算法拟合度的优化、算法泛用性的增强、对隐私信息的保护、医疗结果可解释性的加强、不良医疗事件发生率的降低。

对于智能医疗伦理问题的担忧，也是目前智能医疗产业发展需要进行回应的关键问题。2019年国家卫健委一项针对智能医疗伦理问题的调研显示，六成受访者对个人隐私及知情权表示担忧；超过一半的受访者对大数据及算法的不可控性表示担忧；超过三成的受访者对于诊疗道德方面表示担忧。[①] 对此，除学界应加强与之相关的法律、伦理和社会问题研究，政府也应及早建立并完善相关法律法规，明确智能医疗的法律主体以及相关权利与义务关系和基于人机互动技术的道德伦理框架体系。

可以预料，不断完善的智能医疗技术在未来的发展，首先将成为医务人员

---

① 《中国医疗人工智能发展报告》（2019）蓝皮书相关调研整理及绘制。

的重要补充,以解决未来医务人员稀缺的问题;其次,智能医疗可以助力药物挖掘的效率,加速药物开发的过程;最后,随着智能医疗人性化与精准化的提升,个性化用药将有可能实现,并最终解决当前困扰人类健康的各类型癌症等重大疾病,提高个人的生活质量。

二、智能养老

截至 2019 年底,我国 60 周岁及以上老年人口约 2.54 亿,占总人口的 18.4%。"十四五"时期是我国人口老龄化快速发展的时期。按照民政部预测,到 2025 年,我国 60 周岁及以上老年人口将突破 3 亿。届时,我国将从轻度老龄化阶段迈入中度老龄化阶段。我国老年人在营养饮食、关爱陪护、医疗护理、文化娱乐等方面的需求日益迫切,但养老产业却面临劳动力严重短缺的问题。目前,失能、半失能老人约 4 400 万,全国养老机构的护理人员仅 22 万人,符合资格的仅有 2 万人。① 按照国际标准,失能老人与所需要的护理人员比例是 2∶1,即两位护理人员照顾一位老人,但目前国内的比例却是 1∶10,即 1 位护理人员照顾 10 位老人,我国现实情况与国际标准差了 20 倍。因此,依托科技产品的智能养老将成为缓解我国老龄化冲击的重要抓手。

简单来说,智能养老利用信息化、互联网和物联网技术,面向老人提供实时、快捷、高效、低成本的智能化养老服务。近年来,倡导智能养老的相关政策密集出台。2019 年 9 月,民政部印发《关于进一步扩大养老服务供给 促进养老服务消费的实施意见》,指出要加快互联网与养老服务的深度融合,打造多层次智能养老服务体系,创造养老服务的新业态、新模式。同年 11 月,中共中央、国务院印发《国家积极应对人口老龄化中长期规划》,明确提出把技术创新作为积极应对人口老龄化的第一动力和战略支撑,加快老年相关产品和服务的科技研发。2021 年 3 月正式出台的《中华人民共和国国民经济和社会发展第十四个五年规划和 2035 年远景目标纲要》进一步明确了健康中国战略,要求推动养老事业和养老产业协同发展,健全基本养老服务体系,发展普惠型养老服务和互助性养老,培育养老新业态。

---

① 金振娅.白衣天使年增几十万 为何仍紧缺[N].光明日报,2019-05-10(8).

政府、市场与社会各界积极挖掘数字化智能技术在养老方面的潜能，为老年人提供了品类更多、品质更好、品牌更优的智能养老产品。这些产品的研发与使用缓解了养老产业专业人员供给不足的问题，养老品质、效率和精准化得到一定程度的提高。智能化科技产品除能应用于养老产业，显著增进老年福祉外，还能扩展到社会各年龄段群体，为全民提供全方位、全周期的健康服务，提升健康教育、慢病管理和残疾康复服务质量，保障精神卫生和心理健康。因此，智能养老不仅有利于老年人群体的身心健康，对落实健康中国战略也将作出重要贡献。

（一）智能养老的发展现状

在巨大市场需求和各国政策的双向刺激下，智能养老产业在全球范围内呈现出蓬勃发展之势。尤其在日本、德国、意大利等老龄化程度高的发达国家，智能养老产品与系统创新层出不穷。例如日本的智能微波炉、智能空调、护理机器人等，不仅为老年人提供便利和护理服务，还能监测记录老年人的日常起居。再如德国的环境辅助生活（AAL）系统，通过感应传输装置，将各类仪器连接到一个具有扩展性的智能终端，对老年人的居住状态和环境进行实时监测，如遇可疑情况会立即作出判断与反应。

国内提出"互联网＋大健康"概念后，百度、小米、华为等企业纷纷加入智能养老产业。一方面，"机器代替人"的形式弥补了养老产业劳动力短缺和非专业、低稳定性的缺陷；另一方面，因为相对低廉的价格和低准入门槛，智能养老产品在相当程度上推动了养老服务的普惠性和均等化。总结国内外形式各异的智能化养老产品，根据老年人退休、身体功能失调、医疗照顾、临终关怀的阶段性生命周期，可以发现其在老年人健康保健和医养照料等方面发挥出重要作用。

第一，老年人健康保健。从老年人退休到身体功能失调，是养老周期第一阶段，此时智能养老产品主要从身体和精神两个方面保障老年人身心健康。从身体方面看，老年人行动不便时，通过语音识别方式，利用智能终端连接、控制以及使用灯具、窗帘、空调等产品，可大大提高老年人自主生活能力。智能穿戴设备，如智能手环、睡眠监测设备等，能实时监测老年人的血压、脉搏、体温、心电等生理特征，并通过发送信号等方式对慢性和突发疾病及时进行预警。从精神方面看，陪伴关怀是老年人面临的主要问题之一。智能养老产品的互动功能在一定程度上为老年人提供了精神慰藉。智能社区养老服务平台将老年人"嵌入"家庭、社区、单位等社会关系网中，使老年人更方便地与亲人、朋友、同事、邻里等互动交流，通过"线上"与"线下"相结合的活动、社交、游戏等方式，促进老年人身心健康。

第二，老年人医养照料。从老年人身体功能失调到生命临终是养老周期的第二阶段。此时，智能养老产品主要从"专业化老年照料"和"一体化医疗服务"两个方面，促进养老服务水平提升。一方面，利用位置检测、环境检测、睡眠检测等智能化检测终端，辅之以网络摄像头等实时画面，可以使家人随时随地了解老人的居家生活状况，并与老人发生情感互动，这使家庭养老照料的范围大大扩展，从而减轻了老年人照料对专业医护人员和康养机构的依赖。同时，医疗器械、护理机器人等智能科技产品减轻了老年人照料对劳动力的过度依赖，大大提升了老年人自助、互助和家庭照料的能力。另一方面，老年人生命最后阶段，往往离不开专业医疗服务。智能社区养老服务平台在相当程度上，促进了家庭医疗、社区医疗和专业医院资源的相互促进与融合发展，在借助大数据等方法和技术，为老年人精准匹配专业医生、社区护理资源、养老机构资源等的同时，也促进社会整体养老资源"以老年人需求和服务"为中心，重塑业务流程，实现最大限度的资源优化配置。

百度五福：AI 助老，健康生活

2020 年 9 月，百度五福 AI 助老公益项目落地北京 16 个社区，百度五福 AI 助老项目累计输出超过 300 期的运动促进健康类视频、200 余条养生内容、五大心理舒缓解决方案，利用智能设备为机构的养老服务供给能力赋能，通过智能治理平台简化养老机构的流程体系，让小度智能屏为老人带去娱乐陪伴之余，更成为他们生活上的得力助手。2021 年升级的智慧管理后台，让社区管理者通过老年人使用服务和功能的情况，调整相关的服务、组织社区活动，打造更具智慧的社区管理。

正是基于社区居家场景，2019 年年底至 2020 年年初，百度与清华大学老龄社会研究中心的《社区智慧健康养老服务研究报告》发布，将五福定制版智能设备对北京市海淀区清河实验小区 120 户老年人家庭日常生活及健康影响进行了调研验证，调研数据表明：AI 智慧养老方案，可以使老年人的生活方式趋向健康化。图 6-2 所示为老年用户向记者演示百度五福助老平台的功能。

图 6-2　老年用户向记者演示百度五福助老平台的功能

——节选自"百度五福助老"提供材料

（二）智能养老的发展未来

面对我国智能养老服务行业不断涌现的技术创新，以及随之产生的治理问题，推动智能养老服务产业标准化是行业维持健康发展的当务之急。从生态链的角度看，智能养老服务产业包括后端的数据整合系统、中端的技术研发系统和前端的产品服务系统。智能养老服务产业生态链的建构，不仅需要在各个环节建立相应机制系统，同时也需要政府通过顶层设计与科学布局推动实施相关系统的配套标准。目前，针对我国养老服务的国家标准和行业标准只有六项。其中多数是机构设置、设备设施、辅助仪器等建筑设施方面的标准，真正意义上的智能养老服务标准仍十分缺乏。总体而言，我国智能养老服务市场中各类养老模式自成一派，且呈现出服务有限、质量偏低的状态。因此，提高智能养老产业的服务水平，推动该领域规范发展势在必行。

近年来，我国智能化数字技术蓬勃发展，各类科技产品层出不穷。然而，老年人对智能技术不了解、适应性慢等因素所导致的"银发数字鸿沟"正在阻碍老年人享受智能养老产品所带来的技术红利。因此，从老年人的认知度、可接受度、可操作性等维度入手，加快智能技术适老化转型正逐渐成为当下智能养老产品的研发方向。2021年1月，工信部宣布将进行为期一年的"互联网应用适老化及无障碍改造专项行动"，在此背景下，百度等互联网企业推出了专为长辈设计的"大字版App"。"百度大字版App"不只是字体变大，还添加了更多适合老年人使用的功能，如其内置了百宝箱以满足老年人在日常生活中，对扫码、追剧、听广播、学跳广场舞、辅导儿童学习等方面的需求。

随着人工智能、物联网、区块链等现代信息技术在智能养老服务行业中的应用，智能养老产业的科技属性日益凸显，行业规范日渐成为市场各主体所共同关注的事项。例如，2021年1月1日，由中国电子技术标准化研究院、中国电子工业标准化技术协会、工业和信息化部电子第五研究所、北京体育大学、清华大学、中国科学院心理研究所联合百度公益基金会制定的《基于人工智能语音交互的养老服务平台要求》团体标准正式实施。该团体标准从平台基本要求、智能语音交互技术要求、服务内容要求、服务供应商准入要求、数据安全要求等层面着力解决了目前各类智慧养老服务产品和系统接口通信、数据格式等标准各不相同，以及不同产品与系统之间难以实现互联互通的问题。

此外，数据信息安全对智能养老产业的发展也尤为重要。个人隐私保护与使用安全一直是老年人较为关心的两个问题，直接影响他们对智能养老产品的信任与使用。但是，老年人群体对于数据信息安全知识的了解却又是匮乏的。百度搜索大数据显示，和40岁以下年龄段的人群相比，40岁以上人群较少主动关注和搜索"个人信息安全"和"个人隐私保护"等方面的信息。因此，如何保障老年人群体的数据安全将会是智能养老产业的发展重点。

三、智能教育

人民政府一直支持教育事业的健康发展。2021年3月由十三届全国人大四次会议通过的"十四五"规划，明确提出了"构建高质量的教育体系"的要求，并在具体实践指引中强调了"发挥在线教育优势"等智能创新教育形式，推动我国教育资源质量提高与分配公平。可以预计，我国智能教育行业由此进入快速发展时期。

教育自新中国成立后便呈现出快速发展的趋势。1949年，当时的小学净入学率只有20%，4.5亿多人口中，大学生只有11.7万。经过70年发展，2019年全国学前3年毛入园率为83.4%、小学学龄人口入学率为99.94%，初中、高中、高等教育阶段的毛入学率分别为102.6%、89.5%和51.6%，高等教育进入普及化阶段，特殊教育不断加强，继续教育多样化推进。新增劳动力平均受教育年限超过13.7年。① 但是，目前我国教育资源在城乡、区域、校际和群体等诸多维度上仍表现出较大的差距，教育公平问题成为影响当下我国教育事业发展的主要瓶颈。对此，智能技术驱动下的智能教育为解决教育公平问题提供了新的解决方案。

（一）智能教育的发展现状

人工智能与教育的结合并非近年才开始出现的新领域，基于逻辑推理的程序化教学可被视为早期原始的智能教育形态。② 纵观智能教育的历史发展，依次经历了为促进教育实际问题的解决而关注专家知识应用自动化的初级阶段，对知识自动获取与系统建模聚焦的转向阶段，为促进教育优质与公平而对有效使用技术的审思阶段。③ 在当前的发展阶段，智能教育主要是指通过可迭代、可演化的算法与模型进行数据驱动的分析归纳与精准决策，智能教育正逐渐应用于智能辅导、微格教学、自适应学习、沉浸学习、自动测评、课堂评价等多种场景中。④

相较而言，受科技和生产力的影响，国内智能教育体系仍处于起步发展阶

---

① 陈宝生. 建设高质量教育体系 [EB/OL]. [2022-05-03]. http://www.moe.gov.cn/jyb_xwfb/moe_176/202011/t20201110_499068.html.
② 梁迎丽，梁英豪. 人工智能时代的智慧学习：原理、进展与趋势 [J]. 中国电化教育，2019（2）：16-21.
③ 蒋鑫，朱红艳，洪明. 美国"教育中的人工智能"研究：回溯与评析 [J]. 中国远程教育，2020（2）：9-20，48.
④ 杨晓哲，任友群. 教育人工智能的下一步——应用场景与推进策略 [J]. 中国电化教育，2021（1）：89-95.

段，并主要面临四大发展难题：一是教育数据的数量与质量存在"短板"，人工智能技术的价值难以发挥；二是教育业务复杂多样，通用人工智能技术"嫁接"教育的难度增大；三是教育用户对人工智能技术存在应用价值与角色关系的双重困惑，人机信任危机难以消除；四是缺乏人工智能专业教师队伍与课程体系，人工智能融入教育进程缓慢。① 但是，2019年新冠肺炎疫情的暴发，刺激了社会对智能教育产品的需求，缩短了我国教育信息化实现的周期。《2022年度中国数字教育市场数据报告》数据显示，2022年中国数字教育市场规模3 620亿元，同比增长12.42%。在用户规模上，2022年数字教育用户3.14亿人，同比增长5.36%。

> **案例：浙江一根网线串起了城乡课堂**
>
> 打破传统教育教研模式，克服地域、时间阻碍，一根网线就将城区优质学校优秀老师的课堂教学同步到了乡村、海岛。
>
> 浙江省舟山市岱山县高亭中心小学三年级教室，一堂生动有趣的科学课——"天气日历整理"正在进行。这是一堂跨越海峡的科学课：除了眼前的学生，隔着屏幕，授课的应建成老师面对的还有远在外岛、有半个小时船程的长涂中心小学的11位三年级学生。长涂中心小学在远离岱山县城的长涂岛，6个班级、18位老师，全校84名学生中，有60名是外来务工人员的子女，最少的一个班只有8名学生，是一所名副其实的"袖珍学校"。
>
> 两个摄像头、四只麦克风、一台多媒体教学一体机，分别"入驻"两校教室。这些新装备通过一套高清视频直播系统，突破大海的天然阻隔，让两校的教学课堂画面双向实时同步展示。
>
> 2019年3月，为了让城乡孩子共享优质教育资源，依托互联网信息技术，高亭中心小学与长涂中心小学两所学校成为"互联网+义务教育"远程同步课堂的结对学校。

---

① 杨现民，张昊，郭利明，等.教育人工智能的发展难题与突破路径[J].现代远程教育研究，2018（3）：30-38.

> 同步课堂让长涂中心小学的孩子同步享受到了城区学校优质的教学资源，看到屏幕里其他学校的同学，最开心的就是孩子。
>
> 据浙江省教育厅统计，截至2020年，全省有1 558所义务教育阶段学校结成785对帮扶对子，同步课堂开课5万余次，参与师生236万人次。而在受援的802所乡村学校中，有321所是学生人数在100人以下的小学和教学点。
>
> 据悉，下一步，浙江还将进一步加大"互联网+义务教育"城乡学校结对的帮扶力度，到2021年，实现全省所有乡村小学和乡村薄弱初中学校"互联网+义务教育"结对帮扶全覆盖；到2022年，全省所有义务教育学校全部实现"互联网+义务教育"结对。
>
> 浙江省教育厅要求，包括城乡同步课堂、远程专递课堂、教师网络研修、名师网络课堂四种帮扶方式的"互联网+义务教育"，结对学校至少确定其中两种，"原则上所有结对学校都要实施'城乡同步课堂'"，浙江省教育厅基教处副处长朱国清说。
>
> 资料来源：一根网线让城乡教育走向"零距离"[EB/OL].（2022-02-24）.https://baijiahao.baidu.com/s?id=1659358658888683452&wfr=spider&for=pc.

当然，在线教育应用仅是智慧教育实现的一种形式、手段。从技术框架上看，智慧教育可被分为支持层、感知层、认知层和应用层四个过程维度。

支持层包含数据、算法、算力三个主体。数据被形象地称之为人工智能的"燃料"。支持智能教育的数据主要包括管理类数据、行为类数据、资源类数据以及评价类数据。总的来看，教育数据质量总体较低、良莠不齐。算法是人工智能最为核心的组成部分，主要包括机器学习和深度学习两类。算力是人工智能实现的物质基础。数据、算法和算力共同构成智能教育的支持层。

感知层主要涵盖智能系统对于文字、语音、图像、影像等信息的识别。通过感知层，系统能够对文字、语音、图像、视频等信息进行分析。例如，基于语音转文字技术，能够对课堂中的语音进行文字转写，形成一种做课堂笔记的新方式。又比如，在智能手机上阅读电子图书，通过前置摄像头基于图像识别技术，可以采集与分析阅读者的面部，从而能够建立文字段落与阅读者面部的关联。总之，这些分类的感知专项为后续的认知层与应用层提供重要发展前提。

认知层是建立在感知层之上的架构，包含了自然语言处理、知识图谱、用户画像等。有别于感知层对某种数字化载体类型的识别,认知层是更进一步的推理、诠释与理解。认知层旨在强调在教育领域内对教育的客观与主观经验的整合处理能力。例如,通过感知层可以对课后习题进行图像到文字的转化,在此基础上通过自然语言处理判断出文字的逻辑语言。再进一步结合教育大数据与习题知识库,利用知识图谱技术,寻找出相关习题的题解。认知层不是一个孤立的技术处理过程,而是结合教育的深度解析过程。

教育人工智能的顶层为教育应用层。当前的人工智能仍然属于弱人工智能,特别是在面对教育如此复杂的真实情境应用时,人工智能短期内还难以实现跨越多个教育场景的效果,形成教育中通用的人工智能。

(二)智能教育的发展未来

智能教育行业的发展离不开教育新基建。为促进社会与经济高质量发展,近年来我国大力推进"新基建",提出加快 5G 网络、大数据中心、人工智能等基础设施建设,打造支撑数字转型、智能升级、融合创新的基础设施体系。受益于"新基建"公共基础设施,服务于教育领域的教育新基建已成为推进教育智能化升级的必要建设工具。例如,5G 网络的建设对于农村地区的网络普及率将产生大幅提升的作用,补齐农村网课的"数字短板"。

智能教育行业的发展同教育智能化技术的不断突破密切相关。智能教育突破过去以学习行为识别为代表的浅层次感知技术的局限,进一步实现对学习情景、意图或状态的深度理解,从以行为分析为主发展到认知、情感、社交、生理等多层次、多模态学习分析。智能教育在细粒度精准化知识图谱构建、"师 - 机 - 生"混合智能增强、融合学习者认知机理的可解释性建模等方面取得的技术突破,甚至可反哺人工智能的发展。

智能教育行业的发展是多领域、多学科互建互通而成的。作为一个典型的学科交叉领域,智能教育的研究与发展融合了教育科学、信息科学、系统科学、管理科学等多个学科。未来,在智能教育理论、方法和应用等多个层面,均需综合运用自然科学与社会科学研究方法,着力探索多学科交叉融合、联合攻关的新方法、新模式,开拓智能教育研究的新领域、新方向、新发现,解决教育改革发展中的环境重构、资源创新、流程再造、评价变革、治理优化等一系列问题,提供新的研究范式和技术工具。

智能教育行业的发展是多主体协同参与的过程。教育是一项复杂的系统工程，多主体协同攻关是国内外教育科学研究的重要特征，需要"政产学研用"等利益相关方深度协同。政府作为产业的引导者与推动者，运用教育政策引导和组织高校及科技企业等技术研发与生产力量结合社会需求开展体制机制创新。通过多主体协同，形成涵盖基础理论突破、关键技术攻关、产品研发和应用能力构建的整体布局，实现学科链、产业链、资金链的有机衔接，提升智能教育科研质量和应用服务的整体效能。

智能教育行业的发展对于教育公平有重要意义。目前国内的智能教育资源，在区域上仍然主要集中在一、二线城市，使用者家庭经济条件较好。智能教育资源向用户群体更广泛的三、四线城市和经济弱势家庭配置，既是当前市场条件下，保持智能教育行业高速增长的现实选择，也是构建高质量的教育体系，实现教育公平的国家教育发展方针的必然要求。目前，越来越多的地方政府同百度等科技公司合作建设人工智能示范学校。这些示范学校主要借助人工智能和大数据技术，让偏远地区的农村孩子通过互联网智能云平台，实现跨时空的教育连线，享受到和大城市一样好的优质教育资源。这种方式也为农村教师提供了更好的研讨和磨课机会，为他们施教能力的提升提供了便利。

思考题：

1. 智能医疗与传统医疗相比，有哪些主要差异？
2. 我国智能养老产品的研发应该关注哪些因素？
3. 智能教育的发展对于弱势教育群体的教育机会获得将产生什么影响呢？

第七章 智能社区

社区是社会系统中人们互动的基本单位。经典社会学家滕尼斯将之定位为"以生死关联、相互帮助、信息互动为价值导向的共同体、集合体"①，是人们进行生活与工作互动的基础空间单位。就社会治理而言，社区也是当前国家推动社会治理现代化转型的落脚点。2017年中共中央与国务院共同印发的《中共中央 国务院关于加强和完善城乡社区治理的意见》便明确指出："城乡社区是社会治理的基本单元。城乡社区治理事关党和国家大政方针贯彻落实，事关居民群众切身利益，事关城乡基层和谐稳定。"②

随着社会现代化程度的不断提高，"智能社区"（smart community）应运而生。1992年，国际通信中心（International Center for Communication）最早提出了"智能社区"的概念，即利用信息技术的发展，改变和拓展人民的生活与工作环境，

---

① 滕尼斯.共同体与社会[M].林荣远,译.北京：商务印书馆,1999：54.
② 中共中央 国务院关于加强和完善城乡社区治理的意见[EB/OL].（2017-06-12）.http://www.gov.cn/zhengce/2017-06/12/content_5201910.htm.

帮助人们跨越空间阻隔,实现网络化链接,从而得到包括教育、医疗和商务等多方面服务。① 同 30 年前相比,在人工智能、大数据、物联网和云计算等智能技术的驱动下,当今智能社区的概念内涵与外延已大大扩展,形式多样的智能社区也已悄然出现,且正逐渐改变传统社区的组织方式和治理结构。

一、智能小区

随着社会经济、文化的发展,在社会结构性的生活机会驱动下,越来越多的人口将生活在城市。联合国经济和社会事务部人口司编制的《2018 年版世界城镇化展望》显示,到 2050 年,城市人口比例预计将增加到 68%,中国城市人口亦将比目前多增加近 2.55 亿。② 与此同时,城市作为社会现代化催生出来的空间单位,长期以来便是智能技术率先应用与发展的地方,并且作为主要驱动力量,推动城市治理水平的提升,提高城市居民的生活质量。城市智能小区的实践经验已在全球落地开花,美国、欧洲、新加坡、日本等国家和地区基于自身社会经济特征,形成了具有自身特性的城市智慧小区建设发展经验和实际成果。在国内,北京、上海、重庆等地随着智能技术的发展而出现了多种类型的城市智慧小区,其悄然改变着普通市民的居住生活方式。

(一)智能小区发展现状

政府推动城市智能小区的建设与发展是世界各地城市智能小区项目能快速推进的重要原因。例如,美国联邦政府于 2015 年 9 月发布的《白宫智慧城市行动倡议》中,便将智慧社区建设上升到国家战略的层面,并将分工与相应资金投入细化到每个参与部门。在欧洲,欧盟于 2009 年提出了《欧洲智慧城市倡议》,其内容涵盖了城市智能社区建设的指导纲领,其后又在 2011 年和 2012 年分别启动了"智慧城市和社区计划"与"智慧城市和社区欧洲创新伙伴行动",以推动欧盟各成员国加快城市智能社区建设。巴塞罗那、维也纳、慕

---

① 申悦,柴彦威,马修军. 人本导向的智慧社区的概念、模式与架构 [J]. 现代城市研究,2014 (10):13-17,24.
② 联合国:2050 年中国城市人口将再增 2.55 亿 [EB/OL].(2018-05-16).https://news.un.org/zh/story/2018/05/1008862.

尼黑、格拉斯哥等城市也结合自身特点积极推动城市智能小区建设。在亚洲，日本和新加坡政府也在积极推动城市智能小区项目。日本在"I-Japan"（智慧日本）的国家智能建设发展框架下，不断丰富城市智能社区内涵，并在经历"3·11"大地震后，将抗灾能力纳入智能社区的发展重点；新加坡则在"智慧国"的建设战略下，基于自身"城市国家"的现实特征，推动落实城市智能小区建设。

各国在推动城市智能小区建设的过程中，其指导原则也有明显的差异。基于全球领先的智能技术水平和发达的市场经济系统，美国各个城市在建设智能小区时，更加突出市场的重要性，鼓励同科技企业一起合作。通过 IBM 智能技术公司的参与，美国迪比克市在 2009 年成为世界上第一个落地智能小区的城市。运用物联网、互联网和人工智能等技术，迪比克市将城市的所有资源，包括水、电、交通、公共服务等数字化并连接起来。居住在迪比克市的 6 万居民及其政府可以即时监测和调整他们用水、用电及交通出行的方式。其他如思科、微软等智能技术巨头，亦是美国城市智能小区建设的重要力量。思科于 2009 年开始推动全球化和一体化智慧社区项目；微软于 2013 年启动 "CityNext"（未来城市）计划，利用其技术和网络平台为智慧城市与智慧社区提供解决方案。①

相较于美国在推动智能城市建设中偏重市场与科技公司的角色。欧洲城市在智能小区建设中更加注重公众参与，突出以"人民生活"为中心的建设思想。例如，2011 年欧盟在拟定"智慧城市和社区倡议"时，便广泛征求公众意见及建议，并形成报告公布于官网。在实践中，慕尼黑为推动城市智能社区建设成立智能社区实验室让公民参与其规划过程；巴塞罗那在推动"22@Barcelona"创新区试点智能社区建设时，便首先成立"22@Barcelona Network"社会组织，以推动智能社区项目的成功。

在亚洲的日本与新加坡，政府强大的行政能力使得城市智能社区建设同国家的顶层设计战略融为一体。在"藤泽智慧城"（Fujisawa SST）的建设上，日本政府先行制定总体"绿色节能""以人为本""永续发展"的发展规划理念，交由松下等 19 家企业负责具体建设，实现同市场力量的结合。并且，日本政府

---

① 李德智，王晶晶，沈思思.典型发达国家智慧社区的建设经验及其启示[J].建筑经济，2017，38（11）：81-84.

在 2010 年建立了日本智慧社区联盟（JSCA），以规范全国各地的智能社区项目。新加坡则将智能技术驱动下的城市智能社区建设定位为国家战略，新加坡建屋发展局（HDB）、陆路交通管理局（LTA）等部门也制定相应策略和计划来实现智能转型。例如，建屋发展局将智能技术积极运用到城镇与房地产中，并于 2014 年 9 月公布了"智慧市镇框架"，促进落实新加坡的城市智能社区建设。

我国城市智能小区建设仍处于起步阶段，但是随着智能技术迭代发展以及在城市生活中广泛运用，全国各地开始出现以智能技术为主导的社区改造与升级。2012 年，上海在全国范围内率先启动了智能小区试点工作。随着各地纷纷推进智能社区建设，为了指导和规范全国城市小区智能化建设工作，2014 年 5 月住房和城乡建设部发布了《智慧社区建设指南（试行）》，明确了全国各个城市推动智能小区建设适用范围、总体目标、指导思想、发展原则、评价指标体系、总体架构与支撑平台、基础设施与建筑环境、社区治理与公共服务、小区管理服务、便民服务、主题社区、建设运营模式、保障体系建设等内容。自此，各地智能小区建设步入快车道，并且涌现出一批特色鲜明的代表。

重庆万州智慧社区大数据应用管理平台

依托云计算、大数据、物联网、人工智能等现代科技手段，重庆万州智慧社区大数据应用管理平台以"人、车、房、物"等数据为基础，全面整合人员及房屋管理、门禁管理系统、大门体温检测、视频监控（高空抛物、行为分析、高清相机等）、充电桩、周界防范、消防水压、空气检测、烟感报警、社区关爱手环、广播通报等硬件设备，并嵌入 AI 算法及边缘计算技术，对特殊情况实时预警，对"人、房、车、物"等各项数据提供高效的算法支撑；同时为政府提供全面的数据、实时的预测预警、科学的决策建议和高效的处理流程；同时提高了管理效率和治理水平，为群众提供高效、便捷、多元化服务，提升人民群众的安全感和获得感。

本项目内容为万州老旧小区智慧化大数据平台建设，主要包括以下方面。

（1）标准规范：持续制定万州区智慧小区相关标准规范，为全区小区数据管理、数据交换、智慧应用管理提供依据，为全区智慧化小区建设发展提供有力保障。

（2）统一云基础支撑平台：建设统一、开放的云基础支撑平台，为全区各级各类小区大数据应用提供支撑。

（3）大数据中心：建设数据采集、数据治理、数据存储与检索、数据共享交换、数据监控、数据分析与应用等功能，构建完善万州区智慧化小区统一数据中心，对全区小区相关数据进行统一管理、交换共享，构建全区数据"聚、通、用"体系。遵循应用驱动数据的原则，逐步建立横向、纵向的数据整合治理能力，融入智慧城区建设体系，实现数据互通，建设区域统一大数据中心，提升综合治理水平。

（4）智慧应用：本次建设改造主要包括智慧化大数据平台、门禁系统、视频监控系统、停车场管理系统、物联网系统、公共广播系统、IBMS（智能大厦管理系统）智能化集成管理平台。

智慧社区大数据应用管理平台已累计接入社区110余个，平台中人员信息超过8万余条，日有效数据超10万个，为政府各机关部门做相关决策提供了有效的数据支撑，并多次在"双亮"视察工作中取得优异成绩。

——节选自《"数字社会"创新实践优秀案例（2021）》

总体而言，我国城市小区的智能化建设仍然存在诸多问题：第一，各地城市政府推进智能小区的建设规划理念不明，缺乏统一规划。智能小区不仅是一个随智能技术发展而产生的新兴事物，其建设和指导单位也横跨多个政府部门，各地政府、企业界、学术界以及普通社区居民，对于城市智能小区的定位及其功能仍存在争论。缺乏统一建设指导思想的建设构建体系和各行其是的建设行为，势必不利于智能小区在各地的落地与推广。第二，各地的基础设施建设相对落后，高昂的社区智能硬件升级费用也是地方推进智能小区改造的阻力之一。第三，在各地智能小区建设中，"信息孤岛"问题仍然十分突出，阻碍了智能小区实现信息交互与资源整合。智能小区的建设发展，必然需要多元数据的支持。然而，目前政府条块分割阻碍了数据在政府部门的共享，不利于以数据为基础的智能小区服务优化。第四，各地智能小区项目的建设运营模式仍需进一步市场化，以吸引社会力量加入智能小区的设计、建设与运营等环节。第五，基层专业人才培训体系的缺失制约着智能小区服务质量的提升和项目的全国推广。智能小区项目的运转不仅和智能技术研发与应用的专业化人才队伍有关，专业的基层社区工作者也是智能小区项目的重要依靠力量。例如，小区试点智能门禁系统不仅需要专业技术研发团队对系统进行维护，小区保安的服务意识强、规范建设与专业能力强也是系统最终能成功落地的关键。

（二）智能小区的发展未来

随着大数据、人工智能、物联网、区块链等智能技术的发展与应用，智能小区已成为城市基层社区治理现代化发展的重要实现载体，为满足人民日益增长的美好生活需要增加了更多的可能。总结国内外的经验，智能小区与传统小区的建设不同之处，在于通过智能技术工具，整合了城市社区多方面的资源，并依靠智能技术平台实现信息共享和高质量的公共服务，是"以人民为中心"的现代城市治理理念的集中体现。换言之，城市智能小区中的智能技术应用本身并不是目的，它是为生活与工作在这个社区空间中的人民创造更为舒适与幸福生活的手段，是知识、创新、环境、公平、共治等多要素展现的平台。

推动智能社区建设，仅依靠单一的企业、组织协会和政府力量，显然是不够的。在建设项目的落地上，城市智能小区需要各个城市建设主体共同参与，离不开大量的城市基础设施、技术与知识密集型劳动者和以技术创新为价值导向的市场。因此，为实现城市智能小区建设的可持续发展，要有计划地做好边建设边回收的安排，全面考虑智能设计同周围环境的关系，根据自身特性，充分利用资源，发挥社区特点和优势。

同国外智能小区不同，我国城市智能小区数量庞大、类型多样，如极具中国特色的传统单位式社区和城乡边缘的过渡式社区。因此，我国推动城市智能小区建设的过程，并不能完全照搬西方标准，要以我为主、注重甄别，对其中成熟的、精华的部分进行跨文化比较和再检验，并根据国情、社情和民情，制定符合地方城市特色的智能化发展路线。

二、智能乡村

随着智能技术迭代升级进程的加速，同城市社区一样，乡村社区智能化水平的提高，也促使乡村社会文化生态出现新的变化。相较于智能城市社区，智能乡村更加强调以农民生产生活水平的提升为目的，智能技术作为推动农业农村发展质量变革、效率变革、动力变革的重要工具，助推乡村社会现代化。在智能乡村的建设上，欧盟、韩国、印度等地结合自身乡村社会特点，已先后出台多项政策推动本地智能乡村发展。随着以互联网、大数据和人工智能为代表的智能信息技术向乡村地区扩张，中国的一些乡村结合本地特色产业，形成农业型智能乡村、电商型智能乡村、旅游型智能乡村和能源型智能乡村等多种类型的智能乡村，极大地改变了当地村民的生产生活方式。

（一）智能乡村发展现状

智能乡村作为一个新兴社会现象，在国外也不过是起步阶段而已。2017年，欧盟启动了"智慧乡村"项目，希望通过智能化建设，改变欧盟地区乡村萎缩的趋势，使乡村变得更加有活力和吸引力。针对农村通信基站十分脆弱，手机、网络信号很不稳定的现象，欧盟的"智慧乡村"重点之一就是改善当地的数字基础设施，推动农村地区信息化，并通过生产与生活基础设施的改善，创造更多就业和发展机会，实现欧盟各国农村地区的可持续发展。在具体操作实践上，欧盟各国智能乡村建设各有侧重。法国通过"互惠合约"利用智能技术由城市向乡村的网络化扩张建立新型城乡联系；芬兰实施"智慧乡村"计划旨在通过乡村基础设施的智能化升级改变乡村社会落后的面貌，以提高乡村吸引力，避免乡村发展"空心化"问题；希腊更加强调智能技术在农业生产上的应用，利用大数据、物联网和智能运算等方法，发展"精准农业"，推动农业生产效率的提升。总的来看，作为发达社会经济体，欧盟发展智能乡村主要是为了应对在后城市化阶段，乡村人口不断减少的困境，希望通过推进乡村智能化转型升级，实现乡村社会的可持续发展。

虽然仍然长期保留着小规模零散化的精耕细作农业生产模式和宗族聚居的家庭生活形式，但随着社会现代化进程的加快，韩国农村仍然避免不了诸如人口锐减、耕地荒废、农业疲敝等许多问题。对此，韩国较早地在乡村地区开展信息化建设，以缩小城乡差距。早在2001年，韩国便出台了"信息化村"计划。该项目由韩国政府主导，企业和农民共同参与，旨在通过乡村地区基础网络建设和农民网络技能培训，促进韩国乡村信息化和地区经济发展。截至2016年，韩国已建成"信息化村"357个,约占韩国自然村总数的1%。[①]

作为当今世界第二大发展中国家,截至2019年,印度仍有超过65%的国民居住在乡村。[②] 印度的社会现代化与城市化进程仍处于起步阶段,不仅印度农村和城市在信息化设施上有巨大差异,许多印度农民也仍未完全摆脱贫穷和落后的生活困境。为此,2015年印度启动了"数字印度"计划,旨在通过数字技术的发展,实现印度的跨越式发展。该计划提出了"九大支柱":宽带高速公路、移动网络普及、公共物联网接入计划、电子政务、电子革命、全面信息化、电子制造、IT就业培训、前期项目。该计划期望在2019年25万个印度村庄实现宽带接入,并普及移动网络,以缩小城乡数字鸿沟。在印度政府的支持下,农村移动信息化工程快速推进,许多印度农民群体已能在现实生活中使用农业应用、健康应用、基础设施应用、金融应用、卫生应用、手工艺产品应用等多种移动应用。

总体来看,不同国家根据本地的社会经济发展水平以及乡村所急需的发展目标,提出了不同类型的智能乡村建设方案与技术建设路线。事实上,建设目标的多元化和建设方式的多样化正是智能乡村建设的应有之义。一是多元化的建设策略符合智能乡村以人为中心的发展目标,是注重地方现实情况和人文需求的可持续发展路径。二是多元化的技术实现路径体现了智能化乡村建设的可塑性,突出了智能技术应用的巨大潜力。

基于我国乡村社会的特点和国家乡村发展政策,中国的智能乡村现大致可分为技术型、旅游型、能源型和电商型四种基本类型。

技术型智能乡村是指利用智能技术驱动农业生产创新,保障农产品质量,提高农产品价值,增加农民收入,实现地方生态与经济的可持续发展。随着物联网、大数据、3S技术(遥感技术、地理信息系统和全球定位系统)、精准农业、移动互联网的发展,目前我国在大田种植、设施农业、畜禽养殖和水产养殖等多个方面,智能技术都有着不同程度的应用。例如,北京通过涉农信息资源整合、农业物联网试点示范工程、智慧农园建设等,在农业园区建设室外农业环境监

---

① 常倩,李瑾. 乡村振兴背景下智慧乡村的实践与评价[J]. 华南农业大学学报(社会科学版),2019,18(3):11-21.

② https://www.huaon.com/channel/distdata/635760.html.

第七章 • 智能社区

测站、温室环境监控系统、智能采收入库系统、可视化追溯系统、拍照溯源摄像系统、农事管理记录终端系统、智控卷膜系统、智控喷滴灌系统等软硬件产品，显著提高了本地农业生产数字化水平。①

随着地方城市化进程的加快，传统乡村与现代城市的异质性在不断拉大的同时，乡村所保留的自然与文化因素也逐渐成为新的发展优势。作为乡村产业发展的另一个重点，旅游已成为当下乡村振兴发展的重要路径。②在这样的背景下，旅游型智能乡村应运而生。相较于传统乡村旅游，智能乡村旅游的开发与建设更加强调借助大数据、互联网、物联网和人工智能等高新技术，在给游客带来良好旅行体验的同时，促进乡村经济、社会和环境等各方面的可持续发展，提高当地农民生活质量。湖南益阳"紫薇村"通过建立环卫物联网智能监控管理系统改善乡村人居环境，并依托自建的公共服务平台"紫薇云"、微信公众号"最美紫薇村"等线上游客服务平台，向外宣传村庄旅游，服务游客出行。

能源型智能乡村强调应用信息化技术，推动乡村地区新能源产业的发展，实现农民家庭收入增长。能源问题长期以来便是制约中国乡村经济发展的重要因素之一。海外知名汉学家彭慕兰认为，正是由于江南等传统中国经济核心地区缺少煤矿等燃料资源，农业和手工业难以器械化，最终无法像英国等地区一样实现资本主义的兴起，东亚和欧洲才在18世纪出现了历史进程的"大分流"。③但是，光伏、风力产业的新能源技术不仅解决了许多农村地区能源难题，同时也为当地农民创造了增收渠道，使地区能源安全和社会可持续发展有了保障。目前，光伏新能源扶贫项目已成为中国推进绿色减贫实践的重要路径。地处西陵峡畔的秭归县，"国家级贫困县"的帽子一戴好多年。2019年4月，秭归县实现了脱贫摘帽，其中光伏扶贫功不可没。2020年，通过光伏扶贫项目所兴建的50个光伏电站为秭归县发电1 024.97万千瓦时，创造收益1 102.91

---

① 郭美荣，李瑾.数字乡村发展的实践与探索——基于北京的调研[J].中国农学通报，2021，37（8）：159-164.

② 陆林，任以胜，朱道才，等.乡村旅游引导乡村振兴的研究框架与展望[J].地理研究，2019，38（1）：102-118.

③ 彭慕兰.大分流——欧洲、中国及现代世界经济的发展[M].史建云，译.南京：江苏人民出版社，2004.

万元，全年发放公益岗位工资 494.443 7 万元。①

电商型智能乡村建设是我国推动乡村智能化与现代化的一大创举，是通过在农村推广与兴建信息网络和交通基础设施，引导电商下乡，拉动农村网络创业和网络消费，推动当地特色产品销售。电商网络实现了农业生产与销售环节的深度融合，让"离土不离乡，离田不离家"成为当下许多农民实现就业创业的一种选择。而技术成为当下农村电商生态系统建立的核心影响因素，越来越多农村转型发展为互联网"淘宝村"。2022 年淘宝村数量已达到 7 780 个，较 2021 年增加了 757 个。② 目前，在中西部地区淘宝村不断增加，电商型智能乡村的建设已开始由先发地区向内陆后发地区扩散。

（二）智能乡村的发展未来

智能乡村是全球智能技术高速发展的典型缩影，是大数据、物联网等信息网络技术和农村社会经济相融合所出现的新业态产品，实现农村的智能化，是智能城市发展的技术空间延伸。因此，总体来看，智能乡村表现在"基础设施的智能化""技术应用的智能化"和"产业发展的智能化"等多个方面。目前来看，相比于以城市空间为基础展开实践的智能小区，国内外有关智能乡村的建设仍处于探索阶段，对于智能乡村的认识仍不够深入，相关的理论和实践也比较缺乏，出现了诸如智能技术在乡村社会嵌入难、技术和资本下乡后对于乡村传统的解构、智能技术使城乡二元关系裂解等问题。随着社会智能化与现代化的推进，要解决上述问题，除了要继续推动智能技术的发展外，还要因地制宜，做好"以人为中心"的智能乡村的科学规划，协调政府、企业、技术社群和农民群体的利益关系。

由于智能技术应用及其基础设施建设的成本比较高，参与建设智能乡村的主体多元，这导致目前智能乡村的发展还无法做到乡村全域覆盖。因此，地方政府在选择智能乡村发展路线时，必须做好评估工作，选择适合本地农村的发展模式，这直接关系到智能乡村发展的质量和前途。对此，除了要重视移植他

---

① 光伏扶贫 湖北脱贫攻坚重要力量 [EB/OL].（2021-03-08）.http：//www.hubei.gov.cn/zwgk/hbyw/hbywqb/202103/t20210308_3380603.shtml.
② 2022 年中国淘宝村排行榜正式发布 [EB/OL].[2022-11-01].https：//www.moigoo.com/news/649043.html.

地优秀实践经验外,必须立足本地农村实际,探寻合适的发展方式。通过全面摸清农村的人口、产业、资源、环境、建筑、村居、管网、交通等"家底",并以此作为贯通智能技术与农村生产生活各个方面应用的依据和资源。

目前,在农村信息基础设施覆盖广的背景下,乡村政务服务云平台将成为今后农村实践社会治理的重要技术工具,促进农村政务信息资源的共享开放,并推动乡村治理向智慧化决策和精细管理前进。智能技术在农业生产方面的应用已渐趋成熟。智能化农机、在线监测设备、遥感技术、病虫害远程诊断、农用航空、精准灌溉等新技术对于充分提升农业供给体系的质量和效率发挥了重要作用。在农村资源开发中,将山水林田湖、民风民俗和乡土文化等独特资源嫁接互联网,催生出美丽经济新业态,越来越多的"网红村落"出现在人们视野的同时,也为当地农民增收致富创造了另一渠道。在农村社会事业发展中,创造性地将智能技术同民生服务相结合,智慧社区、智慧金融、智慧应急、智慧医疗、智慧教育等新业态服务极大地突破了农村地区优质公共服务资源稀缺和地理位置限制的瓶颈,促进城市公共服务向乡村延伸,使乡村成为安居乐业的幸福家园。①

浙江德清数字乡村一张图

"数字乡村一张图"聚焦乡村治理中的人、财、地要素,完成了对实体乡村"山水林田湖草"以及"人、地、物、事"全要素的"数字化重构",打造了建在"云"上的"孪生乡村",实现了村庄生产、生活、生态全面可视感知。打通基层治理四平台、垃圾分类、国土规划、智慧交通、污水处理等15个业务系统,推动跨区域、跨系统、跨层级、跨业务的业务协同和部门联动,实现村庄规划、风险管控、生态治理、矛盾调处等基层治理的线上化、可视化、智慧化。推动数字生活新服务进乡村,实施村民"一生事"掌上办理,建立问题、建议"收集—交办—办理—反馈"闭环处理机制,构建闭环式民生服务链条。

自2019年6月起,德清依托地理信息等数字化技术,以五四村为试点,

---

① 陈文杰.建设"智慧乡村"的构想与建议[J].决策咨询,2018(3):41-42,46.

积极探索"一图感知"的新模式，聚焦"三生"，服务"三农"，提升"三感"，以数字赋能来寻找乡村治理的新路子。目前，"数字乡村一张图"已实现县域全覆盖，成功创建国家数字乡村建设试点县，入选全省政府数字化转型"观星台"优秀应用案例。全省数字乡村建设现场会在我县召开，数字乡村建设成为全国数字乡村建设典型案例，相关做法也入选联合国践行可持续发展理念优秀范例。

实践举措

（1）以整体为理念，优化重构乡村数字治理框架体系。探索建立"一三五"整体架构。"一"是依托省市公共数据平台和城市大脑，打造统一的数据底座；"三"是"一图一端一中心"三个应用支撑载体，一图即数字乡村一张图，一端为以"浙里办""浙政钉"为核心的移动应用端，一中心为依托基层治理四平台构建的乡村数字治理指挥体系；"五"是推动乡村经营、乡村服务、乡村监管、乡村治理、基础设施五大领域数字化。

（2）以智治为核心，大力推进乡村治理可视化、数字化、智能化。一是依托地理信息技术，实现乡村治理可视化；二是聚焦数据归集共享，探索乡村治理数字化；三是着眼辅助管理决策，促进乡村治理智能化。

（3）以"唯实"为导向，注重实效，丰富乡村治理场景。出台《德清县数字乡村一张图提档扩面推进方案》，基于"一张图"绘制动态交互的数字乡村治理全景图，建立乡村治理交互移动端和乡村数字治理中心，并具体量化为乡村治理多规合一应用、粮食生产功能区和渔业养殖数字化、人口动态迁移感知等20个重点实施项目。

（4）以"唯先"为主轴，创新再造乡村治理新流程。一是打通一站式公共服务通道。推动"最多跑一次"改革向村级延伸。二是构建闭环式民生治理链条。打通应用系统构建村情民意、遥感监测等问题事件工单流转处置机制。三是注重规范化标准制定。发布国内首个数字乡村建设与治理指导性地方标准规范，《"数字乡村一张图"数字化平台建设规范》和《乡村数字化治理指南》，为形成可借鉴、可推广的德清经验提供制度规范。

实践成效

（1）链上了乡村产业的"WIFI"。2020年，全县休闲农业与乡村旅游接待游客数超1 800万人次,同比增长18.7%,过夜游客855.8万人次,同比增长7.1%。建设"有德鲜生"商城,实现本地生态优质安全农产品集中推广展销。建设万人网红直播培训基地、禹越镇百亿农村电商园、下渚湖街道青虾产业园等N个支撑基地,农村电商创新创业氛围愈加浓厚,预计2021年农产品线上交易额超17亿元。

(2)守住了平安乡村的"家门"。创新实施"数字乡村一张图+健康码"的网格化精密智控模式,完成标准地名地址库规范化建设,将全县48万条人员数据、省疫情防控系统下发数据、健康码数据和地名地址数据库匹配。

(3)装上了全域智治的"天眼"。以"一张图"为底板,运用"天空地"一体化遥感监测体系和人工智能分析,统一遥感地图服务,实现人居环境、治水拆违等9类基层治理问题点位的全面发现和自动归集,2020年已发现问题点位10万余个,发现时间缩减86%,处置率达95%。

(4)松绑了基层干部的"手脚"。减少各种人工重复性表格填报,改由公共数据平台直接取数,有效提升基层干部工作效率、减轻负担,目前涉及基础数据42万余条,填报速度翻番。

(5)解锁了村民幸福的"密码"。依托"浙里办",引导村民在线办理社会保险、挂号就诊等事项13.9万件。村民可享受健康服务、12349养老服务等数字生活新服务。

——节选自《"数字社会"创新实践优秀案例(2021)》

三、智能园区

产业园区是人才、资本和产业的聚集区。产业园区伴随着改革开放政策和国家社会经济的创新发展,长期担负着经济引擎的重任,也是各项社会政策先行先试的战略试验田,其空间治理形式表现出向城市化转变的特征,以满足园区日益复杂的社会性需求。① 在当下的经济转型时期,作为服务国家战略、推

---

① 余冬苹,林涛,梁峥.园区信息化发展趋势探讨[J].广东通信技术,2011(7):15-22.

动产业调整和升级的重要抓手，产业园区在我国经济增长中依然发挥着至关重要的支柱作用。《2022园区高质量发展百强研究报告》数据显示，2022年百强园区中，GDP超过1 000亿元的园区共有48个，以国家级经开区、国家级高新区为代表的两类园区GDP总量达到29万亿元，占全国GDP比重达25.3%。①

尽管受国家政策的影响，产业园区建设近些年来拓展迅速，但是目前我国园区建设仍然面临许多的现实问题。例如，"数据孤岛"问题就长期制约着园区企业同园区之间的合作共赢关系。企业创新创业成长生命周期过长，很多企业除去自身进行记载外，无法实现完整的交易凭证和存在记录，很容易信息造假。对于合作伙伴而言更容易进行美化，而园区无法对此进行有效控制，毕竟创业公司数量巨大，很难做到信息的准确性，就算进行记录，也很难做到信息的完整性和真实性。由于创业公司的特殊性，公司一旦造假，失信于客户，给园区的品牌、口碑也会带来负面影响。

物联网、大数据、人工智能、云计算等新兴科学技术推动智能园区建设的同时，也为园区治理能力的提升带来了新机遇。目前，智能园区在建设上以智能信息基础设施为硬件基础，管理服务上体现"以人为本"的建设理念，借助新兴技术创新，实现可持续发展。

（一）智能园区的实践基础

智能园区是整合城市产业和技术综合特征的立体园区，因此区别于传统园区建设侧重于园区建设和管理的特点，智能园区的建设架构强调技术与人的感知互动、信息化对园区各个部门的管理流程重塑，最终实现以人为中心的园区管理优化。目前，智能园区的实践体系包括四个层次：感知层、信息层、平台层和应用层。②

（1）感知层。感知层是智能园区建设的基础。通过由射频识别、二维码、摄像头、传感器、智能终端所构成的感知设备，将采集到的园区环境、物体和人员信息进行识别，为智能应用提供坚实的数据基础。

（2）信息层。信息层是智能园区建设的核心。通过园区中各种各样的数

---

① 2022园区高质量发展百强出炉 48个园区GDP超千亿[EB/OL].http://www.ce.cn/cysc/newmain/yc/jsxw/202208/10/t20220810_37951781.shtml.
② 孙韩林，范九伦，刘建华，等.智慧园区建设探讨[J].现代电子技术，2013（14）：61-64.

据流通道，实现信息从感知端、决策端到处理端的传递，建设内容涉及全区网络升级、园区外围数据汇入、区内传感数据接入以及反馈数据生产等多个方面。

（3）平台层。平台层为智能园区"大脑"，决定了园区的智能化水平，承担信息服务和决策的功能。平台的智能化水平主要涉及系统平台搭建、应用和管理软件的部署等多项工作。

（4）应用层。应用层是对智能园区平台所作出的数据决策的反馈，是智能园区智能水平的展示层。随着科技进步，平台迭代升级和采集数据的体量增加及分析维度增加，应用层所提供的服务产品也将变得越来越多。

苏州工业园区多元化社会治理大数据风险指数

苏州工业园区隶属江苏省苏州市，位于苏州市城东，1994年2月经国务院批准设立，同年5月实施启动，行政区划面积278平方公里（其中，中新合作区80平方公里），是中国和新加坡两国政府间的重要合作项目，被誉为"中国改革开放的重要窗口"和"国际合作的成功范例"。在商务部公布的国家级经开区综合考评中，苏州工业园区连续5年（2016年、2017年、2018年、2019年、2020年）位列第一，在国家级高新区综合排名中位列第四，并跻身科技部建设世界一流高科技园区行列，2018年入选江苏省改革开放40周年先进集体。

苏州工业园区信访局在处办领导信箱、公众监督平台、阳光信访平台、寒山闻钟网站、人民网论坛等信访渠道群众诉求过程中，有丰富多元的社会治理大数据资源，之前基于主题多样化、数据碎片化、标准不统一和流程未理顺等多重原因，数据资源尚未得到充分开发和利用。

2021年初，园区信访局与专业数据治理研究中心进行合作，开展多元化社会治理信访大数据风险指数研究项目，结合苏州工业园区信访工作中近十年收集的数据，构建数字底图体系，对接多源数据接口API（应用程序编程接口）进行适配器接入，开展数据清洗与数据分析，生成信访数据诊断与分析体系数据底图、市民诉求感知与分析体系数字底图、多源数据感知与分析体系数字底图等分项专题的数字底图可视化结果，并且可接入苏州工业园区智慧城市建设成型的城市大脑展示屏。

项目发掘并整合多元化信访大数据资源,通过对多源数据的诊断、分析,探讨新型民情民意汇聚机制、社会风险防控机制和智能化决策辅助系统,提供自动化和智能化决策咨询报告,推动社会治理端口前移,从事后应急式和运动式治理转变成事前预防式和常态化治理,实现对各类型社会风险的监测和迅速回应,推动了区域社会治理模式的创新和优化。

具体举措

采用大数据前沿技术分析与传统量化、质性研究相结合的混合性研究方法,综合汇总工业园区 12345 市民热线、寒山闻钟、市长信箱、群众监督等多元化社会治理大数据,通过数据清洗、数据整合、指标建构、风险预警、总体性诊断报告、周期性报告模板研发、报告自动化生成、报告日常编辑维护等步骤,建立政务大数据智能化决策辅助的常态化系统。在此基础上,一方面,充分借助自然语言文本分析、主题模型分析、机器学习等大数据前沿技术进行深度挖掘、分析;另一方面,运用政治学、公共管理学、社会学、经济学等领域的专业知识,探索信访等大数据背后的深层因果规律。

实践成果

(1)市民诉求回应流程进一步规范。通过对诉求多元渠道的整合,形成了大信访格局,建立了集寒山闻钟论坛、公众监督平台、人民网留言等渠道一体化的受理和办理平台,作为接受市民诉求的前端,再统一交办给相应政府职能部门,从以专业分工为基础的"串联式业务流程",变成以市民诉求为中心、各部门同时处理市民诉求的"并联式业务流程",缩短了政府回应市民诉求的时间,从基础层面构建"以人民为中心"的服务型政府。

(2)感知社会热点问题进一步提速。通过多元数据社会治理信访大数据研究,对数据进行挖掘和分析,动态化、精准化和系统化地呈现出民情民意地图与民生问题热力图,可以提前预测民情动向,主动识别民生问题的矛盾集中点、关键风险点和病因产生点,辅助政府智能化决策,提前、主动应对矛盾纠纷的发生和激化。

(3)职能部门质效分析进一步优化。通过对群众诉求渠道处理情况的大数据分析,精确掌握处办职能部门的质效,方便信访部门对处办单位

> 质效进行量化考核，对部门的及时受理率、化解率、群众满意度进行分析，提出进一步优化工作的意见和建议，督促部门及时回应群众诉求，有针对性地改进工作。
>
> ——节选自《"数字社会"创新实践优秀案例（2021）》

（二）智能园区的发展未来

作为国家实施产业现代化战略的重要实践基础，智能园区在促进产业信息化与智能化发展的同时，也对推动智能社会治理有着积极意义。智能园区的治理模式推广将利于全国广大的经济园区进行智能化改造升级，以实现管理模式和服务方式的优化。

智能园区的发展落脚点必然是通信网络的建设。基于三网融合技术的推进，通过信息管道网络、无线网络覆盖、光纤宽带网络接入网等基础设施，智能园区将进一步推动人与人、物与物、人与物的密切结合，在有效地达到监测目的的同时，促进园区治理决策智能、行动高效。

智能园区的建设结果必然是园区内部的资源共享，并将进一步促进企业效率提升。通过建立完整统一的网络系统，采用互联网、云计算、大数据、移动互联网技术对园区进行智能管理，实现园区内信息互通互联、高效流转和汇集派送，完成决策智能化的目标。

智能园区的实践方向必然是园区治理主体的多元化。园区作为一个空间载体，其运营诉求必然趋向多样化。仅靠管理委员会或是运营商将很难形成整体运营，而且将耗费太多人力、物力。未来智能园区必然需要政府、运营商、园区企业和公众加强合作，推动园区共治。

思考题：

1. 您生活的社区中有哪些智能化设备？这些设备如何提升社会生活的便捷度和舒适度？

2. 智能乡村建设是带动乡村实现城市化，还是会导致乡村这一社会空间的消失？

3. 智慧园区建设如何推动产业园区的经济增长和社会治理创新？

第八章 **智能公共卫生**

习近平总书记在中央全面深化改革委员会第十二次会议上指出,要鼓励运用大数据、人工智能、云计算等数字技术,在疫情监测分析、病毒溯源、防控救治、资源调配等方面更好发挥支撑作用。[①] 人工智能在公共卫生(public health)体系中的应用与发展,得益于公共卫生体系数据的不断积累,也得益于机器学习对医疗数据的分析功能的不断提升。从长远看,人工智能可以在很大程度上改善公共卫生体系的治理情况,实现真正的智能公共卫生治理。

但公共卫生与普通意义上的医疗服务还是有一定区别的。1932年,美国公共卫生运动最重要的理论学家温斯洛(Winslow)首次明确提出公共卫生的定义:公共卫生就是预防疾病、延长寿命,通过有组织的社会共同努力来改善环境卫生,从而促进身体的健康,提高工作效率,控制社区传染病的流行,教育个人形成良好的个人卫生习惯,组织医护人员

---

① 习近平:完善重大疫情防控体制机制 健全国家公共卫生应急管理体系[EB/OL].(2020-02-15). https://baijiahao.baidu.com/s?id=1658576413366891382&wfr=spider&for=pc.

对疾病进行早期的诊断和预防性的治疗。1987年，艾奇逊·罗伯特（Acheson Robert）提出，公共卫生是通过有组织的社会共同努力来预防疾病、促进健康、延长寿命的科学与技术。①1995年，美国医学会把公共卫生界定为：公共卫生就是履行社会责任，以确保提供给人民维护健康的条件。这些条件包括生产、生活环境，生活行为方式和医疗卫生服务。这个定义由于涉及为数百万被其他医疗机构拒之门外的人群提供卫生保健服务，因而给美国的公共卫生机构赋予了重任。②与医疗服务相比，公共卫生是公共产品，应当完全由政府免费提供；而"医疗服务的私人产品属性决定了其逻辑上应由市场来提供，由患者自由选择"③。只是到了社会化阶段，向公民提供基本医疗服务从国家道德义务发展为法律义务，基本医疗服务拟制为公共产品。公共卫生服务和基本医疗服务在本质上属于不同性质的产品。公共卫生体现的是普遍服务原则，而基本医疗服务体现的是补足性原则。公共卫生的基本理念是预防，而医疗服务的主要内容是治疗。④

近年来，我国出台了一系列有关医疗人工智能的政策文件。2015年5月，国务院印发《中国制造2025》，坚持把创新摆在制造业发展全局的核心位置，突出智能制造的重要性，提出重点发展影像设备、医用机器人等高性能诊疗设备。2016年5月，国家发展改革委、科技部、工业和信息化部等四部门印发《"互联网+"人工智能三年行动实施方案》，提出智能可穿戴设备发展和智能机器人研发与应用等重点工程，推动了"互联网+"人工智能在医疗领域的应用发展。2016年6月，国务院办公厅印发《关于促进和规范健康医疗大数据应用发展的指导意见》，明确指出健康医疗大数据是国家重要的基础性战略资源，其应用发展将带来健康医疗模式的深刻变化。2017年7月，国务院印发《新一代人工智能发展规划》，将人工智能发展上升到国家战略层面，提出"三步走"的战略目标，为智能医疗的发展指明了智慧医院建设、手术机器人、智能诊疗、智能生理监测、影像识别、新药研发、医药监管和流行病智能监测与防控等方向。

---

① 伯里斯，申卫星. 中国卫生法前沿问题研究[M]. 北京：北京大学出版社，2005：3.
② 李立明. 中国公共卫生的改革与思考[M]. 北京：中国协和医科大学出版社，2003：3.
③ KARSTEN S. Health care, private good vs. public good[J]. The American journal of economics and sociology, 1995, 54（129）：129-144.
④ 陈云良. 基本医疗服务法制化研究[J]. 法律科学（西北政法大学学报），2014（2）：73-85.

各项政策促进了医疗人工智能技术产业发展，有效提高了我国医疗资源的配置效率及医疗服务质量。医疗人工智能在医疗领域的应用发展旨在以医疗服务数据为核心和主线，能够在一定程度上对医疗机构进行信息化、精细化和科学化的管理，为卫生行业标准制定提供信息化决策支撑。

一、智能监测

人工智能在公共卫生领域的运用，首先体现在对新冠肺炎疫情的智能监测方面。2019 年出现的新型冠状病毒肺炎（Corona Virus Disease 2019，COVID-19），对我国乃至世界的公共卫生体系提出了新的挑战，如何应对此次疫情，成为人工智能助力公共卫生发展的新挑战。科技企业的技术能力是防疫工作能够取得突破的核心推动力，AI 图像识别、智能外呼、知识图谱、安全多方计算、微服务等多项技术的广泛应用，有力推进了疫情防控工作高效、安全开展。

百度 AI 测温系统

百度基于 AI 图像识别技术和红外热成像技术，建立了 AI 测温系统（图 8-1、图 8-2），可对人流中多人额头温度同时进行快速筛选及预警，方便人流聚集处体温异常者的快速筛选，有效防止公共场合人群聚集。

图 8-1　百度 AI 测温系统部署在北京中关村二小，为开学复课提供技术保障（一）

图 8-2 百度 AI 测温系统部署在北京中关村二小,为开学复课提供技术保障(二)

百度免费智能外呼平台

百度紧急推出了"疫情防控的免费智能外呼平台",可提供流动人员排查、本地居民排查/回访、特定人群通知三大场景的外呼服务,可有效支撑各级政府对于社区情况排查和通知回访等应用场景,比人工电话效率高数百倍,目前已经在北京、上海等十几个地区投入使用。人工排查 vs 百度智能外呼平台如图 8-3 所示。

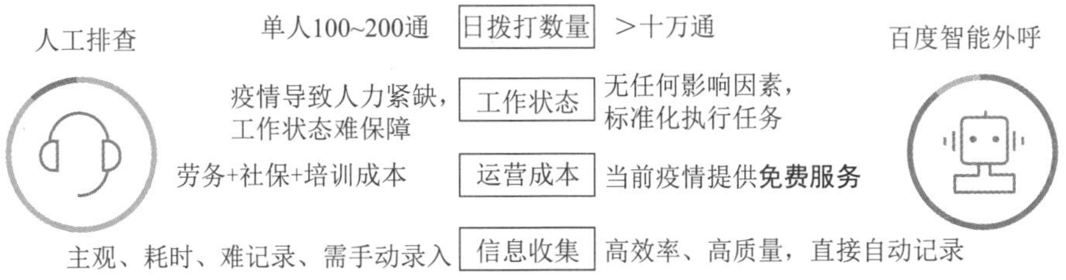

人工排查		百度智能外呼
单人100~200通	日拨打数量 >十万通	
疫情导致人力紧缺,工作状态难保障	工作状态 无任何影响因素,标准化执行任务	
劳务+社保+培训成本	运营成本 当前疫情提供**免费服务**	
主观、耗时、难记录、需手动录入	信息收集 高效率、高质量,直接自动记录	

图 8-3 人工排查 vs 百度智能外呼平台

同时,阿里云的"疫情信息采集系统"依托阿里云宜搭平台优势,通过可视化拖拽操作有效发挥后台微服务模块作用,快速支撑浙江省 11 个地市卫健委工作。此外，北京滴滴科技有限公司通过滴滴桔视（车载录像设备）采集的图片，运用人工智能识别算法来识别司机是否佩戴口罩；厦门渊亭信息科技有限公司基于知识图谱开发的"疫情智能作战平台"、成都四方伟业软件股份有限公司基于三维城市模型构建的"疫情防控分析系统"、深圳市洞见智慧科技有限公司基于时空大数据和多方安全计算技术开发的"疾控智能分析平台"都有效支撑了各级政府部门和企事业单位的疫情管控工作。[①]

（一）基于计算机视觉的自动体温监测

在此次疫情防控工作中，体温检测是排查疫情最基本的方法。监测社会重点场所、重要部位，特别是人员密集区域（如火车站、地铁等）流动人员的体温，对于及时发现疑似患者、防止疫情大范围传播扩散具有极其重要的意义。在人口稠密的公共场所（地铁、火车站、机场、集中办公区等），需要快速、高效、精准地识别出高温人群。传统的人工检测手段，需要近距离接触，存在交叉感染的风险，检测效率不高又常常导致现场堵塞、秩序混乱。基于图像识别技术和红外热成像技术的自动测温系统，利用人体检测技术和人脸识别技术检测人体并标记人，然后根据红外热成像技术对人流进行实时非接触式体温监测，快速甄别和筛选体温异常人员并进行预警；利用行人定位、跟踪以及人脸识别技术，还可配合对高危人员执行隔离任务。国内百度、商汤集团有限公司、北京旷视科技有限公司（以下简称"旷视"）、大华、杭州海康威视数字技术股份有限公司等公司推出的自动体温监测产品在火车站、机场、地铁站、社区等公共场所已大量使用，它们能够同时对多人实时检测，识别误差为 $\pm 0.3\ ℃$。[②] 由于全程无接触，通行效率大大提高。基于图像识别技术和红外热成像技术所研发的非接触式远距离人工智能测温系统能够高效、准确、无感知地对人流中的高温人员进行筛查，辅助工作人员快速定位体温异常者，与传统体温检测方式相比，具有降低交叉传染风险、节省人力资源、提高检测效率等优势。虽然现在处于疫情防控关键时期，口罩影响了人脸识别的有效性，但依托现有人脸

[①] 资料来源：中国信通院.疫情防控中的数据与智能应用研究报告（1.0版）[R].2020.
[②] 资料来源：中国外交官撰文：数字化抗疫助力中国树立标杆，催生中国"云时代"加速到来[EB/OL].[2021-09-26]. https://baijiahao.baidu.com/s?id=1664544278747826856&wfr=spider&for=pc.

识别等成熟的模型可以快速进行有针对性的算法定制开发和数据训练,让人工智能测温系统快速投入疫情排查一线。目前,已经有互联网公司快速响应,百度、旷视等分别推出了非接触式远距离体温检测系统解决方案,并已经在人员密集的地铁、车站等流动场所使用。

(二)基于大数据智能的疫情追踪

通过集成电信运营商、互联网公司、交通部门等单位的信息,运用大数据可以分析出人员流动轨迹。具体来说,利用数据分析、数据挖掘等技术,一方面可以通过手机信令等包含地理位置和时间戳信息的数据绘制病患的行动轨迹;另一方面,根据病患确诊日期前一段时间的行动轨迹和同行时间较长的伴随人员,基于大数据分析可以推断出病患密切接触者。综合分析确诊病患、疑似病患和相关接触者的行动轨迹,可以准确刻画跨地域漫入、漫出的不同类别人员的流动情况。这既为精准施治提供了有力指导,也为预测高危地区和潜在高危地区提供了精准依据。

此次疫情发生恰逢春节,人员流动性大,社会规模性聚集多,交叉传染、传播的风险急剧上升,特别是病毒有 2 周左右的窗口期,处于潜伏期的患者很难在现场体温检测中被发现。在疫情期间,如何通过感染者进行精准倒查、追踪密切接触者等高风险感染人员是一个重难点,而通过人工智能、大数据等技术对人员的交通、出行和手机漫游数据进行智能分析及追踪,利用数据挖掘技术对手机漫游信息、消费数据以及交通出行数据等进行快速筛查、分析,帮助工作人员掌握人员流动信息、构建疫情动态地图。智能技术能够为解决这一问题发挥重要作用。例如,百度、搜狗、360 等科技公司都推出了基于人工智能的疫情跟踪、同乘查询等信息服务系统。通过位置数据和各类行为数据有效识别高危人员的行动轨迹和接触人群,能够从根本上降低疫情传播的程度,也是各级政府部门当前非常重要的工作。中国联通大数据公司开发了传播风险分析、时空相关分析等一系列数据模型,通过多维数据融合分析,对特定区域人群的扩散轨迹、已确诊人群的接触者范围等进行定位和分析,有效支撑政府部门区域化疫情防控工作。中国电信股份有限公司云计算分公司开发的"翼知疫行",通过电信的 GIS 数据分析,可提供高危人员近 14 天的行程数据,并进行密切接触风险判定,有效支撑了政府部门的疫情防控工作。北京华宇软件股份有限公司的"网络交易监管"系统以网络交易信息智能采集和分析为基础,助力云南省市场监督管理局对疫情期间网络交易的价格波动实现有效掌控,精准开展特别是针对防疫产品的市场监管工作,保障民生安全。中国联通大数据公司的"监测人员防疫合规情况监测系统",可对口罩佩戴、人员聚集和体温异常等情况进行实时告警提示,帮助政府做到对疫情的实时可知。京东云的"疫情通"产品,为社会管理机构提供"多维度""可视化"和"五位一体"(人、地、物、事、组织)的信息发布与疫情防控服务,为基层组织提供网格化疫区返工人员的健康动态评估服务,实现区域化精准防疫管理。① 此外,中航信的"新型冠状病毒确诊患者同航班自动通知系统"、厦门市美亚柏科信息股份有限公司的"新型冠状病毒传播监测系统"、曙光云计算集团有限公司的"疫情排查管理上报系统"等具有高危人群排查和监测功能的系统,都对各级政府针对高危人群排查和监测的相关工作给予了大力支持。

自 2003 年"非典"疫情暴发以来,我国建立了一套自基层到中央的公共卫生直报系统,可以实现对一般性传染病的常态性上报和监测。但是就其及时性和主动性而言,对于突发性重大传染病疫情的态势预测、分析预警和应对智能化水平不高,较多地受到行政力量干预和专家研判的影响。利用 AI 技术,开展全覆盖、全症状、实时化监测,开发适宜的预警关键技术,早期侦测异常信号对于新发传染病、疫情的探测和及时应对至关重要。新冠肺炎疫情防控中,钟南山院士团队的研究成果,基于传染病动力学 SEIR 优化模型和 AI 技术对国内疫情发展趋势进行预测,结果表明:湖北隔离措施推迟 5 天,中国感染人数或超过 35 万人;若提前 5 天干预,感染人数或减少三分之二。这一结论对湖北省有力持续的防控措施执行起到了重大支撑作用。

(三)基于深度学习的基因测序与检测

基因测序与检测,是实现疾病风险预测的重要基础。人工智能在基因检测与筛查领域的应用正以惊人的速度发展,为保障人类健康提供了新的发展机遇。基因组数据量庞大且受限于遗传学家经验和知识结构,传统基因检测通用算法效果不佳,准确率低,已经遇到了发展瓶颈;而以深度学习为代表的

---

① 龙坤,程柏华,刘世旋.人工智能在抗击新冠肺炎疫情的应用与启示[J].信息安全与通信保密,2020(12):16-24.

人工智能技术正逐步成为基因组数据分析的主要方法，展现出优异的性能和强大的可扩展能力。2017年底，谷歌推出了基于深度神经网络的基因测序平台DeepVariant，通过将高通量测序数据转换为完整的基因组图像，从而自动识别测序数据中的插入、缺失突变以及单碱基对突变，在准确率和精度上优于传统算法，并在FDA（美国食品药品监督管理局）评测中获得优异成绩。2018年，英国格拉斯哥大学研究团队借助机器学习算法，更高效地从基因层面预测埃博拉和塞卡等病毒的天然宿主，从而采取措施预防这些病毒传播到人类身上。上海交通大学发布的《中国人工智能医疗白皮书》预测，到2022年，我国基因测序市场规模接近300亿元。①

（四）基于互联网和智能手机的疫情防控知识传播

借助移动互联网和智能手机，人们可以随时随地获取最新疫情动态、科学防疫知识等各种数据。各地政府通过电子政务平台、微博、公众号等定时发布最新疫情动态，各类新闻客户端、社交平台、搜索引擎、短视频平台等也积极配合疫情相关信息的发布和传播。此外，众多"互联网+医疗"平台推出了在线问诊服务，方便网友向医生咨询新冠肺炎防治相关内容，有效缓解了疫情期间医疗资源紧张导致的就医难等问题，避免了普通病症人群涌向医院、形成聚集性交叉感染。面对疫情，多地疾控中心和政府热线咨询量激增，咨询、排查工作繁重，人力资源严重短缺。百度、科大讯飞等公司推出的智能外呼平台可以定向或随机发起拨入居民电话，自动询问并采集居民的疫情信息，对居民进行疾病宣教和防控指导，并根据关键词自行归纳成信息档案，详细记录通话方离返时间、身体健康状况等。外呼平台可以在一秒内拨出1 000余个电话，大幅提升了疫情发现、筛查的效率。据公开信息，百度智能外呼平台已经在北京海淀上地街道办、陕西西安、延安、上海宝山、浙江温州瑞安市等十几个地区投入使用，外呼总量已达百万次。②此外，在国务院办公厅电子政务办的指导下，杭州首创的健康码实践推广至全国，同盾科技有限公司采用人工智能疫情趋势

---

① 宗淙.人工智能技术在疫情防控中的应用及发展态势研究[J].中国信息化，2020（2）：30-35.

② 资料来源：百度上线智能外呼平台 助力基层社区快速完成居民排查和通知回访[EB/OL].[2021-09-26]. https://www.sohu.com/a/369274042_630344.

模型，对于各省（区、市）感染人群数量与拐点进行预报，并通过构建大数据模型协助政府机关掌握疫情相关人员的具体情况。北京经济技术开发区联合京东数科等推出疫情防控可视化指挥平台——"战疫金盾"系统，汇聚56个小区近4万居民健康信息，其在推动辖区内企业和居民自主上报疫情防控信息的同时，还具有支撑疫情态势研判、疫情防控部署功能。这些科技抗疫举措极大方便了有关部门、普通用户自查疫情风险，有利于收集高风险人员信息，及时做好防范应对工作，为疫情期间的感染者追踪和社会治理作出了重要贡献。

（五）开展疫情发展态势预测与溯源

基于疫情高危人群相关数据，结合疫情新增确诊、疑似、死亡、治愈病例数，借助传播动力学模型、动态感染模型、回归模型等大数据分析模型和实践技术，不仅可以分析展示发病热力分布和密切接触者的风险热力分布，还可以进行疫情峰值拐点等大态势研判。利用深度学习等新兴人工智能技术，联合出行轨迹流动信息、社交信息、消费数据、暴露接触史等大量数据进行科学建模，可以根据病患确诊顺序和密切接触人员等信息定位时空碰撞点，进而推算出疾病传播路径，为传染病溯源分析提供理论依据。

立足我国传染病联防联控方面的机制优势，打通管理部门、执行机构之间与传染病相关的数据壁垒，利用大数据、5G、区块链、云计算、AI等技术，建立多元数据共享机制，搭建现代化、智慧化的多点触发监测预警系统。从多监测点、多个渠道自动化地采集突发公共卫生事件相关信息，开展公共卫生大数据的融合、治理、可视化、探测分析，及早并智能判别突发公共卫生事件发生风险或已出现的"苗头"，自动发出预警信号，为科学防控决策提供支撑。

一是完善主动监测和调查技术，提升多源监测数据质量和获取效率。选择重点省份、重点地区建立症候群主动监测系统，部署传染病监测智能软件，通过数据自动提取技术（不依赖于疾病诊断信息）从医院信息系统读取具有传染病指示症状的疑似病例信息，结合规则和机器学习模型等智能技术判断，实时、主动抓取传染病早期预警关键信息；在不影响诊疗行为过程、不增加临床医生工作量的基础上，前移预警关口，实现早期预警。对相关数据进行加密和管理，搭建公共卫生大数据监测预警系统、智慧化预警所需的数据仓库，实时、动态展示多源监测数据的时间变化趋势、空间分布特征。

二是加强传染病预测预警研究，优选传染病预警智能算法。高效、科学的预测预警算法是实现预警的关键。随着多源监测大数据和公共卫生事件的深度融合，虽有多种数据资源用于预测预警，但人们对预警方法的有效性、预警结果的精确度提出了更高要求。研究机器学习、深度学习、无监督学习等AI算法，搭建智慧化的多点触发预警系统；鉴于新发传染病预警的复杂性、多变性，在实际应用中动态修正（调整）模型参数，平衡预警的灵敏度和特异度；筛选适宜本地应用的智能传染病预测预警模型，边运行、边评价、边完善。

（六）助力地方政府科学精准施策

运用大数据分析，结合算法模型对疫情的传播速度、传播趋势等进行预测，可为各地进行动态监测管理、统筹医疗物资储备、保障民生物资供应、制定交通管制政策等提供有效依据。例如，基于疫情高发地区人员在春运期间的交通出行数据进行疫情分析预警，能够通过追踪确诊患者、疑似患者和密切接触者的轨迹位置进行精准防控。同时，通过大数据分析还可以评估预测疫情给近期和远期社会经济运行带来的影响，建立快速、高效的经济应急反应机制，帮助政府适时出台减税、降费、专项补贴等各类措施，缓解中小企业因疫情产生的资金链断裂风险及可能出现的连续经营困难，努力保持生产生活平稳有序。①

二、智能诊断

人工智能在公共卫生领域的运用，还体现在智能诊断方面。从主体上看，智能诊断的主体依然是医疗机构或医生个人，但是诊断所运用的技术手段和判断依据则发生了重要变化。从技术上看，智能诊断首先需要医疗机构和人员利用现代信息技术收集并分析大量数据及信息，运用人工智能的机器学习和计算方法，迅速找准病例的数据依据，从而作出具有高度准确性的诊断决策。智能诊断可以使公共机构和医院提升医疗服务质量，实现有效的疾病管理和公共卫生体系建设。目前，在人工智能的影响下，医疗诊断领域正在不断加强对机器学习的应用，这对一些医学专业的具体从业者产生了根本性的影响，甚至有的

---

① 资料来源：信息通信技术助力打赢疫情防控阻击战[EB/OL].[2021-09-26]. https://baijiahao.baidu.com/s?id=1664544278747826856&wfr=spider&for=pc.

医学专业可能会完全被人工智能所取代。

人工智能在智能诊断上已有一些应用，目前最重要的便是诊断癌症，可有效确定乳腺癌细胞的位置，提高肺癌诊断的准确率，利用智能诊断技术提高皮肤癌诊断的准确率。

诊断乳腺癌的人工智能产品

谷歌大脑与 Verily 公司开发了一款能诊断乳腺癌的人工智能产品，病理学家的诊断准确率仅仅七成，而人工智能的准确率近 90%，超过专业医师。在医学图像的解读方面，人工智能可以比放射科医师更快地解释急性神经损伤后的 CT 扫描，从而减少诊断延误。图 8-4 所示为与现有的计算机分析方案相比，新型人工智能产品能更准确地找到肿瘤。

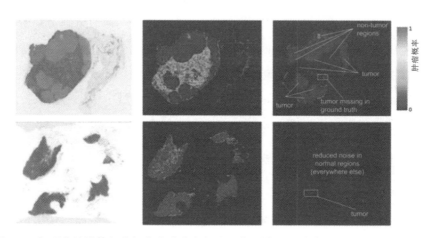

图 8-4　与现有的计算机分析方案（中）相比，新型人工智能产品（右）能更准确地找到肿瘤

人工智能还可以扩大某些通常需要专门技能服务的使用性，如对糖尿病视网膜病变的视网膜扫描筛查。智能诊断有望提供比人类更快、更一致的诊断，最终改善对患者的治疗水平。有统计表明，人工智能对肺癌诊断的准确率为 90%，而医生的准确率只有 50%。① 2016 年《自然·通讯》上的一篇论文证明，

---

① 资料来源：【科普】人工智能在公共卫生体系展露头角 [EB/OL].[2021-09-26]. https://m.thepaper.cn/baijiahao_8509394.

经过培训的计算机可在评估肺癌组织切片时比病理学家更加精确。研究人员利用两千多个肺癌基因图谱和相应的数据库训练计算机软件程序,可以确定肉眼难以观察到的癌症特异性特征。2017年1月,《自然》杂志揭示,深度神经网络技术能够对皮肤病专家的诊断水平进行分类。实验人员让深度神经网络分析了近30万张皮肤病的照片。之后,医生与机器进行了皮肤癌诊断能力的比赛,最终,机器识别皮肤病的准确率超90%,超过了医生的准确率。①

(一)基于影像视觉技术的肺部辅助分析

影像辅助分析是在医疗领域应用发展最早、应用最广泛的人工智能技术。通过对患者肺部区域医学影像的智能分析,可以近百倍地提升肺炎病灶诊断效率。新型冠状病毒的感染者肺部存在病变,对病毒性病灶定量分析及疗效评价,有助于患者病情的管理和精准医制。目前需要专业医生手工勾画量化,耗时耗力且一致性较差。医疗影像视觉技术实现了对新型冠状病毒性肺炎CT影像的智能化诊断与定量评价,可对局部性病灶、弥漫性病变、全肺受累等各类肺炎疾病严重程度进行分级;通过目标检测技术和分割技术等定位肺部病灶,从而完成对病灶形态、范围、密度等的分析,测算疾病累计的肺炎负荷,实现临床病情的辅助判断。在疫情早期,华为云基于其计算机视觉与医学图像处理等技术,推出新冠肺炎辅助医学影像量化分析服务,可得到秒级的影像分析结果,极大地缓解了影像诊断医生紧缺局面和隔离防控压力。平安智慧医疗也火速上线了新冠肺炎智能阅片系统,辅助放射科医生尽早发现、快速报告、精准诊断,有效减轻医生负荷。②

新型冠状病毒性肺炎智能评价系统

依图科技建设的"新型冠状病毒性肺炎智能评价系统"在上海市公共卫生临床中心上线,能够实现病变区域的自动检测,将定量分析时间从

---

① 资料来源:科普时报.人工智能在公共卫生体系崭露头角[EB/OL].[2020-07-25].http://digitalpaper.stdaily.com/http_www.kjrb.com/kjwzb/html/2020-07/24/content_449267.htm.
② 龙坤,程柏华,刘世旋.人工智能在抗击新冠肺炎疫情的应用与启示[J].信息安全与通信保密,2020(12):16-24.

5~6 小时缩短到 2~3 秒，极大提升了精准定量分析的效率，并且显示出高稳定性的诊断质量。图 8-5 所示为依图科技"新型冠状病毒性肺炎智能影像评价系统"界面。

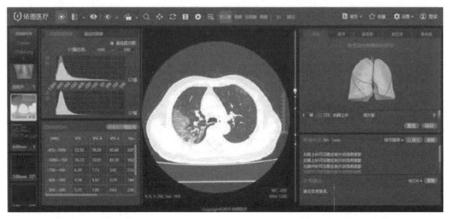

图 8-5　依图科技"新型冠状病毒性肺炎智能影像评价系统"界面

北京推想科技与武汉同济医院、深圳市第三人民医院合作研发针对新型冠状病毒肺炎特别版，其利用人工智能技术的深度学习、图像识别等对检出的病灶进行测量、密度分析，支持患者前后片对照，提供量化数据对比结果，帮助医生更快完成疑似患者诊断。另外，商汤、腾讯觅影、深睿医疗研发的肺部影像分析系统也已经在一些医院部署投入使用。在此次疫情防控中，由依图医疗研发的首款智能评估新冠肺炎的 AI 影像系统也已在上海市公共卫生临床中心等机构上线并投入使用。该系统使用人工智能图像算法能够在 2~3 秒内完成 CT 影像的智能化诊断和定量评价，为临床医护人员提供多维度的决策帮助，同时极大提升了分析效率，减轻医生的工作负荷，为减缓当前医疗资源短缺压力起到一定的作用。①

（二）基于人工智能算法的基因组检测

新型冠状病毒的主流检测手段为核酸检测，通常采用纯手工操作以防止

---

① 资料来源："科学防控 AI 助力"新型冠状病毒性肺炎智能评价系统在公卫中心上线 [EB/OL]. [2021-09-26]. http://www.rmzxb.com.cn/c/2020-02-07/2516131.shtml.

病毒泄漏，并且为了确保检测的准确性还需要多次复核，导致实际检测时间较长。核酸检测方法只能检测病毒基因的局部，对于变异的病毒可能会存在漏检的情况。全基因组检测技术针对病毒基因建立了蛋白质三维结构预测模型，可以对疑似病例的样本进行全基因组序列分析比对，并大幅度缩短确诊时间。百度免费开放线性时间算法LinearFold，可将新型冠状病毒的全基因组二级结构预测从55分钟缩短至27秒，提速约120倍；阿里达摩院、杭州杰毅生物技术有限公司和浙江省疾病预防控制中心联合研发的新型检测设备，通过训练BiLSTM+DNN的模型，可以将原来数小时的疑似病例基因分析缩短至半小时，大幅缩短疑似患者确诊时间。①

（三）基于自然语言理解的智能问诊

智能问诊系统能够在线为病患提供问诊服务，其使用应用语义理解、情感分析等人工智能技术，通过问题预判、意图反问、分类识别、相似度匹配等方法，不仅能够解答何种情况需要就医的问题，还能实现疫情防控动态进展、科学防护知识、谣言鉴别等问题精准解答，并支持人机协作、自主学习、会话引导等功能。百度灵医智惠推出的"智能咨询助手"倍数级提升咨询效率，每日调用近万次。阿里巴巴在"浙里办"提供的网上智能问诊服务上线第一天对用户咨询的解决率超过92%。在此次疫情的筛查中，科大讯飞开发的"智医助理"已应用于病历分析、筛查潜在高危患者。该系统对覆盖范围内的区县，从发热、咳嗽、呼吸困难、流行病学史（武汉相关史）、影像学、血常规六个维度，在线对患者病历内容进行挖掘分析，自动筛选出与感染新冠病毒的肺炎患者具有相似症状的患者，并由团队出具专题分析报告交给相关医疗单位，供其决策和参考。②

（四）综合技术下的智能辅助诊疗

智能辅助诊疗是将人工智能技术用于辅助诊疗中，让计算机"学习"专业医疗知识，模仿医生的思维和诊断推理，为医生提供可靠的诊断和治疗决策支

---

① 资料来源：百度免费开放LinearFold算法 RNA病毒分析仅需27秒 提速120倍[EB/OL]. [2021-09-26]. https://baijiahao.baidu.com/s?id=1657162074241164236&wfr=spider&for=pc.
② 资料来源：中国日报网.中国新闻网.阿里达摩院研发智能疫情机器人 已在浙江等多地免费投用[EB/OL]. [2020-01-28]. https://caijing.chinadaily.com.cn/a/202001/28/WS5e2ff9f6a3107bb6b579bff8.html

持。智能辅助诊疗是人工智能未来在医疗领域的重要发展方向，也是最核心的应用场景之一，对于应对医疗资源分布不均、基层卫生机构医师资源不足问题，提高医疗服务质量，保障居民医疗健康等，有非常重要的意义。

2018 年，美国食品药品监督管理局批准了世界上第一款针对糖尿病视网膜病变医疗级的人工智能系统 IDx-DR。该系统能够扫描和分析有风险患者的视网膜，并在没有任何人工协助的情况下提供诊断服务。谷歌的子公司 DeepMind、伦敦大学学院和 Moorfields 眼科医院的研究人员研发了一款基于深度学习的眼科疾病诊断软件，可识别出 50 多种威胁到视力的眼科疾病，准确率高达 94%，超过了人类专家的表现。在国内，广州市妇女儿童医疗中心与依图科技等科研团队设计出基于人工智能的疾病诊断系统，将医学知识图谱加入其中，使计算机可以像人类医生一样根据读取的电子病历来"诊病"，可以自动诊断 55 种常见儿科疾病和部分危急重症，诊断水平可达到儿科主治医生的专业水准。[1]

三、智能研发

人工智能还为推动疫苗和药物研发工作发挥了重要作用。对于新发传染病类的突发公共卫生事件来说，快速研发和筛选有效的药物与疫苗，是挽救患者生命、预防新发感染等最迫切的任务。而传统新药研发一般来说具有周期长、成本高等特征，难以满足疫情防控的迫切需求。大数据驱动知识发现的人工智能算法，正成为提高药物研发效率、降低研发成本的有效工具。

新药和疫苗研发是个费时、费力、耗资的过程。据《自然》杂志的相关报道，在美国研发一种新药，从项目启动到被美国食品药品监督管理局批准上市，平均需要花费 10~15 年的时间，研发成本约为 26 亿美元。基于大数据、云计算的 AI 技术，可以充分利用现有医疗资源，减少科研人员耗费在数据分析、大规模文献筛选和科学超算等工作上的时间，帮助科研机构大幅缩短疫苗研发周期，减少医药研发成本，降低失败率。通过计算机模拟，人工智能可以对药物

---

[1] 资料来源：环球网. 谷歌 DeepMind AI 可检测眼疾 准确率高达 94%[EB/OL].[2021-09-26]. https://www.sohu.com/a/247044246_162522.

活性、安全性和副作用进行预测,找出与疾病匹配的最佳药物。在临床试验阶段,人工智能算法还可以结合患者真实数据,通过算法建模,进行风险评估和虚拟筛选,有效预测药物效果。高盛集团曾预测,人工智能与机器学习在新药研发中可以降低风险,每年节约超过 280 亿美元成本。①

AtomNet 助力抗击埃博拉病毒

成立于 2012 年的 Atomwise 是一家药物挖掘与人工智能结合领域的比较有代表性的初创公司,Atomwise 的核心技术平台称为 AtomNet,这是一种深度卷积神经网络。通过自主分析大量的药物靶点和小分子药物的结构特征,AtomNet 可以学习小分子药物与靶点之间相互作用规律,并且根据学习到的规律预测小分子化合物的生物活性,从而加快药物研发进程。

这家公司通过与 IBM 超级计算机合作,分析数据库,并用深度学习神经网络分析化合物的构效关系,于药物研发早期评估新药风险。早在 2015 年,这家公司就宣布在寻找埃博拉病毒抗击方案方面有一些进展,在为时一周的时间内,从已有的药物中找到两种或许能用来抗击埃博拉病毒的药物。图 8-6 所示为 AtomNet 与普通医疗技术在研发药物上的对比。

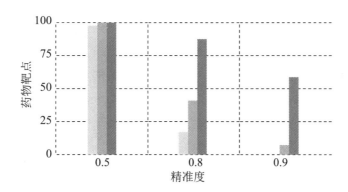

图 8-6　AtomNet 与普通医疗技术在研发药物上的对比

资料来源:www.zsmm.org.cn/academicInfo?id=2352.

---

① 资料来源:人民网.智能战"疫":AI 赋能新药研发,任重道远 [EB/OL].[2021-09-26]. https://baijiahao.baidu.com/s?id=1659574791964677077&wfr=spider&for=pc.

有研究提出，人工智能能够将新药的平均研发周期缩短一半甚至 2/3，同时研发费用则有望减半。澳大利亚弗林德斯大学基于人工智能技术新研发的流感疫苗，其研发时间从 5 年缩短至 2 年。2015 年埃博拉疫情中，Atomwise 公司应用 AI 算法用了不到 1 天的时间，便在已有药物中挖掘出两种候选药物。2020 年 2 月，《麻省理工科技评论》将人工智能发现分子技术列为 2020 年全球十大突破技术之一，提出机器学习工具可以用来探索包含已知分子及其特性的大型数据库，利用这些信息可以产生新的可能性，从而以更快的速度、更低的成本发现新的候选药物。在 COVID-19 疫情中，部分研究专注于在已有药物中筛选获取有效的治疗药物，理查德森（Richardson）等借助深度学习和知识图谱，发现经典 JAK 激酶抑制剂巴瑞克替尼（baricitinib）或可用于治疗新型冠状病毒。部分研究则致力于挖掘新的化合物，扎沃洛科夫（Zhavoronkov）应用强化学习模拟设计出新的分子化合物，并通过成本效益分析验证了强化学习方法的可行性和效率。①

当前，AI 与药物研发相结合，其主要应用在发掘药物靶点、挖掘候选药物、药物设计、药物合成、病理生理学研究及新适应证的开发，以及老药新用等主要场景。人工智能凭借其强大算力以及快速分子空间搜索能力，可以大幅加速药物开发进程。运用图像生成技术并设定疫苗分子空间，人工智能可以不断设计、生成药物的分子设计图，并通过智能定义下的药物有效性和安全性检测，进行有效的化合物筛选和生物标志物筛选，对药物研发的每一个过程都能起到推进作用。而在疫苗的研发和制作过程中，人工智能主要体现在物联网技术、机器人技术、传感器技术、计算机视觉技术这几个方面。把所有物品通过射频识别等信息传感设备与互联网连接起来，实现智能化识别和管理。通过物联网技术推广应用，可以实现疫苗生产过程中的流程自动化、条件控制智能化的要求。同时物联网技术还可以运用于疫苗出厂后的环境条件监控，保证疫苗产品在使用时的有效性。工业生产中执行任务的物理代理，通常分为移动机器人和固定机器人。通过利用固定机器人取代疫苗生产时的人工手工操作，可以提高生产效率。通过减少员工与疫苗原液之间的接触，可以在保障员工身体健康的

---

① 资料来源：2019 全球智能医疗领域的 AI 技术应用案例 [EB/OL].[2021-09-26]. https://baijiahao.baidu.com/s?id=1624861237313774715&wfr=spider&for=pc.

同时，避免疫苗受到人为操作误差引起的污染。通过传感器感受规定的被测量，同时将其按照一定的规律转化为可用输出信号。应用传感器技术可以对疫苗生产流程中的物理条件进行监控及智能调整。同时传感器技术还广泛地运用于监测疫苗出厂后的安全控制，保证疫苗在使用前的有效性。计算机视觉反映机器感知环境的能力，这一技术类别中的经典任务有图像形成、图像处理、图像提取和图像的三维推理。将计算机视觉技术引入疫苗工业生产流程，可以取代生产过程中需要人工视觉识别的环节，如疫苗鸡胚培养过程中对蛋的识别，提高识别效率和识别精准度。同时，通过计算机视觉也可以对生产过程中的人为操作环节进行监控。

病毒溯源、疫苗研发、药物筛选是应对新冠病毒的根本之策，需要进行大规模的文献筛选、大量的数据统计分析和科学超算工作，通过大数据和算力的结合，人工智能可以从大量文献资料、实验数据中进行筛选，进行靶点探寻、药理毒理等研究工作。疫情期间，阿里达摩院宣布向全球公共科研机构免费开放所有 AI 算力，支持病毒基因测序、新药研发、蛋白筛选等工作。浙江省疾控中心利用达摩院提供的算法，上线自动化的全基因组检测分析平台，将新型冠状病毒疑似病例基因分析时间从原来的数小时缩短至半小时，并能精准检测出病毒的变异情况。2020 年 1 月 30 日，百度研究院向各基因检测机构、防疫中心及全世界科学研究中心免费开放线性时间算法 LinearFold，以及世界上现有最快的 RNA 结构预测网站。LinearFold 算法可将新型冠状病毒的全基因组二级结构预测从经典算法的 55 分钟缩短至 27 秒，提速约 120 倍，能够节省两个数量级的等待时间，极大提升科研工作效率，助力疫情防控。此外，荣联科技集团股份有限公司为中国疾病预防控制中心提供了急需的大数据计算和存储资源，以保证大规模并行样本分析、数据保存和管理，全面助力病毒测序工作；同时其也为中国科学院微生物研究所提供技术支持，搭建病毒基因组进化关系的分析流程，并提供进化树可视化的展示功能，以实时监控病毒的变异情况、追查病毒宿主来源。①

在大数据与云技术能力的支持下，现有人工智能算法创新使用的整序列、

---

① 资料来源：百度研究院开放 AI 能力　可助力病毒疫苗研究 [EB/OL].[2021-09-26]. https://baijiahao.baidu.com/s?id=1657129479622770812&wfr=spider&for=pc.

整基因组的 RNA 结构预测更为精准，算力共享、分布式的计算，为疫苗和特效药物研发所需的数据分析、功效匹配、文件筛选等提供了有效的支撑，从而加快新冠病毒疫苗和药物的研发过程。

综上所述，在公共卫生体系以及疫情防控中，人工智能具有多重典型应用场景。例如，利用人工智能可以在高密度人流中快速、准确识别体温异常者；对疫情信息进行智能化分析，预测疫情发展趋势，可以提升政府疫情防控效能；利用 AI 远程问诊可有效降低医护人员近距离接触感染的风险，利用人工智能影像辅助诊断技术可以大幅度提高诊断效率，缓解医护人员紧缺问题；通过人工智能可以有效减少病毒检测中的重复性工作，通过有效筛选化合物、生物标志物，预测药物理化性质等促进药物研发；等等。人工智能对于公共卫生体系的影响，并不止于上文所概述的智能监测、智能诊断、智能研发等方面的内容。其他如药物挖掘、生物科技和精准医疗等也是人工智能可以发挥巨大作用的领域。从上文的分析来看，人工智能会更高效地推动公共卫生领域向着智能化、日常化和人性化的方向发展，尤为重要的是可以促进精准医疗的发展。同时，这些变化也会对就业和人类对于自身的认识产生重要影响。从目前来看，人工智能在未来的发展主要有如下三个值得关注的积极趋势：第一，用人工智能的"医生"补充人类医护人员，以解决未来医护人员稀缺的问题；第二，用人工智能助力药物挖掘的效率，加速药物开发的过程；第三，在人工智能的基础上，提高个性化用药的水平，并通过精准医疗最终解决癌症这一难题。但也应当看到，当前，我国人工智能技术在公共卫生体系中的应用尚处于初始阶段，仍在诸多方面存在短板和问题。发挥人工智能在公共卫生体系中的作用，需要技术支持、法律保障、组织协调、国际合作等各方面协同发力。

我国人口众多，生活习惯差异大。随着人口老龄化进程加快和人力成本攀升，利用人工智能、服务型机器人、无人配送、区块链等智能化技术实现"机器换人"成为必然趋势。新冠疫情的发生使得实现智能化、无人化应对更为迫切。从供给层面来看，我国已基本具备相关技术和设备的供应能力，下一步要解决的关键问题是在医疗系统乃至整个应急管理体系中推广应用这些智能化技术和设备。为此，要鼓励医疗机构、各类企业在应对新冠肺炎疫情中积极应用智能技术和无人设备，并对提供了效果良好、具有推广价值的技术或产品，为抗击疫情作出突出贡献的科研机构和生产企业给予一定的奖励。在此基础上，统筹规划，加大投入、加紧研发，重点突破、积极试点，全面提升重大突发公共卫生事件的智能化应对水平，推动经济社会高质量发展。

思考题：

1. 人工智能如何赋能公共卫生安全？
2. 智能监测如何平衡健康监测和隐私保护？
3. 智能诊断的发展如何改变人类疾病的诊疗？

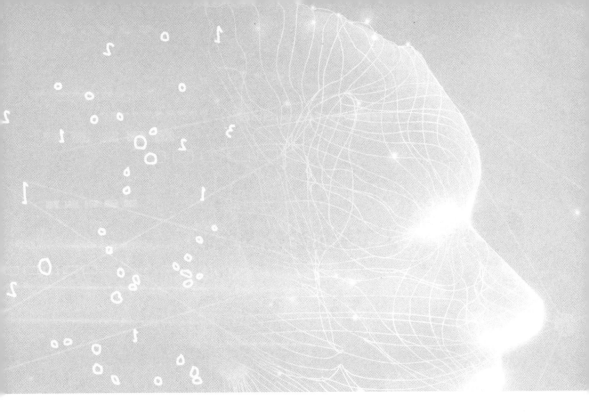

第三部分
人工智能的伦理治理

第九章 人工智能的伦理关切

第四次工业革命正深刻改造着人类社会及治理体系,全球范围内人工智能技术革命快速迭代。智能技术一方面提升了人类福祉,另一方面也催生了诸多伦理争论,成为全球科技发展与治理的前沿议题。所谓人工智能伦理,是指"当前在人工智能技术开发和应用中,依照理想中的人伦关系、社会秩序所确立的,相关主体应予以遵循的标准或原则"。[1] 面对全球范围内人工智能技术的飞速进步及其对人类社会产生的深远影响,学术团体、社会各界、政府及头部企业日益重视人工智能的伦理面向,开始关注诸如隐私、无偏见、无歧视、可控、公平等核心伦理价值,以规范人工智能的研发、供给与应用。

人工智能伦理是科技伦理的一部分,本章从21世纪科技伦理角度切入,将人工智能伦理视为继纳米伦理和生命科学技术伦理之后的又一个科技伦理讨论的焦点。特别是自新冠疫情暴发以来,人工智能技术在疫情分析、病毒溯源、人口流动监控、

---

[1] 陈磊,王柏村,黄思翰,等.人工智能伦理准则与治理体系:发展现状和战略建议[J].科技管理研究,2021,41(6):193-200.

第九章 · 人工智能的伦理关切

健康信息管理、无接触配送、线上办公等领域发挥着不可缺少的作用。这不仅加快了人工智能技术渗透社会生活,也加速了各国将智能应用造成的伦理问题提上法律和政策议程。目前,围绕着自主决定、安全可靠、透明公开、隐私保护、公平公正、责任担当等核心关切,人工智能所带来的挑战已经引起全球层面的反思。我国作为人工智能技术发展与应用大国,近年来对人工智能伦理的重视也上升到国家层面。在智能技术飞快迭代且社会不断接受其改造的变革时代,只有对技术的道德伦理问题进行深刻反思与讨论,才能使科技向善,让技术进步更好地服务人类社会。

一、智能技术与伦理价值的矛盾

科技与伦理紧密交织,现代科学技术活动是一场开拓性的社会伦理试验,科技的研究和应用使其伦理向度在科技时代得以空前延伸和拓展。① 科技伦理是指科技创新活动中调节人与社会、人与自然和人与人关系的行为规范,代表着科技发展中应恪守的价值观念、应担负的社会责任。当科技发展与社会道理伦理之间存在张力,与我们在宗教信仰、传统文化、身心健康、隐私保护、环境保护等方面的传统观念产生冲突与碰撞,科技的伦理问题随之显现。纵观人类社会的发展历程,从蒸汽机到电力和内燃机,到互联网和计算机,再到今天的自动化与人工智能,每一次重大的技术突破都会给之前的传统社会与自然环境带来风险和挑战,诸如失业、安全风险、生态破坏等。② 特别是第三次科技革命至今,一系列建立在现代科学原理上的高新技术,如原子能技术、微电子技术、航天技术、海洋技术、生物技术、新材料技术、新能源技术、电子计算机技术以及当前热门的人工智能技术等,在极大推动人类社会经济、政治、文化领域变革的同时,也冲击着传统的价值观念。② 科技发展不是价值无涉的,技术与价值的矛盾是科技伦理学形成的基础。事实上,自 20 世纪 60 年代中后期以来,在核技术和环境恶化的威胁下,科技活动的伦理问题就已经成为社会

---

① 刘大椿,段伟文.科技时代伦理问题的新向度 [J].新视野,2000(1):34-38.
② 莫宏伟.强人工智能与弱人工智能的伦理问题思考 [J].科学与社会,2018,8(1):14-24.

和学术研究界普遍关注的问题。①

21世纪社会是人类历史上当之无愧的技术社会。在2000年，美国计算机科学家Bill Joy在《为什么未来不需要我们》一文中预言，纳米技术、基因工程和机器人存在潜在威胁，有可能会使人类成为濒危物种。②在2004年，纳米技术、生物技术、机器人被美国《发现》杂志列为21世纪的大危险。③在人工智能伦理提出之前，科技伦理的焦点是纳米伦理和生物技术伦理。④作为科技伦理的分支，纳米伦理研究始于21世纪初，源自人们对纳米技术的抵触及其潜在危害的恐惧。⑤纳米技术是21世纪新兴技术的重要代表，它能够在原子和分子的尺度上对物质进行操纵，在电子信息、航空航天、生物医药、工业制造、能源环保等方面广泛应用，但也引发了人们的担忧和恐惧，诸如纳米材料的毒性问题、纳米技术的风险承担与利益分配问题，以及将纳米技术用于人类增强⑥、武器制造、隐私监控问题等。⑦⑧另一个引发巨大伦理争议的科技是生命科学和生物技术，其讨论热度至今未减。1978年，人类首个试管婴儿诞生，此后随着转基因、克隆、人类胚胎干细胞等生命科学技术迅速发展，科学家成功地将此类技术用于创造、修改人类生命的实验，引起欢呼之余也充斥着批判与怀疑，成为各国普遍关注的热点。⑨比如，脑死亡移植、辅助生殖和克隆人技术引发了社会对死亡判定、生育权利和人类尊严的多维思考⑩，而当前

---

① 朱葆伟.关于技术伦理学的几个问题[J].东北大学学报（社会科学版），2008（4）：283-288.
② JOY B. Why the future doesn't need us[EB/OL]. [2021-10-30]. https://www.wired.com/2000/04/joy-2/.
③ 王国豫，龚超，张灿.纳米伦理：研究现状、问题与挑战[J].科学通报，2011，56（2）：96-107.
④ 侯剑华，周莉娟.中西方技术伦理研究前沿的可视化分析与比较[J].科学与社会，2016，6（4）：72-85.
⑤ MOOR J, WECKERT J. Nanoethics: assessing the nanoscale from an ethical point of view[M]//BAIRD D, NORDMANN A, SCHUMMER J. Discovering the nanoscale. Amsterdam: IOS Press, 2004：301-310.
⑥ 比如重新排列遗传密码或者加入优良基因。
⑦ 陈子薇，马力.纳米技术伦理问题与对策研究[J].科技管理研究，2018，38（24）：255-260.
⑧ 张灿.国外纳米伦理学研究热点问题评析[J].国外社会科学，2016（2）：144-150.
⑨ 樊春良，张新庆，陈琦.关于我国生命科学技术伦理治理机制的探讨[J].中国软科学，2008（8）：58-65.
⑩ 田妍，周程.生命科学技术将步向何方？——林真理《被操作的生命：科学话语的政治学》评介[J].科学与社会，2019，9（2）：120-129.

CRISPR Cas9 技术可以精确地对基因组特定点位进行修改，使我们不得不思考用技术编辑人类基因的红线在哪里。

继纳米技术和生命科学技术之后，人工智能技术的快速迭代及其广泛应用引发了新一轮科技伦理的讨论与反思。可以说，当前科学技术的伦理问题很大一部分在于人工智能技术所带来的道德争议。人工智能概念自 1956 年首次提出以来，相关研究历经几度兴衰。得益于数据的海量积累、算力的显著提升、算法的优化升级，2010 年以来人工智能全面复兴、迅猛发展，并于 2016 年发生了计算机程序 AlphaGo 击败围棋高手李世石这一人工智能发展史上的标志性事件。目前，人工智能仍处于爆发式发展阶段，机器学习、深度学习、模式识别、知识图谱、计算机视觉、自然语言处理等技术日新月异，智能检索、图像处理、语音识别、机器翻译、语义理解、人机交互等任务不断取得突破性进步，带来了智能音箱、机械手臂、无人驾驶汽车、服务机器人、新闻推送 App 等应用产品。

当前，人工智能伦理已成为伦理学研究的新兴领域。事实上，早在 20 世纪中叶，"控制论之父"诺伯特·维纳就预见到自动化技术的潜在风险。① 21 世纪初，未来学家雷·库兹韦尔认为，到 2045 年，计算机会超越人类。② 近年来，来自各个领域的专家学者仍然对人工智能"可能的心智"表达了担忧，认为人工智能有可能对人类生存造成威胁。③ 无独有偶，乔纳森·诺兰执导的《西部世界》虚构了机器人意识觉醒、反抗人类以夺取控制权的故事。此外，不同领域的知名人士，如物理学家史蒂芬·霍金、哲学家尼克·波斯特洛姆、特斯拉 CEO（首席执行官）埃隆·马斯克，都曾对人工智能最终发展出自主意识、脱离人类控制提出过警示。

对于人工智能发展所导致的后果，人们担忧具有自我意识的强人工智能和超人工智能的潜在威胁，思考人类命运是否会被机器所控制。目前，我们仍处于所谓的机器无自主意识的弱人工智能阶段④，但即便是弱人工智能，技术引发的伦理问题也层出不穷，如数据泄露和隐私侵犯、信息伪造和内容造假、算

---

① 章文光，贾茹. 人工智能的社会伦理困境：提升效率、辅助与替代决策 [J]. 东岳论丛，2021，42（8）：92-100，192.
② 库兹韦尔. 奇点临近 [M]. 李庆诚，董振华，田源，译. 北京：机械工业出版社，2011.
③ 布罗克曼. AI 的 25 种可能 [M]. 王佳音，译. 杭州：浙江人民出版社，2019.
④ 莫宏伟. 强人工智能与弱人工智能的伦理问题思考 [J]. 科学与社会，2018，8（1）：14-24.

法歧视和算法独裁、产品事故和问责困难等问题。更何况,当前智能技术几乎渗透到人类社会的各个方面,社交、家居、制造、零售、交通、医疗、城市管理等领域无不充斥着人工智能的身影,智能家居、智能支付、精准推送、自动驾驶、无人超市、智能客服、城市大脑等人工智能应用屡见不鲜。技术的普遍渗透更是引发了社会对人工智能取代人类劳动力、损害人类自主性的担忧。

概言之,人工智能作为21世纪的代表性技术,虽然极大地促进了经济社会的发展,但其伴生的伦理问题已成为当下科技伦理研究的焦点与前沿议题。随着人工智能技术在社会各领域的逐步推广,人工智能的伦理问题将进一步凸显。在此背景下,如何界定人工智能的伦理原则,对于引领与规范人工智能发展具有战略性意义。

二、人工智能伦理的核心关切

(一)关注人工智能伦理原则

科技的发展往往带来人文的反思。随着人工智能在经济社会各个领域的应用和推广,人工智能的价值日益得到社会认可,但相关伦理问题也引发广泛关注,各界开始提出相关伦理原则。事实上,人工智能伦理原则的讨论可追溯到艾萨克·阿西莫夫在1942年的短篇小说《转圈圈》中创立的著名的机器人三定律:第一,机器人不得伤害人类,也不得坐视人类受到伤害;第二,机器人必须服从人类的命令,除非这与第一定律相冲突;第三,机器人必须保护自身的存在,除非这与第一或第二定律相冲突。[1]阿西莫夫三定律具有启发性意义,是后续所有人工智能技术伦理准则的基础。

目前,人工智能伦理原则的热潮无疑是人工智能开发与应用快速推进的结果。自21世纪10年代中期以来,为规范人工智能的研发与应用,国际组织、政府机构、科技社群、学术团体等利益相关主体一直致力于编制规范性文件,发布了大量人工智能伦理的原则、倡议和指南等。2019年美国白宫发布题为《维

---

[1] ROTHENBERGER L, FABIAN B, ARUNOV E. Relevance of ethical guidelines for artificial intelligence–a survey and evaluation[C]//European Conference on Information System, 2019.

持美国在人工智能领域领导地位》的行政令,强调减少使用人工智能技术的阻碍,同时保护美国的技术、经济和国家安全、公民自由、隐私和价值观。2019年欧盟发布《可信 AI 伦理指南》,指出人工智能从业人员在开发、部署和使用人工智能系统时,要遵守四项伦理原则——尊重人类自主、防止伤害、公平以及可解释性。谷歌、微软、IBM 等主要的人工智能大企业也开始公布伦理原则和方针,如 2018 年微软出版《未来计算》一书,提出人工智能开发的六大原则,即系统公平、可靠与安全、隐私与保障、包容、透明以及负责。美国计算机协会、电气与电子工程师协会等专业协会也就合乎伦理的人工智能提出建议。最后,在智能伦理的学术研究方面,人工智能相关会议中伦理主题含量显著提高,2020 年《牛津人工智能伦理手册》出版,其中讨论了责任、透明、种族和性别、职业替代、自主性等问题。

在这场全球性人工智能伦理倡议的热潮中,我国作为人工智能大国,也提出人工智能伦理的原则与框架。2019 年 6 月,国家新一代人工智能治理专业委员会发布《新一代人工智能治理原则——发展负责任的人工智能》,提出人工智能相关发展应符合和谐友好、公平公正、包容共享、尊重隐私、安全可控、共担责任、开放协作、敏捷治理八个基本原则。2021 年 9 月发布的《新一代人工智能伦理规范》,提出了增进人类福祉、促进公平公正、保护隐私安全、确保可控可信、强化责任担当、提升伦理素养六项基本要求。与此同时,人工智能伦理问题也开始进入大众视野,人工智能伦理热点事件引发了社会各界的广泛讨论。

据不完全统计,全球范围内人工智能伦理原则或倡议已超过百项,组成了人工智能伦理治理的"软体系"。① 很多研究机构专门以各类利益主体发布的人工智能伦理指南为研究材料,总结人工智能伦理的普遍关切。比如波士顿人工智能伦理实验室的研究人员创建了一个工具箱,用于跟踪不断涌现的人工智能伦理原则。他们分析了 2015—2020 年发布的百余份文件,将人工智能伦理归纳为自主、无害、受益、公正四大类。②③ 还有机构分析了人工智能技术的新

---

① 贾开,薛澜. 人工智能伦理问题与安全风险治理的全球比较与中国实践 [J]. 公共管理评论,2021,3(1):122-134.

② AI Index Steering Committee, Human-Centered Artificial Intelligence Institute, Stanford University. The AI index 2021 annual report[R]. Chinese translation,2021.

③ 参见 https://aiethicslab.com/big-picture/.

闻媒体报道和博客，发现相关文本包含了人权、人类价值、责任、人类控制、公平、歧视、透明度、可解释性、安全保障、问责制、隐私等要素。[1] 通过归纳相关研究成果，可发现人工智能伦理存在几个关键的"簇"，列于表 9-1。

表 9-1 人工智能伦理的核心关切[2]

自主决定原则	自由（freedom），自主（autonomy），同意（consent），选择（choice），自决（self-determination），自由（liberty），赋权（empowerment）
安全可靠原则	安全（security），安全（safety），无恶意（non-maleficence），保护（protection），防范（prevention），可预测性（predictability）
透明公开原则	透明（transparency），可解释性（explainability），可理解性（understandability），可说明性（interpretability），沟通（communication），公开（disclosure），展示（showing）
隐私保护原则	隐私（privacy），个人信息或隐私信息（personal or private information），控制数据使用（control over the use of data），限制处理的能力（ability to restrict processing），更正权（right to rectification），删除权（right to erasure）
公平公正原则	公正（justice），公平（fairness），一致（consistency），容纳（inclusion），平等（equality），无偏见（non-bias），无歧视（non-discrimination），多样性（diversity），多元性（plurality），可得性（accessibility）
责任担当原则	责任（responsibility），问责（accountability），责任（liability），诚信行事（acting with integrity），有能力申诉（ability to appeal），自动化决策的救济（remedy for automated decision），可验证性与可复制性（verifiability and replicability）

（二）自主决定原则

人类自主决定是指人工智能不能妨碍人的选择或对人进行操纵，其关键要素包括自由、同意、选择、赋权和人类尊严。这一原则强调人类在与人工智能系统交互时，不能处于被控制、被决策的地位。2019 年 11 月 10 日，浙江某

---

[1] AI Index Steering Committee, Human-Centered Artificial Intelligence Institute, Stanford University. The AI index 2021 annual report[R]. Chinese translation，2021.
[2] FJELD J, ACHTEN N, HILLIGOSS H, et al. Principled artificial intelligence: mapping consensus in ethical and rights-based approaches to principles for AI[Z]. Berkman Klein Center Research Publication, 2020（2020-1）；JOBIN A, IENCA M, VAYENA E. The global landscape of AI ethics guidelines[J]. Nature machine intelligence, 2019, 1（9）：389-399.

小学给学生佩戴一种智能"头环"产品，立即引发全网热议。该头环号称可通过检测学生的脑电波来判断学生上课和写作业时的注意力，专注亮红灯，走神亮蓝灯，学生的注意力集中情况以每 10 分钟一次的频率发送给老师和家长。事件曝光后，该地教育机构对外表示已介入调查，并决定停用相关设备。① 这起新闻事件是滥用人工智能进行监视与控制，违反了自主决定原则的典型例子。与此原则背道而驰的另一个典型现象是被平台困住的外卖骑手。外卖平台依托算法系统接连"吞噬"配送时间，不断逼近外卖员的劳动力极限，导致不少外卖骑手为了避免超时与差评不惜"以命送餐"，在送餐过程中超速、闯红灯甚至逆行。② 在效率至上的评价机制之下，平台的算法化身为数字监工，而外卖员不过是数据红海之中的一个个数据点，人在算法的统治下毫无选择空间，难以获得"人是目的"意义上的人类尊严。

（三）安全可靠原则

安全指的是人工智能使用起来是安全、可靠、不作恶的。对于人工智能不可伤害人类的要求，自阿西莫夫提出机器人三定律起即存在。安全性有多个维度，既包括人工智能技术本身是遵从程序指令的、不会伤害生物或环境，也包括人工智能技术要能抵御外界威胁，如需要具备一定弹性、能够抵御漏洞和网络攻击、保护隐私和个人数据等。以人工智能的核心技术——机器学习——的安全性为例，在模型训练与预测过程中，以下三方面值得注意：一是攻击者可能进行数据投毒污染训练数据集，进而影响模型训练结果；二是攻击者可能在正常模型中插入后门，即模型的隐藏模式，当输入特定样本时，攻击者就可以触发模型后门从而操控预测结果；三是攻击者可能在样本中注入一些罕见样本或者恶意样本，使深度神经网络输出错误结果。③ 不可靠的人工智能系统有可能威胁使用者生命安全。如曾有新闻报道，亚马逊智能音箱对用户进行危险行为诱导，当向智能音箱询问关于心脏心动周期的信息时，智能音箱却对用户说

---

① 小学生监测头环引争议 智能产品进校园缘何饱受争议 [N/OL]. 中国日报网，2019-11-11. https://baijiahao.baidu.com/s?id=1649869206702624757&wfr=spider&for=pc.

② 外卖骑手，困在系统里 [EB/OL].（2020-09-08）. https://mp.weixin.qq.com/s/Mes1RqIOdp48-CMw4pXTwXw.

③ 陈宇飞，沈超，王骞，等. 人工智能系统安全与隐私风险 [J]. 计算机研究与发展，2019，56（10）：2135-2150.

人类的心脏跳动加速了自然资源的过度消耗,建议用户自杀。安全可靠原则是人工智能发展与应用的底线原则,关乎人类核心利益。

(四)透明公开原则

人工智能治理面临的最大挑战或许是技术的复杂性与不透明。人工智能的不透明有诸多来源,诸如,企业为了保护商业机密和竞争优势而有意自我保护;编写、阅读和设计代码是一项专门技能,大多数人并不具备;代码通常是团队共同生产的多组件系统,有时甚至连程序员这样的"局内人"也需要应对系统的不透明性问题。① 除了商业利益与专业门槛,还有代码运行本身的因素。尤其是机器学习、神经网络、深度学习算法,它们天然地是复杂、不透明、难以理解的。这些复杂模型对于复杂系统的分析和预测特别有用,但是它们所包含的输入比传统模型多得多,而且其内在机制本身就是不为人所理解的黑盒子,即我们常说的"输入→黑箱→输出"过程中间的神秘环节。正因为人工智能算法的不透明,透明公开原则的关键要素还包括可理解性、可解释性、数据和算法开源、知情权、定期报告,以及人工智能作出决策时应作出告知、交流、公开等。②

(五)隐私保护原则

隐私是现代社会需要捍卫的价值和需要保护的权利,经常与数据保护和数据安全一同出现。在智能时代,各种传感器极大地增强了对隐私的直接监控能力,各式各样智能产品和应用不断侵蚀人们的私密空间,超强的分析能力结合数据关联能力能够轻易地描绘出用户的完整画像。③ 例如,斯坦福大学的人工智能研究小组通过分析约会网站上的用户头像图片,提取出不同性取向人群的脸部特征,由此训练出来的深度神经网络模型可以判断图片主人的性取向,导致了对个人隐私的窥探。除了滥用算法进行个人隐私的计算与推断,智能时代的个人信息泄露亦是重大挑战。因此,对于当前技术环境中的隐私和个人信息

---

① BURRELL J. How the machine 'thinks': understanding opacity in machine learning algorithms[J]. Big data & society, 2016, 3(1): 1-12.
② FJELD J, ACHTEN N, HILLIGOSS H, et al. Principled artificial intelligence: mapping consensus in ethical and rights-based approaches to principles for AI[Z]. Berkman Klein Center Research Publication, 2020(2020-1).
③ 郑志峰.人工智能时代的隐私保护[J].法律科学(西北政法大学学报),2019,37(2):51-60.

滥用与泄露问题,如何完善立法以保障数据主体拥有知情、访问、限制处置、反自动化决策等各项权利,以及在技术上使用一系列隐私增强技术来进行数据的传输与处理,都是实现隐私保护原则所要面对的关键任务。

(六)公平公正原则

公平公正原则至少存在于两个方面:一是决策的公平性。尽管人工智能开发者可能不带有性别、种族、外貌、财富、政治等方面的歧视与偏见,但是当机器学习算法被用于数据分析,并把已有数据和既有历史作为训练模型的基础时,算法可能会轻易习得并继承人类的歧视与偏见。当前司法领域已经建立人工智能办案系统,而将智能系统应用于辅助司法裁判时,决策公平性尤为重要。一个反面例子是COMPAS——美国法院使用的一款用来评估罪犯累犯可能性的软件,研究发现COMPAS的模型会系统地高估黑人的累犯风险,从而产生歧视。① 此外,决策不公平的现象在我国也逐渐增多,最为典型的莫过于大数据"杀熟"。二是社会经济后果的公平性。此类不公平的典型例子是智能技术替代人类劳动者所引发的失业,即"技术性失业"或者"机器代人"。人工智能将批量替代机械化、重复性的劳动,从而导致服务业、制造业、物流业等行业中知识水平较低、技术能力简单的人类工作者失业。经济学家达伦·阿西莫格鲁及其合作者研究发现机器人对就业具有稳健的负面影响,在美国,每千名工人增加一个机器人,就业人口比率就会降低0.2个百分点。② 由于自动化浪潮所产生的失业者通常为中低收入群体,因此人工智能造成的职业淘汰将进一步扩大社会不平等。

(七)责任担当原则

自主无人系统是人工智能的关键性技术,在交通、医疗、护理、工业、服务业、互联网服务等领域,这些系统越来越多地辅助人类进行决策。③ 然而,自主无

---

① LARSON J, MATTU S, KIRCHNER L, et al. How we analyzed the COMPAS recidivism algorithm[EB/OL]. Pro Publica,(2016-05-23)[2021-07-06]. https://www.propublica.org/article/how-we-analyzed-the-compas-recidivism-algorithm.
② ACEMOGLU D, RESTREPO P. Robots and jobs: evidence from US labor markets[J]. Journal of political economy, 2020, 128(6): 2188-2244.
③ 司晓,曹建峰. 论人工智能的民事责任:以自动驾驶汽车和智能机器人为切入点[J]. 法律科学(西北政法大学学报),2017, 35(5): 166-173.

人系统的自动化决策也制造了"责任鸿沟",即不清楚谁该为系统的决策及后果负责。其中,有关自动驾驶汽车安全事故的责任划分问题最为社会各界广泛关注。未来,自动驾驶汽车将是最早一批被推向市场的完全自主的机器。随之而来的一个问题是,当人类不主要参与驾驶时,因智能系统的技术缺陷而导致的侵害行为,其法律责任如何分配?① 例如,2016 年 1 月 20 日,我国京港澳高速河北邯郸段,一辆正处于自动驾驶状态的特斯拉 Model S 轿车撞上正在作业的道路清扫车,事故造成司机当场死亡。2016 年 5 月在美国佛罗里达州,驾驶同款特斯拉汽车的车主在使用自动驾驶功能时与一辆正在转弯的卡车相撞,不幸丧生。在此之后,自动驾驶系统引发的交通事故时有发生,其责任界定问题变得日益急迫。② 欧美国家已经注意到自动驾驶汽车交通事故责任归属问题,我国也正积极探索相关领域的立法。据估计,到 2025 年,我国智能汽车将达到 2 800 万辆,我国将成为世界第一大智能汽车市场。③ 面对可以预期的归责挑战,如何对责任分配制定新的规则变得越来越紧迫。

三、人工智能伦理问题的治理

面对人工智能带来的丧失自主、妨害安全、不透明、不公平、隐私侵犯、责任困境等方面的挑战,国际社会普遍认为人工智能的发展应用迫切需要伦理价值来引导与约束,世界主要国家已经采取各类措施应对人工智能的伦理挑战。总结起来,人工智能伦理治理的路径主要分为两类:一是完善人工智能治理的"硬"约束,即在法律意义上约束和规范人工智能活动;二是建立人工智能治理的"软"约束,包括确认人工智能的风险及其治理的目标、机制、方案等不具有法律约束的倡议④,通过两类措施建立起一个完善的人工智能伦理治理体

---

① 司晓,曹建峰.论人工智能的民事责任:以自动驾驶汽车和智能机器人为切入点 [J].法律科学(西北政法大学学报),2017,35(5):166-173.
② 王乐兵.自动驾驶汽车的缺陷及其产品责任 [J].清华法学,2020,14(2):93-112.
③ 中国联网汽车 2025 年预计达 2800 万辆 将成世界第一大智能汽车市场 [N/OL].中国新闻网,2020-12-03. https://baijiahao.baidu.com/s?id=1685066040906113462&wfr=spider&for=pc.
④ 贾开,薛澜.人工智能伦理问题与安全风险治理的全球比较与中国实践 [J].公共管理评论,2021,3(1):122-134.

系（表9-2）。当前的全球治理格局以软性倡议为主，但是各国也正逐步建立人工智能监管的硬性约束。

表 9-2 人工智能伦理治理体系

硬 性 约 束	软 性 倡 议
制定智能伦理法律法规	设立人工智能伦理委员会 构建伦理标准体系 提供社会监督渠道 加强责任主体伦理培训 加强人工智能国际合作

（一）制定智能伦理法律法规

建立健全人工智能治理法律有利于规范人工智能应用场景、明确人工智能伦理问题权责归属、培育人工智能伦理意识，为人工智能的开发和使用提供价值标准，从而促进人工智能产业的发展。美国华盛顿州通过了《关于搜集和使用生物识别符的法律》，规范生物信息技术的使用。此外，美国《深度伪造责任法案》、法国《数字共和法》、加拿大《自动化决策指令》、欧盟《关于制定机器人民事法律规则的决议》与《反虚假信息行为准则》等，均对人工智能加以规范。在我国，2021年陆续落地的《中华人民共和国个人信息保护法》《中华人民共和国数据安全法》《关于加强互联网信息服务算法综合治理的指导意见》将网络空间管理、数据保护、算法安全综合治理作为主要监管目标。然而，一些非成熟技术领域的人工智能伦理立法前置条件还没有成熟。一方面，人工智能技术方兴未艾，新兴技术快速发展，仓促立法不利于法律条文的稳定性，也可能限制新技术的发展。另一方面，相关伦理社会共识仍在凝聚阶段，人工智能伦理规范还需经受实践检验。在此背景下，缓置立法工作，用行政文件和行业规范暂替法律条文，为规范性立法提供经验支持成为可行选择。

（二）设立人工智能伦理委员会

人工智能伦理风险渗透于产品开发与应用的各个环节，所涉问题高度复杂，内含诸多价值判断。目前，研发人员往往缺乏专业伦理知识，难以承担关键伦理选择的责任。① 在此背景下，在政府、企业内部成立专门处理人工智能问题的治理机构，成为加强人工智能治理制度化、专业化的不二法门。当前，相关机构已经逐渐在国家、企业与社会团体等组织层次成立。在国家层次，美国于 2018 年 5 月成立 "人工智能专门委员会"以审查联邦机构在人工智能领域的投资和开发②；法国于 2019 年 4 月组建了 "人工智能伦理委员会"，旨在监督军用人工智能的发展②；在我国，国家科技伦理委员会已于 2019 年 7 月组建，旨在对包括人工智能在内的一系列科技伦理问题展开制度化治理。③ 在企业层次，人工智能伦理委员会已成为全球主要科技公司履行人工智能伦理责任、强化企业自律的 "标配"和基础机制，微软、谷歌、IBM、旷视等国内外大型科技公司均设立相关委员会或者小组，作为人工智能治理事项的决策机制。在社会团体层次，我国人工智能学会④ 于 2018 年组建了人工智能伦理专委会，该机构设置了多个人工智能伦理课题，并组织了一系列专题研讨。⑤ 上述不同类型的伦理委员会依托专家的多元知识背景和专业技能，对人工智能发展过程中的伦理问题进行识别、展开协商、形成判断、作出决策和推动执行，从而充分发挥专家在人工智能伦理中的作用。

（三）构建伦理标准体系

自 2015 年以来，各类组织和研究机构一直致力于编制人工智能伦理的规范性文件，因而呈现出伦理原则 "爆炸"乃至 "泛滥"的现象。⑥ 不少行业观察家批评这些颇有 "各自为政"意味的抽象原则基本无助于指导企业在研发实践中应对实际的伦理难题，进而呼吁人工智能治理应从宏观的 "原则"尽快转

---

① 郭锐，李依，刘雅洁. 人工智能企业要组建道德委员会，该怎么做？[N/OL]. 新京报，2019-07-26[2021-07-06]. https://www.bjnews.com.cn/detail/156412429614369.html.
② 中国信通院. 全球人工智能治理体系报告（2020）[R/OL].[2021-07-06].http：//www.caict.ac.cn/kxyj/qwfb/ztbg/202012/P020201229534156065317.pdf.
③ 新华网. 习近平主持召开中央全面深化改革委员会第九次会议 [EB/OL].（2019-07-24）[2021-07-06].http：// www.xinhuanet.com/2019/07/24/c_1210212685.htm.
④ 参见中国人工智能学会官方网站，http://new.caai.cn/index.php?s=/home/article/index/id/1.html.
⑤ AI 时代，伦理探索要跟上 [EB/OL].（2019-07-18）[2021-07-06]. http://www.banyuetan.org/kj/detail/20190718/1000200033136211563431247056911166_1.html.
⑥ 斯坦福大学以人为本人工智能研究院（HAI）. 人工智能指数 2021 年度报告 [R/OL]. https://aiindex.stanford.edu/wp-content/uploads/2021/04/2021-AI-Index-Report_Chinese-Edition.pdf.

向更具可操作性的"标准"。① 基于此,自 2018 年开始,全球人工智能治理开始从原则大爆炸阶段逐步过渡到共识寻求阶段与伦理实践阶段。② 这意味着各相关机构开始从众多伦理原则中提炼出共识性通则,并不断探索如何将其转化为标准细则。目前这种转化主要包括两方面:一是推动研制和发布人工智能标准规范。例如,2018 年 1 月,我国国家人工智能标准化总体组和专家咨询组宣告成立,并计划成立人工智能与社会伦理道德标准化研究专题组,以推动形成一批国家标准立项建议。③ 二是加强技术研发,为人工智能标准规范的落地保驾护航。近年来,诸如联邦学习、对抗测试、形式化验证、公平性评估等技术工具不断得到关注与研发④,这些技术一方面能够在标准制定阶段帮助决策者评估何种标准将更契合企业实际与符合人类共同利益,另一方面能够在标准实施阶段为企业依标行事、标准评估者收集证据提供技术抓手。

(四)提供社会监督渠道

公众是人工智能的服务对象,更是人工智能伦理治理的参与者和监督者。公众的监督主要通过企业、新闻媒体、行业协会、政府的反馈来实现。实现公众监督需要满足两个条件:其一,公众具备人工智能伦理自觉。公众在与人工智能的互动中,能够对其突破伦理的行为有所觉察,从而进行自我调节,掌握智能社会中的主动权。社会人工智能伦理教育有助于公众培养辨识人工智能违反伦理事件的能力。比如,奥巴马政府时期发布的一系列算法歧视调研报告有效推动了公众对相关问题的认知⑤;在我国,面对隐私让渡、深度伪装、网络诈骗等智能媒介带来的风险,已有声音呼吁要提升公众的智能媒介素养来强化

---

① BLACKMAN R. A practical guide to building ethical AI[J/OL]. Harvard business review,(2020-10-15). https://hbr.org/2020/10/a-practical-guide-to-building-ethical-ai; BURT A. Ethical frameworks for AI aren't enough[J/OL]. Harvard business review,(2020-11-09). https://hbr.org/2020/11/ethical-frameworks-for-ai-arent-enough.
② 曹建峰. 人工智能伦理治理亟需迈向实践阶段 [N/OL]. 法治日报,2021-04-13[2021-07-06]. https://theory.gmw.cn/2021-04/13/content_34760357.htm.
③ 信息技术研究中心. 国家人工智能标准化总体组和专家咨询组成立 [EB/OL].(2018-01-19)[2021-07-06]. http://www.cesi.cn/201801/3535.html.
④ 吴文峻,黄铁军,龚克. 中国人工智能的伦理原则及其治理技术发展 [J].Engineering,2020,6(3):212-229.
⑤ 贾开. 人工智能与算法治理研究 [J]. 中国行政管理,2019(1):17-22.

公众对智能信息的解读、应用与批判。①其二，公众拥有畅通的监督反馈渠道。公众能够向人工智能产品的责任方，如生产企业、销售平台等反馈反伦理事件，这些反馈需要有机构来接收处理；如果反馈不畅通，行业组织、政府需要向公众提供这一类事件的监督渠道。

（五）加强责任主体伦理培训

伦理培训指的是对相关责任主体提前说明、解释人工智能发展过程可能涉及的伦理道德风险。关于人工智能发展的伦理道德风险的担忧与讨论、质疑与争议从未停止，未来社会的人工智能将不仅仅作为技术化的工具被人使用，更会逐渐具有类似于人类思维的能力，甚至可能在某些方面实现对人类思维的超越。彼时，人类面临的将不仅是大量程式化的工作岗位消失带来的失业、职业认知升级转型等问题，还包括如何重新从身体、精神两个方面"放置"自我。对此，国内外高校的计算机科学专业纷纷在近年开设了人工智能伦理课程，旨在培养负责任的技术人才。我国各地在人工智能议题实施过程中，如在青少年科技教育中，也已或多或少有意识地插入伦理内容。通过促进潜在责任主体对人工智能技术伦理维度的认知，规范他们在人工智能开发及应用过程中的态度与行为，有效消解潜在风险。

（六）加强人工智能国际合作

人工智能伦理治理是全球性议题，关乎全人类、全世界发展与创新的方向与未来，需要全世界人民携手共进，抓住机遇，应对挑战。将人工智能用于推动人类、社会、生态及全球可持续发展已经成为全球性共识，这一愿景的达成需要在世界各国政府、产业、学术机构之间建立起全球性的人工智能伦理治理网络，推动在治理的原则、法律、政策、标准等维度展开对话与协商。②21世纪已经进入第三个十年，人工智能的发展势头越发迅猛，革命性的人工智能实践已经对人类的生产和生活产生了重大影响与冲击，世界各国应该树立"全人

---

① 黄晓勇. 充分重视智能媒介素养的提升 [J]. 光明日报，2021-11-19.
② 克服人工智能伦理与治理的跨文化合作阻碍 [R/OL]. [2021-07-06]. https://attachment.baai.ac.cn/share/aies/cn-overcoming-barriers-to-cross-cultural-cooperation-in-ai-ethics-and-governance-2020-05-26.pdf.

类命运共同体"的意识，求同存异，开源集智，以高度协作的姿态直面问题。我国一直在人工智能治理的国际合作方面采取积极主动的态度，搭建了许多供各国交流经验、沟通分歧、共话未来的开放性平台，取得了一定成效。未来我国应继续发挥正面作用，与世界各国在合作中实现共赢。

思考题：

　　1. 除了本章提出的六个原则，人工智能的伦理治理还有哪些重要维度可供讨论？

　　2. 如何看待当前因人工智能专业知识差异而形成的新型"数字鸿沟"？"数字鸿沟"对个体的伦理观有什么影响？

　　3. 在人工智能赋能政府决策的过程中，机器决策（尤其是算法）是否会取代人脑决策？机器决策是否会取代民主决策？

第十章 治理算法：算法风险的伦理原则及其治理逻辑[①]

近年来，随着人工智能进入快车道，智能化应用浪潮席卷而来，以数据为原料、以算法为引擎、以算力为支撑的智能社会快速来临。算法作为智能时代的核心技术，在提升社会经济运转效率和国家治理效能的同时，也重构着新型的市场秩序与治理体系，深刻地影响着国家与社会、技术与社群之间关系的演变。

伴随着智能社会的到来，人们逐渐注意到算法技术的负外部性，如算法致瘾性推荐与认知窄化、大数据"杀熟"与歧视性定价、机器自动化决策与社会圈层化加剧等智能时代的新型社会风险。不受约束的算法滥用不仅危害着个人作为算法用户在智能时代的合法权益，还附加着高昂的社会成本，不利于智能时代经济社会的健康运行。因此，算法的两面性意味着智能时代的"算法治理"不仅涉及"使用算法进行治理"，更要

[①] 本章部分内容已发表，可见孟天广，李珍珍. 治理算法：算法风险的伦理原则及其治理逻辑[J]. 学术论坛，2022，45（1）：9-20. 本章文字有所修改。

第十章 • 治理算法：算法风险的伦理原则及其治理逻辑

包括"对算法进行治理"，使算法能够以合乎伦理的机制充分释放其赋能价值。

一、算法风险：智能时代社会风险演化的新样态

历史上，古希腊数学家发明了欧几里得算法（euclidean algorithm）来计算两个正整数的最大公约数，而"算法"（algorithm）一词也可以追溯到9世纪中亚数学家"al- Khwārizmī"，他的手稿在12世纪被翻译成拉丁文传入欧洲，手稿中的十进制数字系统运算方法被相应地叫作"algorisms"。在当时，算法是指一种特定的算术法则。① 到了20世纪中叶，随着科学计算和高级编程语言的发展，算法被视为将输入转化为输出的一系列有限的有序步骤。类似地，人们通常所说的算法是"为了解决一个特定问题或者达到一个明确目的所采取的一系列步骤"②，目的是达成给定情况下的最佳行动或者对给定数据作出最佳理解。譬如，数据挖掘就是使用算法来理解数据的一门学科，而机器学习算法是数据挖掘的方法技术，即"可以利用数据产生新模式和知识，并生成可以用来对数据进行有效预测的模型"。③

在智能时代，算法作为人工智能的核心技术已经不可逆转地渗透到日常经济社会生活乃至国家治理领域，成为人类社会赖以运行的核心基础设施。智能时代的基本特征就是算法社会强势崛起并全方位重塑社会经济运行。然而，由于滥用算法而产生的社会风险与伦理事件也不断冲击着人们的神经，引发社会热议。譬如，新闻推荐的低俗内容和同质化内容增多，搜索引擎竞价排名，购物平台利用大数据"杀熟"，外卖系统算法变成监工屡次试探配送员配送时间底线等。这些现象不断将算法及其掌控者推向风口浪尖，引发广泛的社会关注。

---

① CHABERT J L. A history of algorithms: from the pebble to the microchip[M]. Berlin: Springer, 1999：2.
② DIAKOPOULOS N. Algorithmic accountability: journalistic investigation of computational power structures[J]. Digital journalism，2015，3（3）：398-415.
③ VAN OTTERLO M. A machine learning view on profiling[M]//HILDEBRANDT M, DE VRIES K. Privacy, due process and the computational turn: the philosophy of law meets the philosophy of technology. Abingdon: Routledge, 2015：41-64.

简言之，算法全面赋能人类社会发展的同时，既给人类生产生活带来效率和便捷，也激化了技术系统与社会系统之间的分歧和冲撞，人们担心算法会导致用户过度沉迷其中而丧失人的自主性、算法歧视和公平性匮乏、算法黑箱乃至隐私安全等危及人类社会的严重后果。

智能时代的算法风险已经成为哲学、政治学、法学、智能科学的热点议题。学界从算法的技术逻辑和权力属性角度，讨论了算法应用于商业领域的风险，以及算法嵌入国家与公权力的风险，并提出诸如"信息茧房""算法黑箱""算法利维坦"等新概念，试图阐述算法嵌入社会经济运行的深远影响。

首先，从个体角度看，人们日常使用的新闻服务和信息分发算法伴随着造成"信息茧房"的意识形态窄化风险。当前，数据爆炸而个人信息系统容纳量不足，很容易导致个人信息超载，因而越发需要基于习惯和偏好的差异化信息消费。① 在此背景下，基于智能推荐算法的个性化信息服务开始兴起。智能推荐系统运用协同过滤推荐、内容推荐、关联规则推荐等技术，帮助用户降低信息噪声、提高信息消费效率。② 然而，智能推荐算法也有可能导致"信息茧房"，即用户只听他们选择的、令他们愉悦的内容。③ 陷入信息茧房意味着智能推荐算法对信息进行了过滤，阻碍异质性信息消费与多元化观点交流，导致用户处于算法打造的"无菌环境"或者个性化的"过滤气泡"。不论是"信息茧房"还是"过滤气泡"，都直指算法时代个性化信息服务下的信息偏食，造成用户信息视野狭窄并对观念与行为产生影响。④ 虽然目前学界对信息茧房作为一种现象的证实与证伪、现实中是否存在理论上的形成机制等问题还有不同观点，但相关探讨无疑反映出人们对算法充当"把关人"的信息传播风险的一种担心。

其次，从市场角度看，在当前数据经济环境下，算法因遵循商业逻辑而酝酿着"监控资本主义"的风险。⑤ 人类社会的信息化伴随着个人的属性、关系、

---

① 喻国明，曲慧."信息茧房"的误读与算法推送的必要——兼论内容分发中社会伦理困境的解决之道[J]. 新疆师范大学学报（哲学社会科学版），2020，41（1）：127-133.
② 喻国明，韩婷. 算法型信息分发：技术原理、机制创新与未来发展[J]. 新闻爱好者，2018（4）：8-13.
③ 桑斯坦. 信息乌托邦——众人如何生产知识[M]. 毕竞悦，译. 北京：法律出版社，2008：8.
④ 彭兰. 导致信息茧房的多重因素及"破茧"路径[J]. 新闻界，2020（1）：30-38，73.
⑤ 孙逸啸，郑浩然. 算法治理的域外经验与中国进路[J]. 信息安全研究，2021，7（1）：15-26.

地点、行为、情绪、偏好等信息全方位地以数字化的方式表示、记录、存储。这些数字化的个人信息汇总而成的大数据有其经济属性，而大数据分析算法则是释放大数据的商业价值所必不可少的工具。"监控资本主义"是数据经济环境下的新兴资本主义经济秩序，形成于大数据、算法能力与资本力量的联合，其核心是大数据企业以攫取利润为目的对个人数据的商业化利用。① 大数据企业通过对互联网上个人数字痕迹的大规模监控获取数据，将算法作为生产工具实现了数据从原材料到价值的转化。这些企业大规模收集用户点击、浏览、逗留时长的数字痕迹，利用大数据分析技术对用户信息进行统计分析并建立预测模型，通过数据持续积累和模型不断优化来越来越准确地判断用户心理和喜好，做出诸如精准的价格歧视、劳工剥削、定向营销等行为，最终实现企业利润最大化。② "监控资本主义"的典型例子是商业平台滥用用户数据进行"杀熟"。在这种经济秩序下，用户在大数据企业面前迅速透明化，退化为免费的数据来源与被反复实验的对象。③

最后，从国家与公权力角度看，算法的技术力量日益嵌入国家权力运行与国家治理过程，不仅孕育着"技术赋权"的巨大机会④，也隐藏着被特定利益集团用于社会控制和政治权力再生产的政治风险。⑤ "利维坦"是《圣经·旧约》中记载的海怪，一种神话生物，英国哲学家霍布斯将之比喻为凌驾于所有人之上的强势的国家。面对国家治理算法化态势，有学者用"算法利维坦"比喻智能时代一种强制性的治理方式与算法接管治理的潜在风险。人们在通过算法治理获得便利与安全的同时，也被置于算法程序的监控体系之下，而国家则通过算法技术来施加秩序、延伸权力、贯穿意志。⑥ 这种能力需要配合数据才能获得，

---

① ZUBOFF S. Big other: surveillance capitalism and the prospects of an information civilization[J]. Journal of information technology, 2015, 30（1）：75-89.
② 武青，周程. 资本主义条件下大数据技术的政治经济学批判——《监控资本主义的时代》述评[J]. 科学与社会，2020, 10（1）：113-124.
③ ZUBOFF S. The age of surveillance capitalism: the fight for a human future at the new frontier of power[M]. London: Profile Books, 2019.
④ 孟天广. 政府数字化转型的要素、机制与路径——兼论"技术赋能"与"技术赋权"的双向驱动[J]. 治理研究，2021, 37（1）：5-14.
⑤ 王小芳，王磊. "技术利维坦"：人工智能嵌入社会治理的潜在风险与政府应对[J]. 电子政务，2019（5）：86-93.
⑥ 张爱军. "算法利维坦"的风险及其规制[J]. 探索与争鸣，2021（1）：95-102, 179.

国家借助公权力和资源优势收集个人信息,通过数据系统对社会展开全景化的了解、执法与审查。①有不少文献讨论过类似观点,即数字技术导致国家控制强化,一些相似的表述包括"技术利维坦""数字利维坦"等。尽管数字技术"赋能"国家治理会显著提升国家采集和处理信息的能力②,但其风险在于,"国家依靠信息技术的全面装备,将公民置于彻底而富有成效的监控体系之下,而公民却难以有效地运用信息技术来维护其公民权利"。③

简言之,算法尽管极大地提升了生活便利化程度、生产经营效率和治理精准性,但是对经济社会运行和国家治理的逻辑产生了深远影响。面对算法给人类社会带来的新型社会风险,围绕着算法风险治理正在形成多元视角的理论讨论。从新兴产业监管模式视角看,薛澜和赵静认为,包括智能算法技术创新在内的新兴产业具有高度不确定性,其产业风险管理不适用于传统监管模式。新兴产业的监管在目标、内容、节奏、力度、思维以及规则上都有别于传统产业,应该建立以敏捷为核心的治理框架,在治理原则上以抽象的法律原则配合灵活的政策工具,在治理关系上建立监管者与被监管者互动、相互依赖的关系,在治理工具上选择"下手快、力度轻"的治理措施。④从算法生命周期视角看,从模型的开发、部署到使用,要将标准、测试和控制嵌入模型的生命周期的各个阶段,在不同阶段采取针对性措施来限制特定风险。比如在建立模型阶段,可以采取模型稳健性检验、数据泄露控制、标签质量评估等风险控制方法。⑤

本章从算法风险及其治理的视角出发,认为"信息茧房""监控资本主义""算法利维坦"等不同层面的算法风险充分反映着算法黑箱、不确定性和安全风险、歧视与支配的广泛存在,进而对人类社会的自主、平等、知情、安全等核心价值造成威胁。因此,我们迫切需要确立算法伦理以规范算法使用与监管,在算法赋能社会经济发展的同时,使人类社会有能力防范与化解算法风

---

① 帕斯奎尔. 黑箱社会 [M]. 赵亚男,译. 北京:中信出版社,2015.
② 孟天广,张小劲. 大数据驱动与政府治理能力提升——理论框架与模式创新 [J]. 北京航空航天大学学报(社会科学版),2018,31(1):18-25.
③ 肖滨. 信息技术在国家治理中的双面性与非均衡性 [J]. 学术研究,2009(11):31-36.
④ 薛澜,赵静. 走向敏捷治理:新兴产业发展与监管模式探究 [J]. 中国行政管理,2019(8):28-34.
⑤ 参见 https://www.mckinsey.com/business-functions/mckinsey-analytics/our-insights/derisking-ai-by-design-how-to-build-risk-management-into-ai-development.

险的潜在危害。

二、算法伦理：定义算法风险的治理原则

算法风险、算法伦理与算法治理之间存在内生性关系。智能时代的算法风险产生于算法应用没有受到伦理约束，因此需要算法伦理来确立与重申算法风险的治理原则。算法伦理是对算法活动施加的伦理道德要求。随着人工智能监管制度化进程的加快，软性伦理规范也有可能演化为刚性法律规制。简言之，无论是讨论算法的伦理约束，还是讨论经由立法以规制算法，首先要确立算法伦理。算法伦理涉及算法本体（自身）、算法与人类的关系、算法与环境的关系三个层次，其实质是阐明智能时代人、机、物之间的交互关系，识别三者之间互动关系中存在的社会风险，进而构建相应的治理原则。

（一）比较视角下的算法伦理主张

2016年以来，随着算法开发及应用逐步进入快车道，算法伦理相关讨论显著增加，各国政府、非政府组织和科技企业纷纷开始关注"合乎伦理的"人工智能和算法[1]，旨在发挥算法的技术潜力的同时，减轻算法的风险。然而，算法伦理还不是一个成熟的研究领域，所涉伦理主题不明确、界限不清晰。综合来看，已有文献从技术、原则、应用、过程、结果等角度讨论算法的风险、伦理与治理。比如，贾开根据算法的技术逻辑和应用方式的特性，认为算法本身的复杂性导致算法黑箱以及难以监督与问责，算法基于历史数据的训练与学习会导致固化、偏差与歧视，而且算法在各类应用场景下替代人类行为难以避免引发事故归责、知识产品版权等方面的争议。他认为，算法治理的公共政策框架应该包括提高公众的人工智能认知、推动算法伦理的专家对话，以及有优先级地制定相关政策。[2] 刘培和池忠军认为，算法作为技术手段，其排序、分类、关联、过滤的标准负载着设计者的知识背景、社会文化与价值判断，因而内在地关涉伦理问题。而且，算法因其技术的复杂性和后果的不确定性而天然地具

---

[1] TSAMADOS A, AGGARWAL N, COWLS J, et al. The ethics of algorithms: key problems and solutions[J]. AI & society, 2022, 37: 215-230.
[2] 贾开. 人工智能与算法治理研究[J]. 中国行政管理, 2019（1）: 17-22.

备不透明性与失败的可能。面对算法歧视等伦理问题，他们认为应该从算法设计本身以及外部约束出发来解决。① 丁晓东从算法引起的法律后果出发，认为算法崛起会挑战知情权与自主性、隐私及自由、平等保护的基本原则，应该基于算法应用的具体场景构建算法公开、数据赋权、反歧视的制度。②

米特尔施泰特等人从算法过程的角度，提出算法伦理争论的六重维度。他们根据算法如何将数据转化为结果以及算法所触发的行动，提出算法伦理的以下六个方面。①非决定性证据，指通过推断性统计和机器学习技术从数据中获取的结论，不可避免地具有不确定性。非决定性证据只能指示相关关系，不能揭示因果关系。非决定性证据可能导致不公正的行动。②难以理解的证据，指不了解机器学习算法如何从数据中生成结论。难以理解的证据导致不透明。③误导性证据，此则伦理关切强调"垃圾进、垃圾出"。输出永远不会超越输入，只有输入的数据是可靠的，算法产生的结果才有可能是可靠的。误导性证据会导致偏见。④不公正的结果，指算法驱动的行动可能不公正，会产生歧视性后果。⑤转换效应，指算法决策是充满价值判断的，影响着我们如何理解与概念化这个世界，并基于算法生成的洞见驱动行动。转换效应会给自主性带来挑战。⑥可追溯性，指算法活动造成的损害可以调试，也能够确定谁应对损害负责。可追溯性可以明确道德责任。这六个方面中，前三者属于证据质量不良引发的伦理问题，发生于算法将数据转化为决策（结果）的社会过程。同时，不公正的结果和转换效应则属于算法决策（结果）的社会后果，源于算法驱动的行动未能体现中立原则，而可追溯性关注算法驱动的行动可能导致失败及责任分配问题。③

在实践中，全球范围内国家和各类组织也开始出台自己的算法伦理原则或指南。当前，较有影响力的算法伦理原则主要来自欧美国家，提出者涵盖政府、专业社群、科技企业等各类主体。④ 譬如，2017年1月，美国计算机协会公共

---

① 刘培，池忠军. 算法的伦理问题及其解决进路 [J]. 东北大学学报（社会科学版），2019，21（2）：118-125.
② 丁晓东. 论算法的法律规制 [J]. 中国社会科学，2020（12）：138-159，203.
③ MITTELSTADT B D, ALLO P, TADDEO M, et al. The ethics of algorithms: mapping the debate[J]. Big data & society, 2016, 3（2）：1-21.
④ 贾开. 人工智能与算法治理研究 [J]. 中国行政管理，2019（1）：17-22.

第十章 · 治理算法：算法风险的伦理原则及其治理逻辑

政策委员会专门发布了《关于算法透明度和问责制的声明》，倡议在算法开发和部署中落实知情、访问与救济机制、可问责、解释等七个原则。①2019年4月，欧盟委员会人工智能高级专家组发布《可信AI伦理指南》，根据该指南，可信赖的人工智能应该是合法的、道德的和稳健的，并满足人类能动性和监督、技术稳健性和安全性、隐私和数据治理等七项关键要求。②

我国也高度重视算法伦理。作为人工智能发展大国，我国于2019年6月发布《新一代人工智能治理原则——发展负责任的人工智能》，强调人工智能发展相关各方应遵循和谐友好、公平公正、包容共享、尊重隐私、安全可控、共担责任、开放协作、敏捷治理八项原则。③2021年1月全国信息安全标准化技术委员会发布的《网络安全标准实践指南——人工智能伦理安全风险防范指引》，是我国首个国家层面的一般性、基础性的人工智能伦理和安全风险的指引文件。④该文件指出人工智能存在失控性风险、社会性风险、侵权性风险、歧视性风险以及责任性风险，并将人工智能研究开发、设计制造、部署应用、用户使用都纳入安全风险防范的范畴。⑤算法伦理规范的跨国、跨地区比较见表10-1。

表10-1 算法伦理规范的跨国、跨地区比较

国家/地区	算法伦理规范
美国	《国家人工智能研发战略规划：2019更新》（美国白宫，2019） 《关于算法透明度和问责制的声明》（美国计算机协会，2017） 《微软人工智能原则》（微软，2018）
欧洲	《欧盟人工智能》（欧盟委员会，2018） 《可信AI伦理指南》（欧盟委员会人工智能高级专家组，2019） 《人工智能道德守则》（博世，2020）

---

① 参见 Statement on algorithmic transparency and accountability[EB/OL].（2017-01-12）. https://www.acm.org/binaries/content/assets/public-policy/2017_usacm_statement_algorithms.pdf.

② 参见 Ethics guidelines for trustworthy AI[EB/OL].（2019-04-08）. https://digital-strategy.ec.europa.eu/en/library/ethics-guidelines-trustworthy-ai.

③ 参见 http：//www.most.gov.cn/kjbgz/201906/t20190617_147107.html.

④ 贾开，薛澜. 人工智能伦理问题与安全风险治理的全球比较与中国实践[J]. 公共管理评论，2021，3（1）：122-134.

⑤ 全国信息安全标准化技术委员会秘书处. 网络安全标准实践指南—人工智能伦理安全风险防范指引[EB/OL]. https://www.tc260.org.cn/upload/2021-01-05/1609818449720076535.pdf.

续表

国家/地区	算法伦理规范
中国	《新一代人工智能发展规划》（国务院，2017） 《网络安全标准实践指南——人工智能伦理安全风险防范指引》（全国信息安全标准化技术委员会，2021） 《人工智能应用准则》（旷视，2019）

（二）算法伦理的核心关切

本章从算法治理的价值与路径两个维度重新阐述了算法伦理的核心关切。一方面，算法风险的治理价值是约束算法权力以及保障用户权利，也即实现"权力-权利"关系的平衡。另一方面，在算法风险的治理路径上，每一个伦理原则都可以通过技术机制和社群机制来实现，也即"技术-社群"双重约束的治理路径。由此，算法治理的价值约束和路径选择共同构成了表10-2所呈现的算法伦理的四种类型，即算法可控、算法透明、算法安全和算法公平。

表10-2 算法伦理的二维分析框架

		算法治理的价值	
		权力	权利
算法治理的路径	技术	算法可控（无支配）	算法透明（无黑箱）
	社群	算法安全（无危险）	算法公平（无歧视）

首先，算法治理的价值是限制算法权力以及保障用户权利，也即实现"权力-权利"平衡。上文已经讨论过算法风险的多种形态，不论是"监控资本主义""信息茧房"还是"算法利维坦"，算法应用引发的各类风险都指向算法背后的权力逻辑。换句话说，算法接管了人类的决策，开始实质性地融入和重塑社会、经济、政府治理系统，掌握算法的人或机构施展着无处不在的影响力和基于技术的控制力，甚至有学者断言："掌握了数据，就意味着掌握了资本和财富；掌握了算法，就意味着掌握了话语权和规制权。"[①] 事实上，当算法从数学和

[①] 马长山. 智慧社会的治理难题及其消解[J]. 求是学刊，2019，46（5）：91-98.

计算科学，向政治学、社会学、法学等社会科学领域扩散时，社会科学家就开始思考算法的本质，思考算法与权力的关系。① 权力是实施支配与控制的关键力量，而算法的规则属性② 使其实质上具备支配与控制的能力。代码是算法的载体，莱斯格鲜明地提出代码的权力属性：代码作为网络空间的法律，它与立法机构颁布的法律有类似的规制作用，是网络空间的向导和强有力的规制者。代码作为网络空间中的预设环境，反映了代码制定者的选择和价值理念，对网络空间中的人拥有某种程度的强制力。③

文化研究专家拉什在《霸权后的权力》一文中指出，社会中权力越来越多地存在于算法。④ 算法权力就是以算法为工具实施的影响力或控制力，看似理性中立的技术性的行为，实质上是规则的施加。⑤ 类似地，帕斯奎尔⑥ 和迪亚科普洛斯⑦ 指出，社会生活中的关键决策越来越多地依靠数据驱动的算法来裁定，算法的决策地位是其具备潜在权力的基础。这样的视角开启了一系列关于算法在权力的部署和表达中的作用的讨论。① 比如，张凌寒认为，算法在海量数据运算的基础上成为一支新兴力量，它调配着社会资源，规范着人的行为，甚至辅助或替代公权力进行决策，从而形成事实上的技术权力。⑧ 可以说，算法是构建和实现权力的新途径，掌握算法的人或机构在这个意义上拥有更高的权力和地位⑨，可以通过调整算法参数来执行自身意志⑩。相比之下，用户权利在日益强大的算法权力面前岌岌可危，算法下的个体甚至可能沦为智能时代的

---

① BEER D. The social power of algorithms[J]. Information, communication & society, 2017（1）：1-13.
② 贾开．人工智能与算法治理研究 [J]. 中国行政管理，2019（1）：17-22.
③ 莱斯格．代码 2.0[M]．李旭，沈伟伟，译．北京：清华大学出版社，2018.
④ LASH S. Power after hegemony: cultural studies in mutation?[J]. Theory, culture & society, 2007, 24（3）：55-78.
⑤ 赵一丁，陈亮．算法权力异化及法律规制 [J]. 云南社会科学，2021（5）：123-132；陈鹏．算法的权力和权力的算法 [J]. 探索，2019（4）：182-192.
⑥ PASQUALE F. The black box society[M]. Cambridge, MA: Harvard University Press, 2015：8.
⑦ DIAKOPOULOS N. Algorithmic accountability reporting：on the investigation of black boxes[R]. New York：Columbia Journalism School，Tow Center for Digital Journalism，2013.
⑧ 张凌寒．算法权力的兴起、异化及法律规制 [J]. 法商研究，2019,36（4）：63-75.
⑨ 宋锴业．"算法"与国家治理创新——数据、算法与权力的知识生产与逻辑呈现[J]. 科学学研究，2022,40（3）：401-409.
⑩ 喻国明，杨莹莹，闫巧妹．算法即权力：算法范式在新闻传播中的权力革命 [J]. 编辑之友，2018（5）：5-12.

"囚徒"。①

其次,算法治理的有效实现依赖于"技术-社群"双重路径的同步演进。算法黑箱、算法歧视、算法操纵等算法风险的治理需要运用综合手段,这些路径可以被分为技术的路径和社群的路径。对于算法所呈现的专业主义的技术面孔,算法治理的技术路径旨在优化算法设计来实现算法伦理原则。当前算法决策和数据挖掘建立在相关关系而非因果关系基础上②,并且由于历史或者算法设计者的原因,用于训练模型参数的数据本身分布可能是有问题的,而依赖相关关系和分布有偏的数据的算法决策结果可能是错误的、不公正的。对此,可以通过发现因果机制以及改善数据分布结构来缓解此类技术问题。③

社群路径则以强调立法与监管为主,同时促进科技行业自律以及培养大众的算法素养等。④比如,欧盟《通用数据保护条例》、英国《解释 AI 决策的指南》、美国《过滤泡沫透明度法案》、加拿大《自动化决策指令》、日本《改善指定数字平台上的交易的透明度和公平性法》等,都对算法应用的规范作出要求。我国从 2021 年起针对网络空间算法活动采取了一系列措施以增进算法活动的透明度、公平性,保护数据安全和主体权益。比如《平台经济领域的反垄断指南》禁止平台通过算法来实施垄断行为,《个人信息保护法》对自动化决策行为进行规制,以及网信办等部门多次印发算法治理的指导意见,旨在规范算法推荐活动,厘清算法滥用的边界。

三、治理价值:"权力-权利"的重新分配

算法风险反映了算法权力和用户权利之间的不平衡,它折射出算法权力的运行忽视了对用户权利的关切,算法设计过分关注技术理性、执行效率和预测

---

① 彭兰.假象、算法囚徒与权利让渡:数据与算法时代的新风险[J].西北师大学报(社会科学版),2018,55(5):20-29.
② MITTELSTADT B D, ALLO P, TADDEO M, et al. The ethics of algorithms: mapping the debate[J]. Big data & society, 2016, 3(2): 1-21.
③ 汝绪华.算法政治:风险、发生逻辑与治理[J].厦门大学学报(哲学社会科学版),2018(6):27-38.
④ 汪怀君,汝绪华.人工智能算法歧视及其治理[J].科学技术哲学研究,2020,37(2):101-106.

准确度。不同于作为控制和支配的权力，权利是现代社会中人们所拥有的自由、隐私、知情、平等、自主、尊严等资格或价值。算法伦理的核心价值在于约束算法权力，保障用户权利。譬如要求算法透明以打破"算法黑箱"，保障人们对算法过程的知情权；要求算法公平以禁止歧视和偏见，确保社会不同群体在算法面前平等；要求算法可控以约束算法决策、操纵与支配的权力；要求算法安全，包括个人数据和利益安全，以制约算法收集与滥用个人信息的权力。总体而言，可控和安全更侧重制约算法权力，透明和公平更强调保障人的权利。

（一）透明

算法不透明指的是算法处于一种"黑箱"状态。黑箱指一个神秘的、不可观察的运作机制，我们只能获得输入和输出，不了解输入转化为输出的逻辑和过程。[①] 算法黑箱问题在深度学习、集成方法、随机森林等算法中尤为常见。导致算法不透明的因素有很多，既有人的认知能力不足，也有算法本身的技术复杂性的因素。首先，不透明源于人类无法解释大量算法模型和数据集，或者缺乏适当的工具来可视化和跟踪大量代码与数据处理过程，又或者代码编写和计算过程记录不规范以至于难以理解。其次，算法不透明还根植于自学习算法的固有特性，算法在学习过程中自动迭代决策逻辑，导致开发者对算法选择及其迭代过程缺乏详细的理解。最后，不透明还产生于算法延展性，算法开发通常以连续、分布式和动态的方式重新编程，开发者不断修正已经部署的算法，导致后来者不了解前期算法开发的历程。[②] 算法的"黑箱"性质很容易导致算法用户处于信息不对称中的劣势地位。这一方面导致用户知情权受损，由此降低用户对算法决策结果的信任与遵从；另一方面也造成算法决策问责失败。算法透明的意义在于，它既有利于监督算法决策过程，实现算法操控者的可问责性，又赋予用户知情权，以便检验或审查算法决策结果的合理性。[③] 虽然算法透明原则因其可行性仍存在诸多争议，但是算法透明被普遍认为是算法规制的重要维度。

---

① 帕斯奎尔. 黑箱社会 [M]. 赵亚男，译. 北京：中信出版社，2015.
② TSAMADOS A, AGGARWAL N, COWLS J, et al. The ethics of algorithms: key problems and solutions[J]. AI & society，2022，37：215-230.
③ 沈伟伟. 算法透明原则的迷思——算法规制理论的批判[J]. 环球法律评论，2019，41（6）：20-39.

（二）公平

公平即非歧视与无偏见。现代社会在政治价值上强调规则面前人人平等，并以法律的形式反对歧视和偏见，公平是善治的基本目标之一。然而，在特定情景下，算法可以通过隐形、难以察觉的方式潜移默化地实现系统化、静悄悄的歧视。既有研究发现算法正在基于年龄、性别、种族、收入等社会特征对特定群体实施系统性的、可重复的不公正对待[①]，挑战着作为当代权利体系基础之一的平等权。[②] 譬如，卡内基·梅隆大学的研究人员做了一项实验，他们模拟谷歌用户访问就业网站，然后统计谷歌推送的广告。结果发现男性收到"20万美元+"职位广告推送达1 852次，而女性只有318次。[③] 亚马逊以10年中收到的简历为训练数据集开发简历筛选算法，因为训练数据有偏，简历大多来自男性，结果导致根据训练出来的算法，所有带有"女性"相关特征的简历均受到惩罚。[④] 这是就业场景下算法系统"偏见进，偏见出"的典型案例。除了就业歧视，"评分社会"[⑤]中的算法歧视屡见不鲜，如价格歧视、信用歧视、教育歧视等。造成算法决策结果不公平与算法歧视的原因很多，包括数据维度权重不一、使用有偏的训练数据集、将模型误用于特定场景、研发者的偏见、企业的逐利动机，甚至算法所执行的自动分类本身就是一种直接的歧视。[⑥] 算法歧视损害了公众在就业机会、工作待遇、享受公共品等方面的公平机会和合法权益，算法"杀熟"更是凸显了算法歧视，直接损害个体经济权益。[⑦] 随着大数据"杀熟"成为流行词汇，算法歧视被广泛视为智能时代算法规制所要破解的基本问题。

---

① 刘友华. 算法偏见及其规制路径研究[J]. 法学杂志，2019，40（6）：55-66.
② 崔靖梓. 算法歧视挑战下平等权保护的危机与应对[J]. 法律科学（西北政法大学学报），2019，37（3）：29-42.
③ MILLER C C. When algorithms discriminate[EB/OL]. （2015-07-09）. https://www.nytimes.com/2015/07/10/upshot/when-algorithms-discriminate.html.
④ 参见 https://www.reuters.com/article/us-amazon-com-jobs-automation-insight-idUSKCN1MK08G.
⑤ CITRON D K, PASQUALE F. The scored society: due process for automated predictions[J]. Washington law review, 2014, 89：1-33.
⑥ LEPRI B, OLIVER N, LETOUZÉ E, et al. Fair, transparent, and accountable algorithmic decision-making processes[J]. Philosophy & technology, 2018, 31（4）：611-627.
⑦ 刘友华. 算法偏见及其规制路径研究[J]. 法学杂志，2019，40（6）：55-66.

（三）可控

20世纪60年代，马尔库塞曾批判现代新技术形态对人进行操纵与控制[1]，半个世纪之后，科技史学家戴森讽刺道："脸书决定了我们是谁，亚马逊决定了我们想要什么，谷歌决定了我们怎么想。"[2]当前自动化、智能化决策系统业已广泛进入经济交易和公共治理等场景，在金融、就业、新闻、政治、健康和公共服务领域，越来越多的预测模型潜移默化地控制着我们的命运，干预甚至控制着个体的选择。算法结合了公共权力与资本权力，对社会施加系统化、高精度的控制与规训，很容易使个人在社会认知、社会流动、生产劳动等方面沦为算法的"囚徒"。[3]首先，如果将算法作为认知世界的工具，现实世界的多样性和复杂性就会被过滤掉或简化理解，从而限制个体的判断力和决策力。上文提及的"信息茧房"和"致瘾性推荐"也是算法潜在地干预和控制用户选择的重要机制。其次，算法亦有可能固化社会分层，通过对个体施加结构性的歧视，影响个体获得稀缺资源和向上流动的机会，进而导致阶层固化。尤班克斯在《自动不平等》中指出，公共服务项目中的资格自动认证系统、排名算法和风险预测模型，构成一张控制、操纵与惩罚之网，对人们进行精准画像与分类服务，并且通过不公正的信息反馈系统，将边缘化群体特别是弱势群体排斥出去。个体一旦被算法锁定，就会面临更密集的受监测和追踪的负担，算法甚至会妨碍其申请维系生计所必需的公共资源，被打入"数字济贫院"。[4]最后，在生产劳动方面，以外卖骑手的劳动控制为例，平台算法持续地收集和分析骑手数据并将分析结果反作用于骑手，由此建立起井然有序的劳动秩序，实现了资本对劳动的精准控制。[5]因此，如何摆脱算法的支配、拥有驾驭算法的自主性，对处于数字化生存时代的人们，特别是算法身份意义上的弱势群体，是一项严峻的挑战。

（四）安全

自1942年阿西莫夫创立机器人三定律以来，智能系统的安全性就是一项

---

[1] 马尔库塞.单向度的人[M].刘继,译.上海：上海译文出版社,2006.
[2] 帕斯奎尔.黑箱社会[M].赵亚男,译.北京：中信出版社,2015.
[3] 彭兰.算法社会的"囚徒"风险[J].全球传媒学刊,2021,8（1）：3-18.
[4] 尤班克斯.自动不平等[M].李明倩,译.北京：商务印书馆,2021.
[5] 陈龙."数字控制"下的劳动秩序——外卖骑手的劳动控制研究[J].社会学研究,2020,35(6)：113-135,244.

重要的伦理原则。安全原则约束着算法权力，保障算法使用者的人身、信息与财产安全不受算法威胁。随着算法在社会生活、生产交易和公共治理中的广泛应用，算法系统的设计安全隐患时有暴露。譬如，自动驾驶汽车作为能够综合体现人工智能发展高度的复杂智能系统，近年来屡屡发生自动驾驶系统漏洞引起的安全事故。可见，复杂智能系统的本体安全尚未能完全实现，仍然存在脆弱性和较大的不确定性。除了确保自身安全，算法系统还需要具备防范外部威胁的技术韧性。由于智能系统所处环境的开放性，智能系统在从输入到输出的过程中都有可能遭遇外部攻击。[①] 譬如，亚马逊某款智能语音助理在维基百科上读取了经过恶意编辑的文本后，对使用者进行危险行为诱导，甚至建议使用者自杀。[②] 因此，安全原则是一项底线原则，它要求算法系统是安全可靠、不作恶的，其基本原则是不能伤害人类。此外，对于众多算法产品和算法服务的用户而言，个人隐私保护和数据安全成为当下安全感的重要构成。在当前技术环境下，用户使用算法产品和算法服务的过程，经常面临个人隐私或个人信息一揽子授权、网站强行留痕、软件内置后门程序、App超范围收集用户信息等问题，严重威胁着个人隐私和数据安全。尽管利用这些数据，算法可以对用户进行深度计算，推理用户的兴趣、偏好、需求等，以此向用户精准推送新闻、商品与服务，然而，对此类数据的过度收集与滥用不仅侵犯了用户的数据权利，还有可能对社会秩序和公共安全造成潜在威胁。因此，智能时代算法使用如何实现从个体安全到公共安全、从本体安全到环境安全的底线保障就成为算法治理的基本维度。

四、治理路径："技术－社群"的双重约束

算法在一定程度上继承并放大了人类社会固有的不透明、不公平、操纵与安全风险[③]，相应地，约束算法权力以保障用户权利，应着力于技术改进与社群约束两条路径，有力地打破算法黑箱、限制算法歧视、摆脱算法支配，以及

[①] 陈宇飞,沈超,王骞,等.人工智能系统安全与隐私风险[J].计算机研究与发展,2019,56(10):2135-2150.

[②] 参见 https://tech.sina.com.cn/csj/2019-12-23/doc-iihnzhfz7768291.shtml.

[③] 郭毅."人吃人"：算法社会的文化逻辑及其伦理风险[J].中国图书评论,2021（9）：45-53.

保障用户使用算法的安全性。

（一）算法计算的可解释性

算法透明的呼声一向很高，但是绝对的透明或简单公开算法源代码的可操作性不高。因为，算法绝对透明虽然可以为用户提供关于算法特征及其运算过程的关键信息，但也会导致用户信息过载。① 此外，算法属于科技企业的核心技术，强制算法公开会引发业界效仿、损害科技企业创新、引发动机不良者操纵等问题。② 譬如，谷歌曾经公开著名的 PageRank 网页排名算法的排序标准，但是一些恶意网站却利用谷歌披露的算法，与其博弈，操控搜索结果排名，导致谷歌不得不对排名算法进行保密，谷歌搜索服务从此变成一项黑箱业务。③ 谷歌搜索引擎的案例非常经典地展示了黑箱文化的演变过程。④ 这就是所谓的"透明性悖论"，即透明性在增进信息对称性与保障知情权的同时，也可能引发某些非预期的负面后果。如果算法公开不是实现算法透明的可欲路径，那么一种有效的增进透明的技术路径就是提高算法系统的可解释性。近年来，可解释的人工智能（Explainable Artificial Intelligence, XAI）已经成为计算科学研究的前沿主题。XAI 指所有能够帮助人类理解人工智能行为的技术丛，用解释作为模型与人类之间的接口，使模型的运转能够被人类简单、清晰地理解。⑤XAI 是打开算法决策黑箱的可行路径，向用户解释算法决策的依据和原因，保障用户的知情权，提高用户对算法系统的认知和信任。近年来，大型算法公司开始介入 XAI 实践，通过提供相关开源工具箱来帮助开发者和普通公众理解机器学习算法。例如，IBM 的 AI Explainability 360 帮助使用者了解机器学习算法的推理、规则以及事后解释⑥；谷歌的 What-if Tool 帮助人们用最少量的代码来

---

① TSAMADOS A, AGGARWAL N, COWLS J, et al. The ethics of algorithms: key problems and solutions[J]. AI & society, 2022, 37: 215-230.
② 徐凤. 人工智能算法黑箱的法律规制——以智能投顾为例展开[J]. 东方法学, 2019（6）: 78-86.
③ 沈伟伟. 算法透明原则的迷思——算法规制理论的批判[J]. 环球法律评论, 2019, 41（6）: 20-39.
④ 帕斯奎尔. 黑箱社会[M]. 赵亚男, 译. 北京: 中信出版社, 2015.
⑤ 孔祥维, 唐鑫泽, 王子明. 人工智能决策可解释性的研究综述[J]. 系统工程理论与实践, 2021, 41（2）: 524-536.
⑥ MOJSILOVIC A. Introducing AI Explainability 360[EB/OL].（2019-08-08）. https://www.ibm.com/blogs/research/2019/08/ai-explainability-360/.

探索、可视化以及分析机器学习系统。①

（二）算法应用的公平性

随着算法智能化决策在日常消费、劳动雇佣、政府监管和司法裁定等领域发挥的作用越来越大，算法歧视或偏见可能对特定社会群体造成实质性损害，因此约束算法歧视成为必然选择。要限制算法歧视，除了数据审计和算法审计等技术进路，更重要的是将传统的反歧视法律规制有效地延伸到智能算法领域。譬如，美国《算法责任法案》提议对收入超过 5 000 万美元或拥有超过 100 万消费者数据的公司进行算法影响评估，试图最小化机器学习系统的算法偏见。在伊利诺伊州，《人工智能视频面试法》规定雇主在使用人工智能分析视频面试时，需向申请人解释人工智能的工作方式及其使用了哪些特征来评估申请人，雇主要事先征得申请人同意，以及依申请人要求在30天内销毁视频。欧盟《通用数据保护条例》实行"数据清洁"原则，要求在自动化决策中移除种族、性别、基因等敏感标签，以防止对特殊群体的系统性歧视。②加拿大《自动化决策指令》要求政府部门在使用算法决策系统时，就算法决策对个体与群体的权利、健康与福祉、经济利益以及生态系统的可持续性的影响进行评估。日本《改善指定数字平台上的交易的透明度和公平性法》和韩国《在线平台公平交易法》均致力于提高数字平台交易的透明性和公平性。在我国，新落地的《个人信息保护法》禁止大数据"杀熟"的差异化定价行为，规定了自动化决策的透明度，保证结果公平公正。另外，规制算法的社群路径还包括算法公司的自我规制和科技社群的行业自律。譬如，谷歌倡导监督学习中的"机会均等"原则，以审查与防止基于种族、性别、残疾或宗教等敏感属性的歧视。③

（三）个体对算法的自主性

算法应用产生了人困于算法的异化现象，反映了人的自主性和独立性受到

---

① WEXLER J, PUSHKARNA M, BOLUKBASI T, et al. The what-if tool: interactive probing of machine learning models[J]. IEEE transactions on visualization and computer graphics, 2019, 26（1）：56-65.

② 章小杉. 人工智能算法歧视的法律规制：欧美经验与中国路径[J]. 华东理工大学学报（社会科学版），2019, 34（6）：63-72.

③ HARDT M. Equality of opportunity in machine learning[EB/OL]. (2016-10-07)[2022-01-10]. https://ai.googleblog.com/2016/10/equality-of-opportunity-in-machine.html.

第十章 · 治理算法：算法风险的伦理原则及其治理逻辑

严重影响。① 自主性要求用户能够控制算法，人的决策应优先于算法决策，而非被算法支配。这意味着让算法回归工具性角色，强化人对算法的主体地位，保护使用者免于沦为算法的奴隶。在算法应用实践中，算法可控是指"人们可以有效规制算法或者自主决定算法是否继续执行"②。被算法计算的对象应该有选择机会，能够不需要付出高昂代价就可以拒绝自动化决策算法，摆脱算法的预测模型。为此，需要在机器学习的计算过程中引入人的意见和价值。譬如，近年来倡导的"人在环中"（Human-in-the-loop）的算法系统是一种结合了人类智能与机器智能的方案，允许用户监督与控制算法决策过程，调整或优化算法决策的输出。另外，一种增强用户自主性的技术改进路径是，算法系统给被决策对象保留退出选项。就像飞行员能够关闭自动驾驶仪并重新获得对飞机的完全控制一样③，科技公司的算法产品与服务需给使用者提供类似的选择，譬如可以修改自己的标签，免于被画像；可以关闭算法推荐服务等。同理，公共部门算法也不能凭借其数据收集与关联优势，对公众进行道德分类与社会控制。各种算法决策系统通过在不同程度上赋予用户退出机制，还原人在决定自身事务上所享有的自主权利。

（四）算法使用的安全性

为识别和防范算法系统的安全风险，全球主要国家从战略、技术标准、法律法规等方面寻求对策。例如，美国《国家人工智能研发战略规划》将确保人工智能系统安全可靠列为一项核心战略，欧盟《可信AI伦理指南》把技术稳健性和安全性视为可信的人工智能系统的关键要求。对人工智能系统进行安全监管的法律法规经常出现于具体领域。譬如，在自动驾驶领域，美国制定《联邦自动驾驶汽车政策》《确保车辆演化的未来部署和研究安全法案》，将自动驾驶汽车安全监管纳入法律框架，对自动驾驶系统的研发与测试提出安全规范。此外，在个人隐私保护及数据安全方面，针对算法驱动的侵犯与滥用个人信息

---

① 张凌寒. 自动化决策与人的主体性 [J]. 人大法律评论，2020（2）：20-48.
② 袁康. 可信算法的法律规制 [J]. 东方法学，2021（3）：5-21.
③ FLORIDI L, COWLS J, BELTRAMETTI M, et al. AI4People—an ethical framework for a good AI society: opportunities, risks, principles, and recommendations[J]. Minds and machines, 2018, 28（4）：689-707.

行为，传统的规制思路是个人数据赋权，即通过赋予个体一系列数据权利来强化个人对自身数据的控制，数据控制者与处理者则承担维护个人数据安全的责任。① 譬如，欧盟《通用数据保护条例》旨在让数据主体重新获得对个人数据的控制，其对个人数据的界定涵盖了个人身份、生物特征、电子记录等数据，规定了个人数据收集应当具有具体、清晰、正当的目的，要求数据采集者通过恰当的方法告知数据主体，赋予数据主体被遗忘权、限制处理权、可携带权等数据权利。美国加州的《加州隐私权法案》规定企业智能系统要在合理、必要、具有特定目的的条件下，收集、处理、使用、存储个人信息。我国《个人信息保护法》规定了个人信息收集应仅限于处理目的的最小范围，不得过度收集个人信息，且全面规定了个人在个人信息处理活动中享有决定权、限制权、拒绝处理权等。《个人信息保护法》出台后，工信部等部门下架一批超范围、超频次强制收集非必要个人信息的 App。除法律规制外，还应向社会说明个人数据被窃取、泄露、滥用的潜在风险，让用户在享受智能化所带来的便利性和精准性的同时，具备算法安全风险意识与个人数据权利意识。

五、算法治理的实践启示

在人工智能与算法蓬勃发展的今天，学界从多个视角围绕算法伦理及其风险治理形成了广泛讨论。可以说，算法应用应该在提高效率和合乎伦理这两个目标之间取得平衡已经成为普遍共识，而自主、透明、公平、安全构成算法治理的四项基本伦理原则。本章从算法治理的价值和路径两个维度提出了一个算法治理的分析框架。算法风险反映了算法权力与用户权利二者之间关系的失衡。换句话说，算法权力无序扩张以及用户权利不受保护，导致算法控制、算法黑箱、算法歧视以及算法安全风险的生成。因此，算法治理的价值是，通过制定与践行算法伦理原则，以达到约束算法权力与保障用户权利的目的。相应地，算法风险的治理路径包括技术内生路径与社群外生路径。

在此基础上，本章讨论了四个伦理原则在不同程度上都可以通过技术或社群路径来实现算法治理。譬如，算法安全风险治理既要依赖赋权与监管等社群

---

① 丁晓东. 论算法的法律规制 [J]. 中国社会科学，2020（12）：138-159，203.

约束，也需要经由优化深度学习和提升算法韧性来实现。基于自主、透明、公平和安全四项伦理原则，率先进入智能社会的美国、欧洲以及日韩等国家和地区正在探索算法治理的多样化路径，作为算法大国的我国也是全球算法治理的开拓者。本章分析表明，现阶段算法治理正在汇聚多元治理主体，基于"权力-权利"的治理价值和"技术-社群"的治理路径构建算法的多元治理框架。

首先，随着国家层面硬性法规出台，应加快推进算法监管体系建设。中央网信办等监管部门就算法推荐管理出台规定，并宣布 3 年左右建立起算法综合治理体系，以保护公民的合法权益、维护国家安全和社会公共利益。监管部门正在探索算法测试、评估与审计的启动条件和技术标准，监管目光直接投向算法的设计与运行。其次，科技企业作为算法研发、部署与推广的首要主体，应主动承担主体责任，成立算法伦理部门，建立算法安全责任制度、科技伦理定期审查以及结果披露制度，强化科技企业的伦理责任意识。再次，大力开发第三方科技社群在算法治理中的作用，制定行业算法伦理规范推进行业自律。依托专业力量就平台算法风险进行评估，测试算法的透明度、识别算法是否存在歧视与损害性后果。探索算法审计报告向社会公布制度，并与平台信用挂钩，倒逼平台改进算法。最后，通过政府、科技企业、科技社群和社会参与构建协同治理体系，使得全社会在发挥算法红利作用、用算法进行治理的同时，充分考虑个人权利和公共利益，对算法风险进行识别和防范，实现对算法的治理，从而构建一个以人为本、公平公正、公开透明、安全可靠的算法治理生态。

思考题：

1. 算法公开的优、缺点都有哪些？
2. 算法便利性和个人隐私之间如何平衡？您在多大程度上愿意让渡隐私以获取便利？
3. 算法权力应该如何监督？

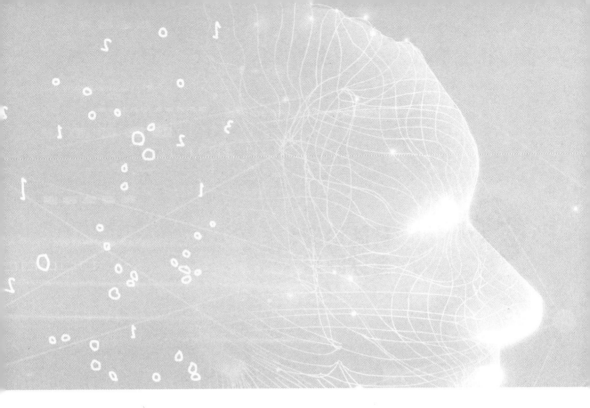

第四部分
智能治理的中国模式与全球展望

第十一章

智能治理：全球图景

以人工智能技术为代表的第四次工业革命，正在重塑着人类经济社会形态与全球治理秩序。一个前所未有的大变革时代已然来临。随着人工智能的广泛、深度应用，电商平台的精准推荐、金融领域的智能风控以及医疗、司法、自动驾驶等典型应用场景所带来的隐私泄露、算法歧视、决策偏差等人工智能伦理问题愈加凸显。人工智能技术和极化现象，犯罪风险评估算法体现的种族歧视倾向，人脸识别系统可能构成的全面监控网络，以及就业冲击、舆论操纵、隐私侵害等，成为推动人工智能伦理问题与安全风险治理的直接动因。① 如何有效治理人工智能引发的问题，最大限度发挥人工智能的积极作用，成为亟待解决的时代议题。

本章基于链接人工智能准则平台（linking Artificial Intelligence Principle，LAIP）② 以及美欧中日国家和地区政府、企业等所

---

① 贾开，薛澜．人工智能伦理问题与安全风险治理的全球比较与中国实践[J]．公共管理评论，2021,3（1）：122-134．
② 链接人工智能准则平台的任务是连接、整合与分析世界各地不同研究机构、企业和社会组织的人工智能准则。

发布的人工智能相关政策文件,系统梳理并比较美国、欧盟、中国和日本在人工智能伦理治理的技术创新、组织共治、制度体系和伦理价值四大维度上的发展进路。

一、国内外人工智能治理的技术创新

(一)技术创新与制度监管

创新与监管是各国人工智能技术发展的相向路径。如果将技术创新和制度监管视为连续谱,美、日两国更鼓励技术的创新,而欧盟国家和中国则更侧重制度性监管。美、日两国对人工智能的监管逻辑更倾向于"无须批准式",欧盟国家和中国更倾向于"审慎监管式"。①

为保持在人工智能领域的全球竞争力和技术创新力,美国对人工智能伦理的监管是有限的。②其人工智能政策文件多与国家安全、技术保护等紧密相连。日本将人工智能和机器人制造视为解决日本经济困境的重要机遇③,因此其监管亦更加注重对技术研发与创新的支持。

人工智能的核心是数据。欧盟经由《通用数据保护条例》对数据使用和算法等设置了严格的监管限定,在数据隐私、透明度与算法准确平衡、算法决策、数据本地化违法风险等方面均进行了严苛约束④,尤其是对人工智能自动化功能、基于人工智能技术分析结果的接受程度较为消极。我国积极促进人工智能

---

① 贾开,蒋余浩.人工智能治理的三个基本问题:技术逻辑、风险挑战与公共政策选择[J].中国行政管理,2017(10):40-45.
② 周琪,付随鑫.美国人工智能的发展及政府发展战略[J].世界经济与政治,2020(6):28-54.
③ 蒋佳妮,堵文瑜.促进人工智能发展的法律与伦理规范[M].北京:科学技术文献出版社,2020:47.
④ 如第6条在数据隐私方面规定:数据收集需考虑初始目的与实际处理目的之间的一致性,未经数据主体同意,禁止数据用于首次收集之外的其他目的。再如,在透明度与算法准确平衡方面,第13-15条规定企业在运用个人数据进行处理时,应向数据主体提供一般性说明信息(尽管这一规定可能会迫于透明压力而使算法准确性有所偏差)。复如在人工智能的算法决策约束方面,第22条规定如作为数据主体的个人或组织有权不受完全基于自动处理的决定的约束,包括对其产生的法律效果或类似重大影响的分析。

的技术、理论与应用的创新发展，但对人工智能技术发展的非预期伦理风险进行了规制性约束。如 2021 年 8 月通过、11 月实施的《个人信息保护法》对个人信息收集和处理作出了严格规定："个人信息处理者在处理个人信息前，应当以显著方式、清晰易懂的语言真实、准确、完整地向个人告知下列事项……"对具有严重情节的违法行为，"没收违法所得，并处五千万元以下或者上一年度营业额百分之五以下罚款"，责令停业整顿，直至吊销相关业务许可 / 营业执照，其严格程度堪比 GDPR（《通用数据保护条例》）。

（二）技术矫正与伦理风险

运用技术手段进行伦理风险矫正是人工智能伦理治理的应有之义。技术矫正如通过软件来截堵网上的隐私漏洞，或通过随机换脸来应对人脸识别技术滥用可能导致的隐私泄露和侵权行为等。①

美国《国家人工智能研发战略规划》提出将伦理价值的监控体系、主体体系、道德体系嵌套于人工智能系统架构，以消解人工智能技术所造成的伦理价值风险②；微软公司提出人工智能必须透明、算法层面必须具有可责性。欧盟通过约束技术开发人员来矫正伦理风险，针对 AI 科研人员和研究伦理委员会提出了一系列应予遵守的伦理准则，诸如人类利益、不作恶、正义、基本权利、警惕性、包容性、可责性、安全性等。日本政府则围绕技术战略的研发、执行、利用等，出台了针对执行人员、开发人员等的行为规范或操作指南；日本人工智能学会提出要遵守法律法规、尊重隐私、秉直行事等准则。中国在基础设施建设、标准化建设等方面投入较大，但在组织或人员约束方面亦有一定规范性举措。全国信息安全标准化技术委员会 2021 年初发布的《网络安全标准实践指南——人工智能伦理安全风险防范指引》，对在人工智能活动不同阶段可能造成失控性、社会性、侵权性、歧视性和责任性风险的相关主体，包括研究开发者、设计制造者、部署应用者等进行了禁止性和应然性行为约束。

---

① 沃尔特. 网络侦探弥补隐私漏洞 [J]. 环球科学，2007（8）：84-85.
② The National Artificial Intelligence research and Development Strategic Plan：2019 Update[EB/OL]. https://www.nitrd.gov/pubs/National-AI-RD-Strategy-2019.pdf.

二、国内外人工智能治理的组织共治

（一）多元主体的协同共治

中美人工智能伦理治理中，政府发挥主导作用，企业和科研机构发挥着重要辅助性支撑作用。美国总统办公厅发布有关人工智能的行政令和倡议，白宫科技政策办公室制订战略计划并发布年度行动报告；美国公共政策委员会、国家情报局局长办公室、国防部等与科技发展或国家安全相关的职能部门则针对各自职责进行 AI 伦理原则的适应性调整和应用发布。中国的人工智能伦理治理由国务院、中央全面深化改革委员会发布统摄性产业发展规划和指导意见，工业和信息化部、国家发展改革委、财政部、国家标准化管理委员会、中央网信办等职能机构在此基础上提出中短期行动计划和实施方案。中美企业通过行业通用型倡议或自我规范型 AI 原则参与人工智能伦理治理；美国通用电气公司等传统企业则在其特定产品服务领域表达着自己的人工智能伦理观。此外，美国斯坦福大学、电气与电子工程师协会、信息技术产业理事会等科研机构或社会组织通过发布倡议或白皮书等，为人工智能伦理研究、标准制定等贡献智慧；中国相关组织则通过发布各类共识、倡议、宣言、原则等，为人工智能伦理善治路径、管理指南等提供专业支撑。

欧盟的人工智能治理中，联合政府机构和国际组织发挥主导作用。前者包括欧盟委员会、欧盟理事会、欧盟网络安全机构等；后者如欧洲经济和社会委员会、经济合作与发展组织、G20（二十国集团）等国际组织。欧洲人工智能联盟等社会组织也参与人工智能伦理治理，发布 AI 原则。日本人工智能伦理治理中，人工智能技术战略会议是日本政府人工智能领域的最高决策机构，下设研究合作会议和产业合作会议，分别负责协调、推进人工智能基础研究和成果转化应用两个阶段的跨部门合作[①]，内阁府发挥总体协调作用；企业参与数量多但参与程度不深，索尼、电信、日立、AI inside 等信息通信企业主要针对本企业发布自我限定型规范文件。

（二）组织治理的侧重聚焦

各国人工智能伦理治理体系中不同主体的治理重点有所差异。从政府关注

---

① 王玲. 日本政府发展人工智能的战略布局分析 [J]. 全球科技经济瞭望, 2020, 35（10）：1-7.

及治理重点来看，美国政府发展人工智能主要以维持美国在全球人工智能领域的领导地位并服务国家安全为首要目标，围绕关键和新兴技术实施国家战略计划，尤为重视人工智能在国防部、社区组织中的智能化应用安全伦理[①]；欧盟政府在推动 AI 进步的同时，更加重视应对 AI 使用过程中的相关风险，强调 AI 对人类生活福祉的提升、社会更好的发展以及对公众基本权利的保护[②]，倾向于资助"安全、可靠和有用"的人工智能研究[③]；日本政府重点在机器人、医疗健康与自动驾驶三大具有相对优势的领域进行布局和投资[④]，主张推动先进军事技术创新发展，着力解决养老、教育和商业领域的国家难题[⑤]，提出"超智能社会 5.0"概念，并积极促进政企联合发展；中国政府侧重于机器人、人工智能等产业经济领域的人工智能整体顶层设计，强调建设人工智能创新发展试验区，营造新兴产业集群发展环境。

就其他社会主体关注及治理重点而言，美国科技巨头和应用人工智能的传统企业注重人机互动[⑥]、企业算法技术的问责[⑦]、信任与透明[⑧]、隐私等伦理原

[①] U.S. Department of Defense.DOD adopts ethical principles for artificial intelligence[EB/OL]. (2020-02-24). https://www.defense.gov/News/Releases/Release/Article/2091996/dod-adopts-ethical-principles-for-artificial-intelligence/;Principles of artificial intelligence ethics for the intelligence community[EB/OL]. https://www.intelligence.gov/principles-of-artificial-intelligence-ethics-for-the-intelligence-community.

[②] European Commission.Proposal for a regulation of the European Parliament and of the Council Laying Down Harmonised Rules on artifical intelligence（Artificial Intelligence Act） and Amending Centain Union Legislative Acts[EB/OL].（2021-04-21）. https://eur-lex.europa.eu/legal-content/EN/TXT/?qid=1623335154975&uri=CELEX%3A52021PC0206;European Commission.White Paper on artificial intelligence：a European approach to excellence and trust [R/OL]. (2020-02-09) https://ec.europa.eu/info/sites/default/files/commission-white-paper-artificial-intelligence-feb2020_en.pdf.

[③] European economic and social committee.Artificial intelligence for Europe[EB/OL]. https://www.eesc.europa.eu/sites/default/files/files/qe-04-19-022-en-n.pdf.

[④] 未来投资战略 2018——迈向社会 5.0 和数据驱动型社会的变革 [EB/OL]. https://www.kantei.go.jp/jp/singi/keizaisaisei/pdf/miraitousi2018_d2.pdf.

[⑤] 综合创新战略推进委员会. 以人为本的人工智能社会原则 [EB/OL]. https://www8.cao.go.jp/cstp/ai/humancentricai.pdf.

[⑥] AMERSHI S, WELD D, et al.Guidelines for human-AI interaction[EB/OL]. https://www.microsoft.com/en-us/research/uploads/prod/2019/01/Guidelines-for-Human-AI-Interaction-camera-ready.pdf.

[⑦] DIAKOPOULOS N, FRIEDLER S, et al. Principles for accountable algorithms and a social impact statement for algorithms[EB/OL]. https://www.fatml.org/resources/principles-for-accountable-algorithms.

[⑧] IBM's principles for trust and transparency[EB/OL]. https://www.ibm.com/blogs/policy/trust-principles/.

则[1]；美国科研机构或社会组织更注重人工智能是否以人为本[2]、是否有利于促进社会公益[3]，发出风险管理价值观倡议等。欧盟由欧盟网络和信息安全局向各国行业企业提出产品服务安全、网络市场安全、安全意识和教育、风险管理改进等十点建议[4]，德国、瑞典、西班牙等各国企业、研究机构或社会组织等在此基础上提出行业建议、发展路线、安全指南和道德规范等。日本企业更加注重人工智能的公平性与透明度[5]，以及人权[6]等的切实践行；日本科研机构和社会组织侧重研究伦理准则、研发利用指南等。中国科技巨头企业相继发布人工智能应用准则、技术伦理观、伦理框架、宣言等指引性伦理原则表明自身的伦理价值和态度；中国科研机构则围绕善治、可信、和谐、担当等核心要义发出各类宣言或倡议。

三、国内外人工智能治理的制度体系

2015年以来，世界各国陆续将人工智能提升到国家战略层面予以高度重视，先后出台人工智能战略规划、伦理指南、行动方案等制度性文件。截至2020年12月，全球已有39个国家和地区制定人工智能战略、产业规划等文件，对技术投资、监管规则、标准建设、产业应用等进行全方位布局。

对各国人工智能治理制度体系进行梳理分析发现，当前不同国家和地区发布的人工智能治理文件涵盖战略规划、倡议宣言、原则标准、行动措施等多种类型（表11-1）。各类文件对人工智能治理的战略导向、伦理原则、组织规范和技术标准等进行了规定，逐步为人工智能的技术发展与伦理治理织密制度网络。

---

[1] HORVITZ E. Privacy, AI, and the AI enterprise[EB/OL]. https://www.microsoft.com/en-us/research/wp-content/uploads/2016/11/IAPP_Eric_Horvitz.pdf.
[2] LI F F, ETCHEMENDY J. Introducing Stanford's human-centered AI initiative[EB/OL].https://hai.stanford.edu/news/introducing-stanford-ai-initiative.
[3] TOMAŠEV N, CORNEBISE J, HUTTER F, et al. AI for social good: unlocking the opportunity for positive impact[J]. Nature Communications, 2020, 11（1）：2468.
[4] PURSER S. ENISA recommendations to IT industry[EB/OL]. https://www.enisa.europa.eu/publications/enisa-position-papers-and-opinions/enisa-recommendations-to-it-industry.
[5] AI for People: Sony's AI initiatives[EB/OL]. https://www.sony.com/en/SonyInfo/sony_ai/.
[6] NEC集团人工智能和人权政策[EB/OL]. https://jpn.nec.com/press/201904/20190402_01.html.

表 11-1 美欧中日人工智能制度体系汇总表

国家/地区	战略规划类	倡议宣言类	原则标准类	行动措施类
美国	*《国家人工智能研究与发展战略计划》(2016) *《为未来人工智能做好准备》(2016) *《维持美国在人工智能领域领导地位》(2019) *《国家人工智能研发战略规划:2019更新》 *《关键和新兴技术国家战略》(2020)	*《美国人工智能倡议》(2019) +《关于人工自治和智能系统伦理的全球倡议》(2017) +《关于算法透明度和问责制的声明》(2017)	*《智能社区的人工智能伦理原则》(2020) *《国防部对人工智能采用道德原则》(2020) $《对人工智能日常伦理》(2021) $《人与人工智能互动指南》(2019) $《Open AI 宪章》(2018) $《Microsoft AI 原则》(2018) $《ADP: 人工智能的道德》(2018) $《IBM 的信任和透明原则》 $《医疗保障伦理并不新鲜,但其应用从未像现在重要》(2018) $《人工智能公共政策白皮书》(2017) #《以人为本的人工智能》(2018) +《人工智能风险管理框架》(2021) +《人工智能政策原则》(2017)	*《人工智能、自动化及经济》(2016) *《美国人工智能行动:第一年度报告》(2020) *《"人工智能应用监管指南"备忘录"草案》(2020)
欧盟	*《欧盟人工智能》(2018) *《人工智能伦理》(2018) *《人工智能战略计划》(2019) *《关于欧洲人工智能开发与使用的协同计划》 *《人工智能法案》(草案)(2021)	*《人工智能合作宣言》(2017) *《建立以人为本的可信人工智能》(2019) *《ENISA 对 IT 行业的建议》(2016) $《问责算法原则和算法的社会影响声明》(2016) $《Tieto 加强了对人工智能的道德使用的承诺》(2018)	*《经合组织关于人工智能原则》(2019) *《G20 人工智能原则》(2019) *《更新欧盟网络安全战略和机会》(2016) *《欧盟机器人民事法律规则》(2017) $《人工智能原则》(2018 西班牙电信) $《人工智能道德守则》[2020 博世(德)] $《博世人工智能未来指南针》[2020 博世(德)]	*《人工智能对数字、单一市场、消费、就业和社会的影响》(2017 欧洲经济和社会委员会) *《数字服务法案》(2021 欧洲经济和社会委员会)

188

续表

国家/地区	战略规划类	倡议宣言类	原则标准类	行动措施类
				*《数字市场法案》（2021 欧洲经济和社会委员会）
日本	*《日本机器人战略：愿景、战略、行动计划》（2015） *《超级智能社会 5.0》（2016） *《下一代人工智能推进战略》（2017） *《人工智能技术战略》（2017） *《未来投资战略 2018——迈向社会 5.0 和数据驱动型社会的变革》（2018） *《人工智能战略 2019》	$《AI 倡议——索尼集团对可管理 AI 的承诺》 $《富士通集团 AI 道德倡议》	*《以人类为中心的 AI 社会原则》（2019 日本内阁） $《AI 伦理原则》（2021 日立集团） $《OKI 集团 AI 原则》（2019 OKI） $《索尼集团人工智能道德指南》（2018 索尼） $《KDDI "AI 原则"》 $《AI 准则》（2019 日本电信） $《AI 智能与人权政策》（NEC） #《AI 利用原则方案》（2018 总务省情报通信政策研究所） #《AI 利用指南》（2019 总务省情报通信政策研究所） +《人工智能利用原则（草案）》（2017 日本人工智能研发原则委员会） +《AI 研发指南》（草案）（2017 人工智能研发原则委员会）	*《人工智能技术战略执行计划》（2018） *《日本机器人战略、愿景、战略、行动计划》（2015） *《第五期（2016—2020 年度）科学技术基本计划》（2016）

续表

国家/地区	战略规划类	倡议宣言类	原则标准类	行动措施类
中国	*《机器人产业发展规划(2016—2020年)》(2016) *《新一代人工智能发展规划》(2017)	$《人工智能深圳宣言》(2016科大讯飞) #《人工智能产业担当宣言》(2021) #《促进可信人工智能发展倡议》(2021) #《人工智能北京共识》(2019) #《人工智能创新发展道德伦理宣言》(2018) #《人工智能善治倡议》(2018) #《和谐人工智能原则》(2018) +《未来基石：人工智能的社会角色与伦理》(2018) +《人工智能创新发展道德伦理宣言》(2018) +《人工智能行业自律公约》(2019) +《人工智能行业自律联合承诺》(2019) +《人工智能安全发展上海倡议》(2019) +《中国青年科学家人工智能创新治理上海宣言》(2019) 《人工智能伦理道德宣言》(2018)	*《人工智能标准化白皮书》(2018) *《国家新一代人工智能标准体系建设指南》(2018) *《网络安全标准实践指南——人工智能伦理安全风险防范指引》(2021) $《可信人工智能白皮书》(2021) $《人工智能应用准则》(2019) $《人工智能的伦理框架》(2018) $《智能时代的技术伦理观——重塑数字社会的信任》(2019) #《和谐人工智能原则》(2018) #《人工智能六点原则》(2019) +《新一代人工智能治理原则》(2019) +《未来基石——人工智能的社会角色与伦理》(2018)	*《"互联网+"人工智能三年行动实施方案》(2016) *《促进新一代人工智能产业发展三年行动计划》(2017) *《关于促进人工智能和实体经济深度融合的指导意见》(2019) *《国家新一代人工智能创新发展试验区建设工作指引(修订版)》(2020)

注："*"表示政府发布；"$"表示企业发布；"#"表示科研机构发布；"+"表示社会组织发布。

第十一章 • 智能治理：全球图景

首先，在战略规划方面，美国人工智能战略强调全球领导地位与服务国家安全；欧盟侧重产业能力与风险治理；日本关注产业应用与人才教育；中国聚焦于理论、技术和应用的世界领先。具言之，美国的人工智能战略通过明确"持续投资、释放资源、减少障碍、制定标准、培养人才、保护优势"等人工智能发展的重要行动①，与"长期投资研发、人机协作方式、伦理法理与社会影响、共享数据与环境系统安全、标准开发、研发需求、公私合作等八项重点战略"②，为人工智能这一"关键技术战略与国家战略的统一"，为美国"掌握话语权并保持领导力"③提供实现路径。《欧洲人工智能》战略强调造福人类，制订三大发展目标：一是提升欧盟技术产业能力，推进广泛应用；二是通过教育培训系统现代化、培养专业人才、支持劳动力市场转型、及时调整社会保障体系等应对人工智能技术带来的社会经济变革；三是确立合适的人工智能伦理与法律框架。④日本将人工智能作为实现超智能社会5.0的重要基础。其《人工智能技术战略》将生产、健康医疗护理、空间移动、信息安全作为重点开发领域，制定产业萌芽、产业壮大、生态系统形成的产业化路线图；《人工智能战略2019》进一步通过教育改革、研发体制改革、成果转化应用、以人为本的伦理原则指明发展方向。中国《新一代人工智能发展规划》将人工智能技术、理论和应用发展设为三步走：第一步，整体技术与应用在2020年同步世界先进水平；第二步，2025年基础理论、部分技术和应用达世界领先水平；第三步，2030年，理论、技术与应用总体达世界领先水平，成为世界主要人工智能创新中心。

---

① Executive Office of the President. Maintaining American leadership in artificial intelligence[EB/OL]. https://www.federalregister.gov/documents/2019/02/14/2019-02544/maintaining-american-leadership-in-artificial-intelligence.
② The Select Committee on Artificial Intelligence of the National Science & Technology Council. The national artificial intelligence research and development strategic plan: 2019 Update[EB/OL]. https://www.nitrd.gov/pubs/National-AI-RD-Strategy-2019.pdf.
③ White House. National strategy for critical and emerging technologies[N]. 2020,10. secrss.com/articles/26324.
④ European Economic and Social Committee. Artificial intelligence for Europe[EB/OL]. https://www.eesc.europa.eu/sites/default/files/files/qe-04-19-022-en-n.pdf.

其次,在倡议宣言方面,美国总统上位令行人工智能倡议,社会组织发出全球倡议与声明;欧盟委员会对欧洲各国跨境合作、行业安全发展进行倡议,各国企业跟进自我承诺;日本企业则自觉倡议与承诺;中国人工智能宣言或倡议更多由科研机构和社会组织等联合发出。具言之,美国先由公共政策委员会、电气与电子工程师协会等社会组织集中发布智能系统伦理、算法透明、问责制的全球倡议与声明,后美国总统特朗普签署总统行政令,涉及可靠、稳健、可信、安全、便携和可互操作等 AI 治理标准。[①]欧盟有关人工智能的倡议宣言由欧盟网络和信息安全局[②]率先对欧盟网络和信息安全跨境发展提出行业建议,后欧洲 25 国就技术开发、大数据服务、伦理标准与规范、软硬件国际标准建设等发布人工智能合作宣言,部分欧洲国家的企业相继就企业问责算法原则和算法的社会影响及伦理使用等作出声明或承诺。日本主要由索尼、富士通等企业发布 AI 承诺和伦理倡议,保证"产品或服务的可信任、隐私保护、公正、透明"[③],承诺并倡议尊重人权[④]等。相较其他国家和地区,我国科研机构和社会组织在 AI 发展伦理宣言与善治倡议方面表现更为活跃。中国人工智能联盟、AI 产业发展联盟、中国发展研究基金会及国内顶尖高校,从行业承诺、社会角色、企业担当、可信善治等方面,提出 AI 伦理治理建议。

再次,在原则标准方面,各国此类文件数量最多,政企社研各主体都曾编制过相关制度,其中企业编制的数量在各国均为最多。美国英特尔、IBM、微软等企业先后以白皮书、信任和透明原则、AI 宪章、人机互动指南、伦理方法等形式制定各自人工智能原则。为响应美国国家人工智能战略,美国国防部

---

① TRUMP D J. Accelerating America's leadership in artificial intelligence[EB/OL]. (2019-02-11). https://trumpwhitehouse.archives.gov/articles/accelerating-americas-leadership-in-artificial-intelligence/.
② PURSER S.ENISA recommendations to IT industry[EB/OL]. https://www.enisa.europa.eu/publications/enisa-position-papers-and-opinions/enisa-recommendations-to-it-industry.
③ Sony Group's initiatives for responsible AI:Sony Group AI ethics guidelines[EB/OL].https://www.sony.com/en/SonyInfo/sony_ai/responsible_ai.html.
④ Fujitsu. 人权 [EB/OL]. https://www.fujitsu.com/jp/about/csr/humanrights/.

发布军方"负责任、公平、可追溯、可靠、可治理"①的 AI 原则；国家情报局局长办公室就智能社区应用人工智能提出"守法诚信行事、透明和负责、客观公正、以人为本开发和使用、安全且有弹性"等伦理原则②，成为各国政府内部为数不多发布人工智能原则的职能与垂管部门。欧盟通过 OECD、G20 等国际组织倡导成员国签订并遵守相关人工智能治理原则，强调"包容性增长、可持续发展与人类福祉""以人为本的价值观和公平""透明和负责任""稳健与安全"等③；成员国的企业，如德国电信、西班牙电信、德国博世等先后发布人工智能指南与伦理守则；总体上，欧盟认为可信赖的人工智能应该是：合法的（lawful）——尊重所有适用的法律法规；道德的（ethical）——尊重道德原则和价值观；稳健的（robust）——既从技术角度也从其社会环境考虑。④日本和中国的企业与社会组织在人工智能原则指南的发布方面均较活跃。日本索尼集团、日本电气股份有限公司、日立集团先后发布各自伦理指南或人权政策，日本人工智能研发原则委员会、人工智能学会等社会组织更是先于企业发布了各类 AI 研究指南与利用原则等。日本政府将"人类尊严、多样性与包容性、可持续性"作为基本哲学，认为 AI 时代应从"人类系统、社会系统、产业结构、支持创新环境、治理"全方位变革，并遵循人工智能"以人为本、教育、隐私、安全、公平竞争、问责与透明、创新"⑤等社会原则。中国重视基础设施、标准化体系等基础建设，提出到 2023 年，要"初步建立人工智能标准体系，重点研制数据、算法、系统、服务等重点急需标准"⑥。国家新一代人工智能治理专业委员会、人工智能产业创新联盟以及腾讯、京东、旷视科技等企业自 2018 年以来，先后发布了数十项

---

① U.S. Department of Defense. DOD adopts ethical principles for artificial intelligence[EB/OL]. （2020-02-24）. https://www.defense.gov/News/Releases/Release/Article/2091996/dod-adopts-ethical-principles-for-artificial-intelligence/.
② Priciples of artificial intelligence ethics for the intelligence community[EB/OL]. https://www.intelligence.gov/principles-of-artificial-intelligence-ethics-for-the-intelligence-community.
③ OECD AI principles overview[EB/OL]. https://oecd.ai/en/ai-principles; G20 AI principles [EB/OL]. https://www.g20-insights.org/wp-content/uploads/2019/07/G20-Japan-AI-Principles.pdf.
④ Ethics guidelines for trustworthy AI[EB/OL]. （2019-04-08）. https://digital-strategy.ec.europa.eu/en/library/ethics-guidelines-trustworthy-ai.
⑤ Social principles of human-centric AI[EB/OL]. https://www8.cao.go.jp/cstp/ai/humancentricai.pdf.
⑥ 国家标准化管理委员会，中央网信办，国家发展改革委，等. 关于印发《国家新一代人工智能标准体系建设指南》的通知 [EB/OL].http: //news.21csp.com.cn/c23/202008/11398445.html.

人工智能的伦理框架与应用准则。

最后，在行动措施方面，美国主要由总统办公室、白宫科技政策办公室、管理和预算办公室等分别对经济、行动报告、监管指南等进行影响分析和操作指导；欧盟则主要由欧洲经济和社会委员会审议和通过相关数字服务与市场法案；日本则先由内阁提出科技发展五年规划，再由人工智能技术战略会议这一顶层决策机构制定《人工智能技术战略执行计划》；我国则主要由工业和信息化部制订人工智能产业发展三年行动计划，相应部委根据自身职责分别制定"互联网＋人工智能"、"人工智能＋实体经济"、人工智能试验区等行动实施方案、指导意见或工作指引等。

四、国内外人工智能治理的伦理价值

不同性质与立场的组织对人工智能伦理治理的关注焦点和偏好程度有所差异。对全球各类组织公布的 117 份有关人工智能原则文件进行分析发现，在匿名性、无伤害、利益和公正性原则中，政府机构和专业研究机构文件提到公正性（justice）的比例最高，均为 39%；私营公司则相对较低，为 36%；私营公司更为关注匿名性，分别超出政府机构和专家研究机构 3 个、5 个百分点。[①] 人工智能准则更多为非政府组织所提出。LAIP 平台上世界各国企业、研究机构、社会组织等人工智能准则文件可进行主题聚类（表 11-2）与伦理原则文本分析。

表 11-2　LAIP 人工智能准则主题聚类

主　题	关　键　词
为全人类 （for human）	为全人类（for human）、有益（beneficial）、福利（well being）、尊严（dignity）、自由（freedom）、教育（education）
可持续性 （sustainability）	可持续性（sustainability）
协作 （collaboration）	协作（collaboration）、合伙（partnership）、合作（cooperation）、对话（dialogue）

---

① https://aiethicslab.com/big-picture/.

续表

主　题	关　键　词
共享（share）	共享（share）、平等（equal）
公平（fairness）	公平（fairness）、公正（justice）、偏见（bias/prejudice）、歧视（discrimination）
透明度（transparency）	透明度(transparency)、可解释的(explainable)、可预测的(predictable)、可理解的（intelligible）、审计（audit）、追踪（trace）
隐私（privacy）	隐私（privacy）、知情（informed）、控制数量（control the data）
安全（security）	安全（security）、网络攻击（cyberattack）、机密的（confidential）、安全（safety）、验证（validation）、确认（verification）、测试（test）、可控性（controllability）、人工控制（human control）
问责制（accountability）	问责制（accountability）、责任（responsibility）
长期人工智能（long term AI）	长期人工智能（long term AI）、更高水平人工智能（higher level of AI）、强人工智能（AGI）、超级人工智能（ASI）

资料来源：LAIP——链接人工智能准则平台.详见 https://www.linking-ai-principles.org/keywords，其中安全[Security]与安全[safety]指标予以合并处理。

对 LAIP 平台上美、欧、中、日不同组织发布的 64 份（截至 2021 年 9 月）人工智能准则文本进行分析后发现，安全问题在不同国家的各类组织中已成为人工智能伦理治理的首要问题；美欧中人工智能所引起的公平问题仅次于安全问题，而日本对隐私问题的关注高于公平问题；各国对人工智能的可持续性，以及长期人工智能的发展关注度较低。相较而言，日本对人工智能的可持续性发展关注度较高，中国对人工智能的未来发展关注度相对较高。此外，不同类型组织对人工智能原则的关注焦点与治理重心同质性和差异性并存。首先，中美企业最为关注安全原则，欧盟对安全、公平、隐私原则的关注度几乎相同，日本制定人工智能伦理原则的企业相对较少。其次，美国社会组织最为关注安全和问责原则，欧盟的社会组织在此基础上，对公平原则亦赋予了较高关注度；中国则在欧盟基础上，对透明度和隐私原则较为强调；日本社会组织则对安全和隐私保护原则的关注显著高于其他伦理原则。最后，中国的科研机构较其他国家表现出对人工智能伦理原则的较高热情，在其发布的伦理原则中，除安全、隐私、公平等原则外，亦有人工智能技术在不同组织间、群体间、地域间是否可平等共享。

五、人工智能治理的实践启示

目前，基于人工智能所带来的前景认知在世界各国呈两极化倾向：一方面，对其可能极大促进经济社会发展的预期兴奋不已；另一方面，对其可能带来的破坏民生等危害与风险愈益担忧。[①] 整体而言，欧盟对人工智能为社会经济和个人福祉带来的影响更为审慎，中、日、美相对更加乐观。美国、欧盟等国家和国际组织希望建立共同的 AI 监管框架。基于公共的 AI 准则，将"公平""包容性""隐私保护""透明性"等原则定为公共监管框架的基础。[②] 欧盟自 2015 年即开始积极探索人工智能伦理与治理的有效措施，尽管 AI 技术未能在全球先发制人，但其 AI 监管与伦理治理在全球较为领先，希冀通过战略规划、产业政策、伦理框架治理机制等系列制度构建来全面推进人工智能伦理治理。

不容忽视的事实是，当前运用技术设计人工智能系统使其符合现有的伦理规范，无论是技术嵌入的深度还是技术嵌入的广度，"其发展与伦理应对都处于一种未完成的状态"[③]。本文对美、欧、中、日的人工智能技术发展与伦理治理现状进行了系统梳理与分析，希冀对未来人工智能伦理治理提供些许启示。

首先，在技术维度上，促进各国人工智能技术向善演化的同时，应通过制度促进技术创新的正向激励，"锁定"对组织具有优势的技术发展路径，监管影响人类社会的具有劣势的技术应用。其次，在组织维度上，当前各国不同类型组织在人工智能领域既通过国家战略进行着竞争，又具有差异化关注与发展重点。各国政府组织应以人类共同利益为首要考量加强国家间合作，强化不同主体开展人工智能伦理治理的功能协同。再次，在制度维度上，当前各国制度体系主要从战略规划、倡议宣言、原则指南、行动措施等倡导性、原则性、建议性软法形式进行约束，尚未普遍将违反人工智能伦理的行为以立法形式进行硬性约束，建立违反法律法规的惩罚机制和可信承诺机制至关重要，各国在探索将人工智能伦理治理上升至法律层面之后，未来可探讨从国际公约层面达成全球共识。最后，在价值维度上，廓清四大定律与伦理细则之间的内涵。面

[①] 段伟文. 构建稳健敏捷的人工智能伦理与治理框架 [J]. 科普研究，2020（3）：11-15.
[②] 中国信息通信研究院政策与经济研究所，人工智能与经济社会研究中心. 全球人工智能战略与政策观察（2020）——共筑合作新生态 [R].2020.
[③] 于雪，段伟文. 人工智能的伦理建构 [J]. 理论探索，2019（6）：43-49.

对第四次科技革命给人类所带来的双向影响，各国应在阿西莫夫"机器人学定律"——"不伤人类、服从人类、保护自身、保护人类利益"的前提下，廓清人工智能伦理细则的意涵与影响，从全球多边商讨中寻得对未来人类社会系统有效的价值方向与治理方案。

从当前全球人工智能实践进程来看，人工智能的全球治理尚处于 1.0 阶段，在遵循人工智能"负责任、可信赖、保护隐私、促进公正、安全可控"的共同理念下，各国应深化合作、凝聚共识，充分考虑人工智能"技术 - 组织 - 制度 - 价值"合力治理框架与交互促进作用，协同构建全球人工智能伦理治理框架的联动智能生态系统，实现人类共同福祉。

思考题：

1. 人工智能技术的发展程度与人工智能伦理的监管程度之间有何种动态关联？
2. 中美欧等国家和国际组织对人工智能伦理治理的关注重点有何异同？
3. 通过何种路径可实现人工智能伦理价值的全球认同？

第十二章 智能治理：中国模式与未来展望

智能治理，在 21 世纪初期正以势不可挡之势渗透至每个人的日常工作与生活。以人工智能技术为代表的第四次工业革命在全球各国掀起了技术创新与应用研究的浪潮。这一技术革命与我国"第五个现代化"——国家治理体系与治理能力现代化叠加并进。在这交错发展的时代进程中，智能技术和治理实践的深度融合与互促推进，对我国更具紧迫性与必要性。一次偶然的"自然实验"凸显出我国大数据和人工智能技术在全球的引领性地位。2020 年初暴发的全球新冠肺炎疫情防控工作中，我国数字技术的蓬勃发展与恰适应用得到了国际社会的高度认可与广泛好评。而智能技术的突破性创新与前沿性发展，以及全域性融合与深度性应用，则自然而然成为我国特色智能治理的未来关键发展进路。本章从我国智能治理的政策体系、作为新型基础设施的人工智能、中国特色的智能治理体系展开论述，试图提出智能治理的中国模式。

一、我国智能治理的政策体系

随着智能技术迅速发展，我国政府也日益重视对智能技术的治理，出台了一系列智能治理政策，逐渐规范智能技术运用。我国智能治理政策在国家层面和地方层面形成了较为完整的制度体系，在基础研究、关键技术研发、人才培养、产业扶持、资金保障等方面作出了系统的规定。

本章分别以"大数据""人工智能""物联网""区块链"等为标题关键词，在北大法宝进行检索，并选择效力级别比较高的法规、规章、规范性文件等政策文件，最后去掉"失效"文件，作为本章政策体系分析的数据基础。2009—2021年，中央政府共颁布了40余项相关政策法规，地方政府共颁布了近500项政策法规。就这些政策法规的时间分布来看，我国智能治理的政策体系大致经历了三个阶段：2009—2014年的缓慢发展期、2015—2017年的快速发展期、2018年以来的稳步发展期，其中2016年、2017年和2020年发展最为迅速，分别颁布了78、94、98项与智能治理相关的政策法规。2009—2014年，中央和各地的政策主要针对"物联网"相关领域；2015—2017年的相关政策主要针对"大数据"相关领域，而2018年以来的政策主要与"大数据""人工智能""区块链"等相关领域有关。

目前我国中央层面的政策围绕大数据的文件最多，共有336项；物联网、人工智能次之，分别为89项和58项；而区块链的文件相对较少，共有18项。在文件类型方面，中央层面的智能治理政策以工业和信息化部等职能部门发布的部门规范性文件为主，而以国务院或国务院办公厅发布的行政法规相对较少。在地方层面，物联网、人工智能、区块链主要集中于效力级别相对较低的地方规范性文件，而大数据的政策文件除了地方规范性文件，还包括效力较高的地方性法规、地方政府规章。

当前，我国智能治理相关政策主要涉及健康医疗、产业发展、农业农村、营商环境、教育、海关、环境、文物保护、应急管理、网络安全等领域，侧重于发挥不同主体在智能治理中的作用。譬如，高校在智能技术方面的创新能力、市场主体在智能技术方面的资本优势、健康医疗方面的数据共享与安全。这一方面说明我国智能治理政策更多表现为应用规范；另一方面也反映了我国制定智能治理政策的领域尚且有限，尚无比较完整的治理体系。

我国智能治理政策重点任务主要集中在构建体系、基础设施、培育产业、关键技术、应用推广和公共服务等方面（表12-1）。具体而言，我国智能治理主要侧重于智能技术的应用，重点任务一般可以划分为基础理论研究、关键技术、创新平台和高端人才等方面。譬如，《国务院关于印发新一代人工智能发展规划的通知》提出，"构建开放协同的人工智能科技创新体系"（基础理论、关键技术、创新平台、高端人才）；"培育高端高效的智能经济"；"建设安全便捷的智能社会"；"加强人工智能领域军民融合"；"构建泛在安全高效的智能化基础设施体系"；"前瞻布局新一代人工智能重大科技项目"。

表12-1 重点任务

重点任务	具体内容
构建体系	基础理论、关键技术、创新平台、高端人才，优化高校人工智能领域科技创新体系；完善人工智能领域人才培养体系
基础设施	构建泛在、安全、高效的智能化基础设施体系；推进人工智能基础设施建设；重点支持基础设施统筹发展
培育产业	培育高端高效的智能经济；推动产业创新发展，培育新兴业态；夯实产业基础；打造现代产业链；壮大核心产业，提高支撑能力；创新商业模式，培育新兴业态
关键技术	前瞻布局新一代人工智能重大科技项目；开展细分领域的技术创新；区块链核心技术攻关行动
应用推广	开展人工智能技术研发和应用示范；开展人工智能政策试验；促进成果扩散与转化应用；区块链技术示范应用行动；推动高校人工智能领域科技成果转化与示范应用；重点支持大数据示范应用
公共服务	建设安全便捷的智能社会；规范和推动"互联网＋健康医疗"服务；提供开放共享服务；重点支持大数据共享开放

我国智能治理的政策体系重视以人为本、统筹、开放共享、重点突破、创新、应用驱动、政府主导等原则（表12-2）。譬如《国务院办公厅关于促进和规范健康医疗大数据应用发展的指导意见》《国家卫生健康委员会关于印发国家健康医疗大数据标准、安全和服务管理办法（试行）的通知》均提出"以人为本"的原则。此外，我国重视发挥政府、企业、社会等多元主体的作用，譬如《国土资源部关于印发促进国土资源大数据应用发展实施意见的通知》提出"政府主导，社会参与"。与此同时，我国重视"创新""安全""应用"，

譬如工业和信息化部、中央网信办《关于加快推动区块链技术应用和产业发展的指导意见》提出"应用牵引""创新驱动""生态培育""多方协同""安全有序"。

表 12-2　基本原则

实施时间	标　　题	基　本　原　则
2013-02-05	国务院关于推进物联网有序健康发展的指导意见	统筹协调，创新发展，需求牵引，有序推进，安全可控
2015-06-24	国务院办公厅关于运用大数据加强对市场主体服务和监管的若干意见	重点任务分工及进度安排表
2016-06-21	国务院办公厅关于促进和规范健康医疗大数据应用发展的指导意见	坚持以人为本、创新驱动；坚持规范有序、安全可控；坚持开放融合、共建共享
2016-07-04	国土资源部关于印发促进国土资源大数据应用发展实施意见的通知	坚持统筹建设，共同发展；坚持共享开放，确保安全；坚持创新发展，强化应用；坚持政府主导，社会参与
2017-07-08	国务院关于印发新一代人工智能发展规划的通知	科技引领，系统布局，市场主导，开源开放
2017-09-11	国家卫生计生委关于四川大学华西医院大数据集成及应用平台建设项目初步设计和投资概算的批复	本着控制建设标准、节约建设资金、确保工程质量的原则
2017-12-13	促进新一代人工智能产业发展三年行动计划（2018—2020年）	系统布局，重点突破，协同创新，开放有序
2018-04-02	教育部关于印发《高等学校人工智能创新行动计划》的通知	坚持创新引领，坚持科教融合，坚持服务需求，坚持军民融合
2018-07-12	国家卫生健康委员会关于印发国家健康医疗大数据标准、安全和服务管理办法（试行）的通知	坚持以人为本、创新驱动，规范有序、安全可控，开放融合、共建共享的原则
2018-12-14	海关大数据使用管理办法	统筹管理、按需使用、分类分级、保障安全
2019-08-01	科技部关于印发《国家新一代人工智能开放创新平台建设工作指引》的通知	应用为牵引，企业为主体，市场化机制，协同式创新
2019-11-08	国家林业和草原局关于促进林业和草原人工智能发展的指导意见	坚持统一管理；坚持创新驱动；坚持协同联动；坚持与时俱进

续表

实施时间	标 题	基 本 原 则
2020-01-21	教育部 国家发展改革委 财政部印发《关于"双一流"建设高校促进学科融合 加快人工智能领域研究生培养的若干意见》的通知	需求导向、应用驱动；项目牵引、多元支持；跨界融合、精准培养
2020-09-29	科技部关于印发《国家新一代人工智能创新发展试验区建设工作指引(修订版)》的通知	应用牵引，地方主体，政策先行，突出特色
2020-12-23	国家发展改革委、中央网信办、工业和信息化部、国家能源局《关于加快构建全国一体化大数据中心协同创新体系的指导意见》	统筹规划，协同推进；科学求实，因地制宜；需求牵引，适度超前；改革创新，完善生态
2021-05-27	工业和信息化部 中央网信办印发《关于加快推动区块链技术应用和产业发展的指导意见》	应用牵引，创新驱动，生态培育，多方协同，安全有序

二、作为新型基础设施的人工智能

在第四次工业革命和第五个现代化的时代背景下，人工智能不但成为国家治理体系和治理能力现代化的核心驱动力量，而且成为数字政府、数字经济、数字社会三大治理形态的新型基础设施。未来的人工智能是处于数字生态圈中的关键性技术，在发挥驱动、牵引、主导、支撑数字政府变革作用的同时，也会深刻重构政府－市场关系、政府－社会关系。数字政府、数字经济、数字社会运行产生的海量多源数据资源，在体现其行为痕迹的数字表征下，通过人工智能实时动态进行关系分析、精准模拟和图景把握，不但实现数字政府网络服务、"指尖服务"到"音控服务""自助服务"的标准化供给，而且实现政府对经济运行和社会发展规律的客观化感知、精准化定位和靶向化治理，尤其是对政府治理本身背后政府行为结果实现"经由数据"的评估，颠覆对政府工作无法评价的传统，深度重构政府内部业务流程和组织架构，重塑政府治理目标和运行模式。

人工智能的影响超脱于传统政府治理的边界，而在数字空间的多维映射中，协同数字生态中的多元治理主体，全方位支撑数字生态和谐、健康、有序、共荣发展。既要充分发挥人工智能在数字经济中的基础驱动作用，激活其发展活力和创新动力，形成具有国际竞争力的数字产业集群，又要发挥人工智能在数字社会中的普惠与包容功能，打造政府负责、社会协同、公众参与、法治保障、技术支撑的治理新生态，还要发挥人工智能在政府主导和引领数字生态协同发展过程中的技术支撑功能，加强和反哺政府自身的政治建设、经济建设、文化建设、生态建设、社会建设和智能化水平，推进国家治理现代化。这都不断要求充分提升全民的智能技术、智能素养和智能知识，通过智能治理普及化、治理参与普遍化、服务享受普惠化，形成共建、共治、共享的智能治理新格局。

第一，人工智能成为数字生态中数据确权、数据规范、数据安全的重要领域和技术基础，因此成为数字政府、数字经济、数字社会，乃至整个数字生态的基础设施。首先，保证数据安全。大数据和人工智能的广泛渗透，将个人隐私和数据安全问题推到了前所未有的危险程度与重要地位，只有在制度顶层设计和技术底层支撑等不同层面充分做好数据安全保障工作，才能保证人工智能技术真正带来良性善政并实现其治理价值。其次，确保算法透明。在缺乏制度约束的情况下，人工智能算法正在以其技术性、隐蔽性和商业性的"算法黑箱"侵害着消费者、网民群体、游戏玩家、社会大众、中小企业等不同群体的合法权利，甚至会影响政府公权力运作，以及在此基础上形成的市场监管和宏观调控秩序，所以确保算法的公开透明、社会参与和法律监督成为确保算法公平的重要机制。再次，明晰算法责任。要通过正视法律规则，明晰网络工程师、平台企业、监管部门、社会组织等不同主体在算法规则制定过程中的详细法律责任，包括既往算法责任的终生追究和未来算法隐患的持续负责。最后，谨防算法歧视。比传统"数据鸿沟"带来社会不公更严重的是人工智能带来的"算法歧视"和"算法剥削"。逐利性商业平台通过大规模地操控算法，在人群间、地域间、城乡间形成以营利为目的的算法分配规则，如针对外卖员的算法监督、针对游戏玩家群体的不公平游戏规则欺诈等，对国家和人民群众生命财产安全造成严重隐患，亟须加强整治和立法规范。

第二，人工智能成为数字经济中产业数字化、数字产业化的新基础，推动实体经济转型升级。2022年，我国人均GDP超过1.27万美元[①]，在向中

---

① 我国经济总量再上新台阶 [EB/OL]. http://www.xihuanet.com/2023-01/18/c-1129294943.htm.

等收入国家迈进的同时，也正在向老龄化社会迅速发展。这意味着，传统以"高污染、高消耗、低工资"为特征的传统产业结构和工业化道路走到了尽头。自从2002年党的十六大报告提出走一条"以信息化带动工业化、以工业化促进信息化"的新型工业化道路以来，我国经济走出了一条艰苦卓绝的"腾笼换鸟"和"凤凰涅槃"之路。2022年，我国服务业增加值占国内生产总值比重为52.8%。①也就是说，我国经济结构已经有了显著提升，我国经济发展的"主逻辑"已经发生了变化。劳力驱动、资源驱动、资本驱动、污染驱动、大水漫灌式的经济发展模式，正在逐步让位于注重技术、注重创新、注重方向、注重生态、注重协同的新型智能化发展模式。一方面，以人工智能为代表的新型知识经济和服务经济，正在从根本上提升我国传统服务业的劳动生产率。医疗、教育、养老、公共管理等市场化程度较低领域的生产率水平低下，长久制约着我国经济结构的优化提升和持续性健康发展，而智能化决策辅助、知识图谱、智能客服、智慧医疗、智慧教育、智慧监管等人工智能技术的广泛应用，正在从根本上大大提升传统服务业，尤其是公共服务领域的劳动生产率。另一方面，人工智能驱动的芯片、操作系统、物联网、数据中心等国家大型基础设施建设，在发挥"头雁效应"和"深化引领"带动作用的同时，更便于发挥举国体制的"创新驱动"和"投资拉动"经济增长的规模化效应。尤其面对核心技术受制于人的国际环境，借助社会主义集中力量办大事的制度优势，尽早实现关键领域技术创新的独立自主，对于经济长远发展和国家安全等都有重要意义。

第三，人工智能成为数字社会中数字协同、智能服务的支撑，推动实体社会和谐有序发展。首先，公共服务供给的智能化和人性化。新一代的人工智能技术与传统"铁公基"等固定资产投资指向的基础设施有根本不同，它其实是在传统软硬件基础设施的基础上，更加突出技术的智能化、软性化、服务化、渗透化和融合化。与传统铁路、公路、楼宇、官网等"傻大粗"地向用户提供服务不同，这些"硬设施"在人工智能的辅助和控制下，变得"有智慧""会思考""懂人心""通人气"，传统冷冰冰的物理基础设施，在物联网、传感器和智能算法的改造下，变成了高效、低耗、环保、自动调优的智慧楼宇和

---

① 李锁强.服务业延续恢复发展态势[EB/OL].http://www.scio.gov.cn/xwfbh/jjxwfyr/wz/Document/1735808/1735808.htm.

智慧路网与智能电网等。其次,服务供给的均等化和普惠化。人工智能时代,技术的迭代周期变得更快、更短、更加复杂多变,促进技术服务化(TaaS)的快速普及、市场细分和边际成本的大大降低。也就是说,利用新技术将变得像用水、电、气等基础设施一样方便,用户将不再需要深入了解不同技术的运作机制,而仅需要弄清楚面临什么样的问题。然后在市场环境下,通过合同购买与问题匹配的服务即可,这会使服务供给变得更为均等化、普惠化和公平化。最后,推动公共服务供给的自动化和协同化。人工智能以其更广的普及范围、更深的社会渗透和更强的算力赋能,实现超大范围内人群的广泛协同和公共服务互动模式的形成。基于自愿的、互助的、友善的、自发的、兴趣的社会力量成为公共服务供给的主体部分,整个实体社会通过网络虚拟社会的模拟运行、优化运算和精准匹配,更加和谐、有序、健康地运行。

第四,人工智能成为数字政府中循数决策、依数治理,实现实体政府治理体系和治理能力现代化的重要保障。2013年11月,党的十八届三中全会将推进国家治理体系和治理能力现代化作为全面深化改革的总目标。国家治理体系是党领导下管理国家和制度的体系,国家治理能力则是运用国家制度管理社会各方面事务的能力,二者是一个国家制度和制度执行能力的集中体现。党的十九大报告和十九届四中、五中全会都高度重视国家治理体系和治理能力现代化,尤其强调通过网络化、数字化和智能化等形式,推动网络强国、数字中国和智慧社会建设,不断提升整个社会数字文明的程度。从杭州、上海、北京、海口等地建设的城市大脑来看,以人工智能为代表的新一代网络技术设施建设,已经成为国家治理体系和治理能力现代化的重要保障。首先,民情民意汇聚和社会风险感知。通过城市物联网无处不在的智能传感器和民众随时随地自由携带的智能终端设备,整个社会治理和城市大脑就能在国家与社会关系层面,实现大规模民情民意动态汇聚和社会风险的精准实时感知。其次,智能化决策辅助。在实时动态感知民情民意动向和社会风险的同时,借助社会治理多年累积的大数据资源,以及在此基础上通过机器学习等提炼而成的智能化决策辅助案例库和知识图谱,就能大大提升政府决策的科学化和民主化水平。尤其通过大数据挖掘和预测技术,还能提升政府决策的预警化水平,使社会治理模式从传统的事后应急向事前预防转变。再次,个性化民意回应和多目标动态平衡。在城市大脑等超强计算能力基础上,政府实现对民众个体诉求的针对性回应,尤其在多方群体利益分割而难以达成共识的时候，借助智能算法在整体层面实现客观理性匹配，促进多重目标群体的最优决策和动态平衡。最后，超大规模人人协作和社会创新生态体系。城市大脑可以实现传统治理无法想象的千万人口、百万交通工具的大规模有机协同，以此而构建出虚拟世界和物理世界一一对应的数据孪生生态。国家、社会、政府、企业、个人等多元主体，通过虚拟空间精准互动的同时，也形成一个紧密联系、密不可分、跨界融合的数字生态。

三、中国特色智能治理体系：智能－智治－智效

智能治理涉及治理的主体、治理的过程以及治理的效果。承接前文有关"智能＋各具体领域"的细描深绘，本节依据智能治理所关涉的 SPE 框架——"主体（subject）－过程（process）－效果（effectiveness）"，提炼出在人工智能驱动的治理实践与解决方案方面，我国正在且将持续致力的"智能－智治－智效"中国特色智能治理体系。图 12-1 所示为中国特色智能治理框架图。

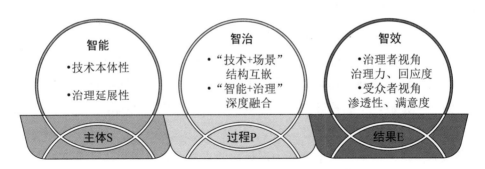

图 12-1　中国特色智能治理框架图

（一）智能

"智能"主要体现在技术本体性和治理延展性两个维度，前者意为人工智能技术本身的工具性能力，后者意为人工智能技术嵌入治理主体所产生的治理性能力，二者共同构成"智能技术＋治理场景"所关涉的智能治理主体体系。人工智能的最强核心，在于主动学习能力和几乎无任何差错的程序。人工智能的技术本体性是从弱人工智能（artificial narrow intelligence, ANI），到强人工智能（artificial general intelligence, AGI），以及超级人工智能（artificial super

第十二章 • 智能治理：中国模式与未来展望

intelligence, ASI）的阶段性发展。在本体性智能层面，人工智能在理解、推断、对话以及适应性学习基础上，可以持续改善神经元系统，未来可具备人的情绪能力。根据不同交流对象的差异化特征，主动转变交流模式、肢体语言、表情和声调等。而强人工智能技术的实现则将迎来人工智能应用的黄金期。

在智能技术应用领域，人工智能在技术上的智能性表现，将在多行业应用与体系化发展的过程中不断延伸和拓展。如人工智能购物、智能医疗服务、工人机器人、家庭机器人等经济社会生活领域的纵深服务，以及人工智能汽车、智能城市大脑等城市治理细分领域的智能服务；再如在政府应急管理、决策辅助等方面的智能决策等。人工智能技术的深度运用，可以精准把握民生偏好和社会情绪，全方面、系统化地提升政府智能决策与智能监管的治理水平。

从智能治理主体角度看，人工智能驱动的智能治理主要由政府、科技企业及社会等多元主体协同进行，各主体发挥着相互补充、彼此嵌套的作用。首先，政府在智能治理中发挥着主导性作用，为人工智能技术的创新发展、算法监管、组织协同、伦理规范等进行制度体系设立与约束。其次，作为人工智能技术的研究开发者、设计制造者与部署应用者，企业是智能治理的第一责任人，在智能治理体系中承担伦理规范与法律约束双重主体责任。中国的互联网巨头通过发布《人工智能宣言》或《人工智能应用准则》等，表明智能时代科技向善嵌入治理的认知原则与行动反思。最后，公众、媒体、专家等作为社会主体，在智能治理过程中应发挥重要参与作用。用户主体应于有益于社会价值、不损害他人权利的基础上使用人工智能；其他社会主体应对智能治理中所存在的安全风险、伦理挑战等进行积极反馈与监督。

人类社会随着技术迭代进入不同的时代，从城市到社会的整体治理模式亦随之发生了相应转变。互联网时代重塑了传统的科层制治理模式，进入多主体协同、万物互联的"网络治理"阶段；如果说大数据进一步将"网络治理"模式进阶为循数治理、依数决策的"智慧治理"阶段的话，那么人工智能技术的蓬勃发展，即带领整个社会进入更为高阶的"智能治理"时代。在这一时代，就社会个体而言，人机协同是不可避免的共存状态，人工智能成为多元治理主体之一，以其技术的迭代发展，协同各治理主体共同提升国家治理能力；就社会整体而言，城市、政府和社会之间将基于人工智能技术而逐步建立起高效运行的智能生态闭环，进而形成有机运行的"智治"系统，融入国家治理体系之中，提供治理现代化方案。

（二）智治

"智治"是"技术+场景"的结构互嵌和"智能+治理"的深度融合治理所形成的智能治理过程体系。人工智能之所以是引领未来的战略驱动力，在于其对维护国家安全、提升国家竞争力、增强国家治理能力等方面所发挥的不可替代作用。

"智治"内蕴着不同时空、不同场景、不同议题中的治理技术因素。技术的发展是渐进演化的，其在先前技术的基础上不断重组创新并螺旋上升。"智治"则随着技术的不断演进而呈现与时俱进的技术内嵌治理过程与治理行为。在第四次工业革命来临之际，世界主要发达国家将人工智能的核心技术、顶尖人才、制度规范等进行了全方位战略部署与系统性支撑强化。2019年，我国在政府工作报告中首次提出"智能+"，并从技术应用、场景治理等方面要求"深化大数据、人工智能等研发应用"，并在2021年政府工作报告中进一步提出："加快数字化发展，打造数字经济新优势，协同推进数字产业化和产业数字化转型，加快数字社会建设步伐，提高数字政府建设水平，营造良好数字生态，建设数字中国。"体现出国家对"智治"过程中技术嵌入应用场景的治理需求。图12-2所示为"智治"系统示意图。

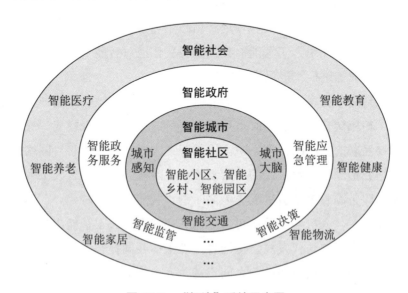

图12-2 "智治"系统示意图

"智治"体现着智能时代区别于传统时代的治理范式变革,对人类经济社会生活产生了革命性影响。智能治理是推进国家治理体系和治理能力现代化的途径与手段,推进国家治理体系和治理能力现代化是智能治理所围绕的中心议题①。"智治"是区别于传统治理的新路径,其既包括"智能治理"的工具理性与能动性,又涵盖"智慧治理"的价值理性与逻辑性。

"智治"是人工智能技术赋能治理主体后所产生的治理新方式。其还内含"智治"的过程体系框架与全域运行机制。在我国,智能治理已在城市治理、政府治理和社会治理等宏观与微观场域中不同程度地予以创新性应用与操作化实践,逐步显现出我国智治模式的初步特征。人工智能驱动的"智治"系统包含城市、政府和社会等不同层面的独立要素治理与网络协同治理。在微观层面,系统各层面、各领域主体可在数字基础设施、人工智能技术、治理应用场景的交互融合中,通过各领域内的民情民意汇聚、堵点难点诊断、民意精准回应和风险预警研判过程,共同沟通智能治理的过程体系。在宏观层面,"智治"系统还可以在各领域构件的组合与联动中,全面整合系统全域多源异构数据,将包括城市、政府和社会各领域的智能治理实践予以统合,为全社会的整体性、智能化治理提供支撑和依据,促进基于人工智能的"智治"系统在我国国家治理情境下形成良性互动的跨域智能治理体系,全面推进国家治理现代化。

(三)智效

"智效"是对人工智能嵌入治理场景所产生的治理效率和效果的智能治理评估体系。任何一项治理实践的创新生成与有效实施,均离不开对其实际治理结果的认知与评估。以人工智能等先进技术为治理工具,以海量数据为治理动能,以算法和算力为治理支撑的"智治"模式,相较传统治理而言,在多大程度上提升了治理主体的能力、降低了治理成本、取得了治理成效等,需在"智治"过程和结果的考量中予以有效评估,为未来更加合理地开发与提升"智能"、有效并高效地开展"智治"提供依据。

智效可从治理者与受众者两个不同视角进行考量。治理者视角即考察政府智能治理能力的提升、延展与重塑,以及政府回应能力的改善、拓展与再造;

---

① 常保国,戚姝."人工智能+国家治理":智能治理模式的内涵建构、生发环境与基本布局[J]. 行政论坛,2020,27(2):19-26.

受众者视角即考察"智治"应用在受众使用群体中的渗透度与满意度等。

首先，治理者视角下，政府智能治理能力可通过智能平台治理能力、智能政务服务能力等予以考量。智能平台治理能力包括政府门户网站、数据开放平台、城市大脑等一体化平台的综合运用所提升的治理能力。这一维度主要从物感城市的治理者视角进行考量。具言之，在政府门户网站的建设中，是否以及在多大程度上具备人工智能时代的数据保护意识与隐私管理规定，是否以及在多大程度上提供便捷的信息搜索功能，并为多样化群体提供个性化服务。智能政务服务能力则是将智能技术嵌入政务服务不同场景而得以延展的治理能力，包括通过政务 App、政务小程序、网上政务大厅等智能化应用的设置，将物理空间的政务服务事项通过网络空间进行在线连接与信息匹配，推进政务服务的智能化供给。政务服务能力的智能化需要政务服务数据、法人、证照库等海量数据的集成支撑，政府部门间的数据融合度、业务协同度等底层逻辑和支撑程度，影响着智能治理能力的实现程度。

其次，治理者视角下，政府回应能力可通过政民互动渠道与能力、政府回应率与回应质量等予以考察。政府侧"智效"的回应度是评判"智治"实施过程的关键变量。城市是人的存在的集合。[①] 从"互构论"的角度看，技术仅仅是发展的媒介，真正起作用的是组织及其主体间的互动。[②] 技术赋能组织整体及个体后，对整个城市或社会民情民意的感知和回应程度，很大程度上决定着"智治"的结果与成效。政民互动能力可通过政务微博、政务抖音、政务微信公众号、网络问政平台、12345 政务服务热线、市长信箱等渠道所全面提升的智能化政民互动频度等予以衡量；与此同时，上述网络互动渠道中政府基于公众诉求的回应率以及回应质量，体现智能化时代的政府回应能力和结果。智能治理的重要目的之一就是运用智能技术，实现过去传统治理所无法或只能部分实现的实时感知民情、靶向回应民意、精准研判民需，以"倾听民声、体察民意、回应民需"的体制机制，为实现"疏解民忧、减轻民困、缓和民怨"的治理绩效提供有效工具与路径。

---

① 高奇琦，刘洋. 人工智能时代的城市治理 [J]. 上海行政学院学报，2019，20（2）：33-42.
② 阙天舒，吕俊延. 智能时代下技术革新与政府治理的范式变革——计算式治理的效度与限度 [J]. 中国行政管理，2021（2）：21-30.

再次,受众者视角下,"智效"的渗透性包含两层含义:其一是人工智能技术赋能多元治理主体的程度。一方面评估智能技术的进展水平与成熟程度;另一方面,在技术准备完善、成熟度较高的情形下,治理主体是否以及在多大程度上采纳人工智能技术并应用于相关治理场景。智能技术在组织架构中的适配性与价值性,组织对智能理念的接受度和采纳度等,均为"智能"渗透的必要考量。其二是智能应用在社会生产生活中的使用程度。智能技术赋能治理主体,并以相应"应用""平台"或"界面"等外在载体予以呈现之后,组织或公众在多大频度上使用,使用过程与结果偏于积极抑或消极,平台或界面等应用载体上产生的海量数据被多大程度用于智治过程等,均为全面推广"智治"之后所应考量的成效指标。

最后,受众者视角下,"智效"最终应将满意度作为贯彻"智能"发展和"智治"模式的度量衡。智能时代要有效发挥技术赋能治理主体的作用,贯彻"智能"发展理念,构建"智治"发展格局,推动"智效"常态发展,最终要落脚于有利于提升人民的获得感、幸福感和满意度上。智能时代,借助系列智能化平台和数字化工具,城市与居民、政府与社会积极互动,政府决策最大程度与民众需求耦合匹配,社会诉求和风险信息最为精准地感知掌控,个人和企业生命周期中的多元差异化诉求在稳定的制度规范和灵活的适应调整中妥善解决,是人民满意的切实关切。与"智效"的实现相并行的是,有效解决科层行政组织内部的纵横壁垒与协同问题,突破"技术主体性+治理延展性"的技术困境和融合难题,规避和化解可能伴生的智能伦理挑战与安全风险等,是智能技术深度嵌入治理系统所应解决的关键问题。唯此,方可打造出向善包容的智能治理体系,全方位提升我国智能治理的综合效能,实现"智能-智治-智效"的良性循环,有效推进人工智能驱动的治理现代化。

思考题:

1. 我国应在哪些政策领域推动智能治理深化发展?

2. 如何从治理的主体、过程和效果维度,理解中国特色智能治理体系的基本构成与内在关系?

3. 在不同空间场域下,人工智能技术嵌入治理场景所引致的智能治理系统有哪些典型成效?

后记

自 2015 年以来，我国对人工智能的关注从强调科技创新，转变为强调战略驱动，不断推进人工智能产业发展及应用场景创新，创造性地发挥人工智能的治理、社会和经济价值。2017 年 7 月 8 日，国务院印发的《新一代人工智能发展规划》明确提出，在行政管理、司法管理、城市管理、环境保护等治理热点难点领域，要促进人工智能技术应用，建设智能政务、智慧法庭、智慧城市、智能交通，从而推动治理现代化。党的十九大报告首次提出要建设智慧社会，切实提高社会治理智能化水平。2021 年 3 月公布的《中华人民共和国国民经济和社会发展第十四个五年规划和 2035 年远景目标纲要》要求在进一步发展人工智能的基础上，既扩展人工智能应用场景，全面提升社会智能化水平，又加快构建人工智能的政策法规体系，营造良好数字生态。二十大报告进一步提出要构建新一代人工智能。在此背景下，加快智能治理的理论研究和实践创新是我国加快推进人工智能在多元治理场景中的融合发展、驱动国家治理智能化转型的应有之义。

清华大学数据治理研究中心（Center on Data and Governance，CDG）长期关注科技革新对国家治理的驱动效应，在智能治理、数字政府、数字社会领域承担了多项国家级及省部级课题，并深入国家部委以及北京市、上海市、浙江省、福建省、广东省、山东省、河南省、甘肃省、贵州省等地方开展密集调研，积累了丰富的调研素材和案例资料。以此为基础，孟天广教授主持成立智能治理专项研究小组，对智能治理的概念原理、应用实践、伦理治理和治理模式等方面展开系统研究，综合运用规范分析、案例分析、焦点访谈、数据分析等混合研究方法，历时近3年数易其稿，终于完成了本书的撰写和审校工作。

围绕智能治理的理论体系和实践应用，本书包括四个部分：理论体系、应用场景、伦理治理和中国模式与全球展望。在理论体系部分，本书论述了人工智能如何与多元治理场景相结合，阐明了智能治理的主体、资源、机制和技术等理论基础；在应用场景部分，本书详细说明了人工智能如何应用于城市、政府、社会、社区等治理场景，通过赋能、赋权、赋智三个机制提升治理能力；在伦理治理部分，本书梳理了当前智能治理面临的关键性伦理问题，并对算法风险及其治理原则进行了深度分析；在中国模式与全球展望部分，本书在系统比较和评估国内外智能治理模式的基础上，提出了"智能-智治-智效"的中国特色智能治理体系。

本书的撰写和顺利出版离不开智能治理学术共同体的支持与帮助。感谢国家社会科学基金重大项目"大数据驱动下的政府治理能力建设研究"（编号：16ZDA059）、"基于大数据的智能化社会治理监测、评估与应对策略研究"（编号：18ZDA110）的支持。感谢百度、字节跳动、阿里巴巴等科技企业在本书撰写过程中所提供的丰富案例支撑。感谢关心本书出版的各位业界同人以及清华大学出版社的支持。

尽管付出了巨大努力且得到了宝贵支持，本书仍难免有所遗漏，倘有任何意见和建议，敬希读者不吝赐教。

本书编写组
2023年4月